승자와 패자의 갈림길 (1)

제1대 총선이야기
(1948. 5. 10)

장 맹 수 편저

선 암 각

| 승자와 패자의 갈림길(1) |

제1대 총선이야기

(1948. 5. 10)

초판인쇄 : 2024년 2월

편저자 : 장맹수

발행처 : 선암각

등록번호 : 제 25100-2010-00037호

주소 : 서울특별시 노원구 마들로 31

전화번호 : (02) 949 -8153

값 20,000원

승자와 패자의 갈림길 (1)

제1대 총선이야기
(1948. 5. 10)

장 맹 수 편저

선 암 각

목   차

책을 펴내며

[제1부] 멀고도 가까운 이웃 나라 일본

제1장 임진왜란을 일으켜 2백만 명을 학살한 일본   12
1. 고려왕조 멸망의 빌미를 제공한 왜구 침략   13
2. 조선 합병을 노린 교활하고 치밀한 전략   20

제2장 조선을 합병하여 민족말살정책을 펼친 일본   27
1. 헌병경찰제도 실시와 식민수탈경제 체제의 구축   28
2. 3·1 만세운동으로 민족의 저항을 세계만방에   33
3. 끝없는 야욕이 제2차 대전 전범(戰犯)국가로   42

[제2부] 길고도 암담한 미군의 군정 3년

제1장 환희와 혼돈이 교차(交叉)한 해방정국   52
1. 일본제국 암흑시대로부터 민족의 해방   53
2. 조선건국준비회 발족과 인민공화국 선포   57

2

3. 해방의 기쁨도 일장춘몽(一場春夢), 기아가 엄습　　63
4. 이승만과 상해임시정부 요인들의 환국　　70

제2장 해방정국을 이끈 정당들의 활동　　76
1. 상해임시정부를 승계한 한국독립당과 김구　　77
2. 이승만이 주도한 대한독립촉성국민회　　85
3. 정통야당 민주당의 모태가 된 한국민주당　　91
4. 중간노선과 좌익 정당들의 생성과 소멸　　96

제3장 생소하고 현실과 동떨어진 미군의 군정　　105
1. 하지 미군 점령군 사령관의 남조선 통치　　106
2. 몰려드는 동포로 남조선은 과포화(過飽和)　　116
3. 미군 군정청의 자문기관인 입법의원　　120
4. 조선의 신탁통치 결정에 대한 찬반 투쟁　　131
5. 미·소 공동위원회 개최와 예정된 결렬　　139

제4장 소련군의 북조선통치와 미·소 냉전체제의 구축　　145
1. 소련군의 북조선 점령과 공산주의식 통치　　146
2. 남조선노동당의 사주로 파업과 소요가 빈발　　155
3. 3·1절 기념행사도 좌우가 별도로 개최　　164
4. 미·소의 냉전체제 구축과 아세아 제국 독립　　170

제6장 암담한 미군 군정시절의 상황일지　　177

1. 일본으로부터 해방된 1945년　　178
2. 찬탁(贊託)과 반탁(反託)으로 뒤숭숭한 1946년　　183
3. 미·소 공동위원회에 매달린 1947년　　192
4. 신생 대한민국호가 출범한 1948년　　197

[제3부] 건국의 뱃고동 제헌의원 선거

제1장 제헌의원 선거가 실시되기까지　　204

1. 5개년 신탁통치와 미·소 공동위원회　　205
2. 조선의 신탁통치가 유엔총회로 이양　　210
3. 유엔의 감시하에 제헌의원 선거 실시　　216

제2장 제헌의원 선거의 이모저모와 당선자　　224

1. 남조선 48개 정당·단체들이 선거에 참여　　225
2. 무투표 당선과 남조선노동당의 선거 방해　　228
3. 제헌의원 선거에서 당선된 영광의 얼굴들　　233

[제4부] 지역구별 불꽃 튀는 격전의 현장들

제1장 수도권 : 저명인사들의 텃밭　　　　　　　　242
1. 서울·경기의 의석 점유율은 19.5%에 불과　　　243
2. 수도권 29개구 불꽃 튀는 격전의 현장으로　　　247

제2장 영남권 : 독립촉성국민회가 한민당을 압도　288
1. 영남권의 의석 점유율은 전국의 32.0%　　　　289
2. 영남권 64개구 불꽃 튀는 격전의 현장으로　　　293

제3장 강원·충청권 : 독립촉성국민회의 텃밭　　353
1. 강원·충청권의 의석 점유율은 21.5%　　　　　354
2. 강원·충청권 43개구 격전의 현장으로　　　　　357

제4장 호남·제주권 : 뿌리를 내린 한국국민당　　400
1. 호남·제주권의 의석 점유율은 27.0%　　　　　401
2. 호남·제주권 54개구 격전의 현장으로　　　　　405

책을 펴내며

우리나라의 고질적인 지역감정과 지역갈등을 영원히 종식(終熄)시키기 위해서는 지방행정구역을 과감하게 재편(再編)해야한다는 지론(持論)을 펼치기 위해 승자와 패자의 갈림길, 제18대 총선이야기를 발간한 것이 2010년 11월 11일이었다.

글 쓰는 재주가 남다르지 아니하고 문장력이 뛰어나지 아니함에도 불구하고 제13대(1988년)와 제14대(1992년)는 물론 제15대(1996년), 제16대(2000년), 제17대(2004년), 제19대 (2012년), 제20대(2016년) 총선 이야기와 제헌의원 선거에서 제20대 국회의원 선거를 요약한 역대 국회의원 선거 이야기까지 총 18권을 엮어냈지만, 정치권이나 출판업계에서 크게 주목을 받지 못했다.

그리하여 절필(絶筆)을 좌고우면(左顧右眄)했으나, 1960년대부터 60년이상 경상도 출신들이 집권하여 오면서 영남 패권주의를 조장하여 온 엄연한 사실을 적시(摘示)하고, 곡학아세(曲學阿世)한 정치인들이나 학자들의 그럴듯한 지역갈등 해소방안은 뜬구름 잡기에 불과하다는 것을 환기(喚起)시켜주기 위해 발간을 이어가기로 결단을 내렸다.

그리하여 2020년 5월에는 승자와 패자의 갈림길 제9대(1973), 제10대(1978), 제11대(1981), 제12대(1985) 총선이야기 4권이 발간됨에 따라 이미 22권을 발간했다.

1만 2천여 페이지에 달하는 방대한 자료를 정리하고 1만 8천여 명에 달하는 인명(人名)을 수록하다보니 오자(誤字)가 듬성듬성 하는 부끄러움으로 '총선 이야기 오정(誤訂) 묶음'까지 발간했지만, 우리의 뇌리에서 잊혀져 가는 역사적 사건과 선거에 관한 진면목(眞面目)을 나름대로 집대성했다는 자부심으로 위안을 삼고 싶었을 뿐이다.

이번에는 일본의 쇠사슬을 벗어나 건국의 뱃고동을 울린 제헌의원 선거(1948년), 너도나도 선량(選良)이 되겠다고 2,225명이 운집(雲集)한 제2대 총선(1950년), 전쟁의 폐허속에서도 이승만 대통령의 종신집권을 위해 자유당이 총력을 경주한 제3대 총선(1954년), 이승만 정부의 실인심과 경찰력의 동원으로 여촌야도(與村野都) 전형을 보여준 제4대 총선(1958년), 자유당 장기집권에 의한 4월 혁명으로 정권교체를 갈망하는 유권자들의 기원을 담은 제5대 총선(1960년), 5·16 군부 쿠데타로 집권한 박정희 정부가 구(舊) 정치세력을 규합한 연합군을 편성하여 대승을 거둔 제6대 총선(1963년), 박정희 정권의 장기집권을 위한 헌법개정을 구상(構想)하고 온갖 부정한 방법을 동원하여 민주공화당이 압승을 거둔 제7대 총선(1967년), 3선개헌으로 실시한 대통령선거에서 승리한 박정희 정부에 대한 반감이 표출되어 신민당이 선전(善戰)한 제8대 총선(1971년) 이야기 8권을 단권(單券)으로 편집하여 함께 출간했다.

1945년 해방 이후 환희와 혼돈의 시대를 서술한 제1대 총선이야기 제1부에서는 삼국시대부터 우리나라 침범을 일상화했던 일본의 진면목을 고찰했다.

우호와 선린으로 맺어져야 할 가장 가까운 이웃 나라 관계가 침략과 핍박으로 얼룩진 어두운 역사로 점철되어 망부석을 건립토록 한 왜구의 침범은 급기야 고려의 멸망과 조선의 건국을 가져왔고 명나라를 점령하겠다는 풍신수길의 망상은 우리나라 전 국토를 초토화하고 200만 명이 넘는 백성들이 학살되거나 포로로 끌려갔다.

일본은 미국 페리 제독에게 당한 굴욕적 개방을 조선에 모방하여 치욕적인 강화도 수호조약을 체결하고, 청일전쟁의 승리로 조선에서의 이권을 독차지하고 노일전쟁의 승리로 미국과 영국의 양해하에 조선을 합병하는 데 성공했다.

조선을 일본에 편입시킨 일본은 헌병경찰제도와 식민경제체제를 구축하고 국어와 국문을 사용하지 못하게 하고, 창씨개명운동을 전개하여 민족말살정책을 집요하게 추진했다.

3·1 만세운동을 계기로 상해임시정부를 수립하고 민족의 저항을 세계만방에 알리고 만주에서는 독립을 위한 일본군과의 투쟁이 지속됐고, 제한적이지만 국내에서도 활발하게 독립운동을 전개했다.

만주사변을 일으켜 만주국을 괴뢰국으로 전락시키고 노구교사건을 일으켜 중국 대륙을 침략하고 동남아시아 제국을 전쟁의 도가니에 몰아넣은 일본은 마침내 하와이 진주만을 기습 공격하여 미국의 태평양 지역 영토를 점령했으나 패전하여 전범국가로 전락했다.

우리나라 백성을 불령선인(不逞鮮人)으로 체포·살해하고 만주의 독립운동의 근거지인 조선인 거주지 초토화 작전으로 조선인을 학살하고, 백만 명 이상을 징병·징용한 일본과 청구권자금 3억 원에 합의하고서 위안부와 강제징용 문제에 집착하여 외교적 마찰을 빚은 것은 이웃으로 서로 돕고 서로 발전하는 관계를 유지하는 면인 대승적 견지에서 결코 바람직하다고 할 수 없을 것이다.

제2부에서는 길고도 암담한 무엇보다 현실과 너무나 동떨어진 미군 군정 3년을 살펴봤다.

전쟁의 승리로 찾아온 해방이 아니라 일본군을 소탕한다는 명분을 내걸고 소련군과 미국군이 진주한 해방은 환희보다는 혼돈을 가져왔고 예기치 못한 38선은 남북분단을 초래했다.

조선에 대한 이해가 부족했던 미군 군정은 일본제국에 충성했던 관리와 경찰들을 활용할 수밖에 없었고, 일본제국에 시달렸던 민초들의 반발은 당연했다.

일본의 통치하에서 살아남기 위해 민족주의자들도 순종할 수밖에 없었기에 일본에 반항하고 일본과 밀접한 미국을 배척하는 것이 맹목적인 애국으로 착각하는 부류가 많아 전재(戰災) 동포들로 득시글거린 암담한 현실과 어우러져 해방정국을 더욱 혼돈의 세월로 몰아갔다.

제3부에서는 모스크바 3상회의에서 신탁통치가 결정되고 반탁운동이 남조선을 휩쓴 상황에서 개최된 미·소 공동위원회의 결렬로 조선 문제는 미국의 주도로 유엔에 상정됐고, 유엔의 결의에 따라 제헌의원 선거가 실시된 경위와 결과를 기술했다.

소련의 38선 이북 입북 거부로 남조선만 실시된 제헌의원 선거는 애국지사들에게는 통일을 명분으로 남·북한 총선거를 주장하는 빌미가 되었고, 남조선노동당에게는 민족주의를 내세워 제헌의원 선거를 방해하고 파괴하고 선동하는 빌미가 제공됐을 뿐이다.

그리하여 북조선 100명과 제주도 북제주군 갑·을구를 제외한 198명의 의원을 선출했으며 정당에 대한 개념이 확립되지 아니하여 85명의 무소속 의원들이 제헌의회를 주도하게 됐다.

제4부에서는 전국을 수도권, 영남권, 강원·충청권, 호남·제주권으로 대별(大別)하여 권역별 특성을 개괄하고 200개 지역구에 뛰어든 후보들의 면모, 지역구별 판세 점검, 승패의 갈림길과 득표 상황을 정리했다.

수도권은 저명(著名)인사들의 텃밭인 반면, 강원·충청권은 이승만이 주도한 대한독립촉성국민회 후보들의 안방이었고, 호남·제주권은 한국민주당 후보들이 선전하여 대조를 이뤘다.

전국의 32%를 점유한 영남권은 대한독립촉성국민회가 17명 당선된 반면, 한국민주당이 7명에 불과하여 이승만 지지세가 압도적이었다.

아무쪼록 지역갈등이라는 업보가 우리의 후손들에게 유산으로 남겨지지 않도록 과감하고 전면적인 지방행정구역 재편(再編)의 계기가 마련되고, 어떠한 정치 상황에서도 정치인은 지조를 지키고 언행을 경계하여 후세에 오명(汚名)이 회자(膾炙)되지 아니하기를 바랄 뿐이다.

2023년 9월 장맹수

[제1부] 멀고도 가까운 이웃 나라 일본

제1장 임진왜란을 일으켜 2백만 명을 학살한 일본
제2장 조선을 합병하여 민족말살정책을 펼친 일본

제1장 임진왜란을 일으켜 2백만 명을 학살한 일본

1. 고려왕조 멸망의 빌미를 제공한 왜구침략
2. 조선 합병을 노린 교활하고 치밀한 전략

1. 고려왕조 멸망의 빌미를 제공한 왜구 침략

(1) 고대 일본을 이끌어 간 것은 백제, 신라와 고구려

일본은 중국과 더불어 우리나라와 가장 가까운 이웃 나라이다. 우호와 선린으로 맺어져야 할 관계가 침략과 핍박으로 얼룩진 어두운 역사를 지니고 있다.

한국과 일본의 지리적 관계는 매우 제한적이다. 한국의 높은 산맥이 동쪽에 치우쳐있듯이 일본의 높은 산맥은 서쪽에 배치되어 두 나라 사이에 있는 동해 연안에는 피차 항만이 발달하지 못하고 인구도 희박하다.

일본은 태평양을 향해 열려있고 한국은 중국을 향해 열려있어 서로 등을 대고 있는 배치되는 모습이지만, 두 나라가 쉽게 만나는 곳은 대한해협으로 두 나라의 교류는 주로 이 통로를 통하여 이루어졌다.

일본 열도 중에서 한국과의 교류가 가장 활발한 곳은 규슈 지방으로 한국과 중국의 선진문화는 주로 이 통로를 통하여 일본에 전달되었다.

한국과 중국의 선진문화에 대해 항상 갈증(渴症)을 느껴온 일본은 평상시에는 빈번한 사신 파견을 통해 문물을 수입하고, 힘이 모아지면 무력으로 한반도를 정복하여 그 갈증을 일거에 풀려고 하였다. 이것이 두 나라의 관계를 역사적으로 불편하게 만드는 요인이 되었다.

우리나라에서 남북이 정치 구조를 달리한 것은 기원전 중국의 한(漢)나라가 한반도 북부를 침략하여 한사군(漢四郡)을 설치하여 중국의 통치 범위에 들어갔고, 남부에는 78개국의 부족 국가가 흩어져 성립되어 삼한(三韓)이라 불리며 남과 북이 상이(相異)한 체제를 형성하여 300여 년을 이어왔다.

한(漢)은 위만조선을 멸망시킨 후 그 영토 안에 있던 낙랑, 진번, 임둔, 현도에 군을 설치하고 태수를 두어 통치했다.

북부와 만주에는 고구려가 건국되어 한4군(漢四郡)을 밀쳐내고 고대국가를 형성했고, 78개 소국으로 나뉜 남부의 삼한은 백제, 신라, 가야 국가를 생성했다.

일본 고대국가를 이끌어간 것은 삼국인들임이 밝혀졌다. 백제 계통의 한국인들이 천황가(天皇家)를 형성하고 일본 역사를 주도해 갔다.

일본은 모국인 백제와 긴밀한 관계를 맺으면서 고구려, 백제, 신라로부터 수많은 문화를 전수(傳授)받아 고대 문명을 이룩했다.

백제 근초고왕 때 아직기가 일본의 태자에게 한자를 가르쳤고, 왕인이 논어와 천자문을 전하고 경사를 가르쳤다.

삼국의 음악은 일본에 전해져 일본 음악의 형성에 기여했으며, 특히 백제는 악공, 악사, 악기를 일본에 전수하고 가르쳤다.

일본 나라시의 다까마쓰 고분에서 고구려 무용총의 그림과 비슷한 형식의 벽화(壁畵)가 발견되어 일본의 고대문화가 한국의 영향을 받았음이 증명됐다.

기록으로 명기되어 있지는 아니하지만, 일본을 가르치고 문명국가로 발돋움하게 한 것은 일본 천황계와 인연이 깊은 백제였고, 고구려도 상당한 도움을 주었다.

일본과의 전쟁에 대한 최초의 기록은 4세기 말 왜군이 한반도에 출병하여 고구려군과 싸웠다는 사실이 기록으로 남아있다.

신라가 세력을 넓히며 일본과 관계가 깊던 가야를 지배하려고 했다. 일본은 527년에 오오도왕 시절 신라의 원정을 결정하여 오미노케노 장군을 출정시켰다.

신라와 일본의 전쟁 와중에서 신라의 태자가 볼모로 일본에 잡혀갔고, 박제상의 기지로 태자가 볼모에서 풀려나고 박제상의 망부석(望夫石)이 등장하는 모태가 됐다.

임나일본부는 일본과의 무역을 위한 백제의 상관(商館)으로 보여지지만, 일본인들은 일본 서기에 기록된 임나일본부를 일본이 가야 지방을 통치하기 위한 정치기구였다고 해석했다.

백제가 멸망하고 백제부흥군의 요청을 받은 일본은 구원군을 파견했다. 백강 전투에서 패배한 일본은 국력 강화의 필요성을 통감하고 율령제의 도입을 서두르게 됐다.

(2) 왜구(倭寇)는 고려를 멸망시키고 3포왜란을 일으켜

소정방이 인솔하는 당군과 김유신이 이끄는 신라군은 계백이 이끄는 백제군의 저항을 충청도 황산에서 물리치고 사비성을 함락했다. 백제를 멸망시킨 나·당 연합군은 고구려 공격에 나서 연개소문이

죽은 후 그의 동생 연정토 및 아들들(남생·남건) 간에 벌어진 권력 쟁탈전은 고구려의 운명을 재촉했다.

이적이 이끈 당군과 김인문이 이끄는 신라군이 평양성을 함락하여 백제가 멸망한 8년 후 고구려도 멸망했다.

당의 지배를 벗어나기 위해 당군(唐軍)과 전쟁에서 승리하여 대동강과 원산만을 잇는 한반도의 남부지역을 신라가 관할하게 한 것은 고구려가 멸망한 8년 이후였다.

고구려 멸망 후 30년 만에 대조영이 길림성 돈화 부근에서 발해국을 세워 국가 발전을 도모했다. 해동성국으로 발전한 발해는 5경, 15부, 62주의 지방제도를 완비했다.

평양 이남의 한반도는 남쪽의 신라가 통일하고 그 이북의 한반도와 만주에는 고구려의 후예가 발해를 세워 남북조 시대가 열렸으며, 이 남북조시대는 고려가 건국되면서 하나의 왕조가 통일되기까지 250년 이상 지속됐다.

신라와 대립 관계에 있던 발해는 일본과 긴밀한 관계를 유지하여 발해의 사신은 727년을 시작으로 멸망할 때까지 200년 간 34차례 일본에 다녀갔다.

발해는 거란족의 침략을 받아 926년에 멸망하고 5만 명의 발해 귀족들은 고려로 망명했다. 이로써 250년 동안 형성되었던 제2차 남북조시대는 막을 내렸다.

1279년 남송을 멸망시킨 몽고는 고려군과 연합하여 1281년 일본을 공격했다. 일본은 방위체제를 구축해놓았기 때문에 상륙하기가 여의치 않았으며 대부분의 전투는 해상에서 이루어졌다.

때맞추어 태풍이 규슈지역을 강타하여 몽고의 군사들은 물고기 밥이 되고 말았고, 상해지역에서 출발한 강남군이 제때에 도착하지 못한 것도 전쟁이 확대되지 않은 또 하나의 이유였다.

몽고와 고려군의 일본 원정이 실패한 이후부터 극성을 부린 왜구는 중국 대륙이나 한반도에 상륙하여 쌀과 곡물을 약탈하고 사람을 납치하기도 했다.

고려의 남반부인 충청, 전라, 경상지역에 출몰했던 왜구는 이성계 등장의 빌미가 되었고, 급기야 고려왕조의 멸망을 재촉하여 이씨 조선 개국의 도우미 역할을 했다.

침략과 약탈이 어려워진 것을 알게 된 왜구는 평화적인 무역관계를 요구해왔다.

조선은 일본과의 선린(善隣)을 유지하기 위해 부산포와 내이포(창원)을 개항하여 제한된 무역을 허용했다.

그러나 일본 상인들은 조선의 통제무역에 불만을 품고 밀무역, 해적행위 등으로 적대행위를 그치지 않았다.

조선은 일본 해적의 소굴을 소탕하기 위해 세종 1년(1419)에 대마도를 정벌하여 영주의 항복을 받아내고 돌아왔다.

그 후 세종 8년(1426)에 3포(부산포, 내이포, 염포)를 열어 무역을 허용하였으나 중종 5년(1510)에는 3포왜란을 일으켰다.

조선은 비변사라는 상설기관을 설치하여 대책을 세웠으나 국방과 군역제도가 허물어져 일본의 침략에 속수무책이었다.

(3) 일본은 임진왜란을 일으켜 200만 명 이상을 학살

풍신수길은 1587년 규슈를 평정하였을 때부터 조선 침략을 구체화하고 있었다.

1백여 년간에 걸친 혼란이 풍신수길에 의해서 수습되자 풍신수길은 지방 세력의 관심을 밖으로 분출시키기 위해 조선 침략이라는 발상이 이뤄졌다.

서양의 총포술을 도입하여 개량한 조총(鳥銃)으로 무장한 일본은 명을 치러가는 데 필요한 길을 빌려달라는 정명가도(征明假道) 거절하자, 선조 25년(1592년) 15만 명이 부산에 상륙했다.

이에 당황한 조선은 신립 장군으로 충주에서 막아내도록 했으나 탄금대에서 대패하자, 선조는 한성을 내어주고 평양을 거쳐 의주로 피난했다.

승승장구한 육군에 비해 해군은 이순신 장군이 지휘한 조선 해군에 대패하여 해상권이 무너져 북진하는 육군과 합세하려던 일본의 작전이 실패했다.

전국 각지에서 거병한 의병과 명군의 지원을 받은 조선군의 반격작전에 예기(銳氣)가 꺾인 일본은 휴전을 제의하였고, 명(明)도 휴전을 받아들여 선조 26년(1593년)에는 한성을 버리고 경상도 해안 일대로 물러났다.

일본은 화의가 결렬되자 선조 30년(1597년)에 15만 명의 병력을 동원하여 침입했으나 육군을 보강한 조·명연합군에 의해 위세를 떨치지 못했지만, 모함에 의한 이순신 장군의 실각에 의해 등장한 원균을 격파한 해군이 제해권을 확보했다.

풍신수길의 사망으로 일본군의 철수가 불가피해졌으며, 소서행장의 철수군과 이순신 장군의 수군이 격돌한 노량진해전에서 이순신 장군은 순국(殉國)했다.

일본의 두 번에 걸친 침략은 전 국토가 전쟁터가 되어 수많은 인명이 살상되고, 기근과 질병으로 전쟁이 끝난 50년 후에도 인구는 150만 명, 토지 결수 50여 결로 조선 초기의 3분의 1 수준이었다.

일본은 조선에서 수만 명의 포로를 끌고 와 포르투갈 상인들에게 노예로 팔기도 했다.

일본은 임진왜란을 통해 활자, 그림, 서적을 약탈하고 도공과 인쇄공들을 포로로 데려가 덕천가강 시대의 일본문화가 성장하는 도약대가 마련됐다.

이이의 10만 양병설과 황윤길 정사의 일본의 경계무장도 김성일 부사(副使)의 농간(弄奸)으로 대일 안심론이 펼쳐져 일본군을 막아내는 데 도움이 되지 못했다.

두 번에 걸친 30만 명의 왜군이 조선에 출병하여 귀를 베어가고 코를 베어가는 잔혹한 만행으로 200만 명 이상의 조선인을 학살한 것으로 추정됐다.

조선은 선조 40년(1607년) 조선인 포로 7천여 명을 되돌려 받은 뒤 일본과의 국교를 재개했다.

2. 조선 합병을 노린 교활하고 치밀한 전략

(1) 운양호 사건을 일으켜 강화도 수호조약을 체결

임진왜란 후 조·일 국교가 재개되면서 12차례의 통신사가 일본에 파견되어 19세기까지 평온을 유지했다.

일본에서 일본혼(日本魂)을 강조하는 국학운동이 일어났다가 조선을 무력으로 굴복시키자는 정한론이 일어나 외교관계가 단절됐다.

메이지유신에 불만을 품은 세력들을 무마하기 위해 일본의 보수파는 조선을 정복하겠다는 정한론이 제기됐고, 사이고 다카모리는 인접국인 조선에 사절을 파견하여 개국을 촉구하고 조선이 거부할 경우에는 무력으로 개국시킨다고 하는 정한론을 주장했다.

일본은 1875년에 중무장한 군함 운양호를 강화도 초지진에 접근시켜 조선 측의 발포를 유도했다.

이를 계기로 일본은 8척의 군함과 600여 명의 군대를 부산에 상륙시켜 놓고 통상을 요구하여 1876년 병자수호조약을 강화도에서 맺었다. 강화도조약 체결 배경에는 미국의 사주(使嗾)와 군사적 도움이 있었다.

이 조약은 조선은 원산과 인천을 개항하고 일본화물에 대해 면세하고, 일본인 범죄자에 대한 영사재판(治外法權)을 허용하는 불평등 조약이었다.

유학자 최익현은 도끼를 들고 대궐문 앞에 엎드려 일본은 서양 오랑캐와 다름없는 나라라고 규정하고 일본과의 조약을 경고하여 유배를 당했다.

최익현이 위정척사론(衛正斥邪論)을 펼 때 평양에서 제너럴셔먼호를 불태웠던 박규수는 통상개화론(通商開化論)을 주장했다.

위정척사론은 조선은 곧 작은 중국이라는 소중화사상이 지배했다.

국방체제의 개선으로 신식군대인 별기군 우대에 대한 불만을 가진 구식 군인들이 1882년 폭동을 일으켜 선혜청 당상이며 병조판서인 민겸호를 척살(刺殺)하고, 일본공사관을 습격하여 불태운 임오군란이 발생하여 대원군이 재집권했다.

그러나 청나라에서 3천 명의 군대를 파견하여 개화 세력인 민비 일파를 밀어내고 정권을 되찾은 대원군을 천진으로 압송하고, 고종의 친정체제를 복구시켰다.

도망쳤던 하나부사 공사가 군함 4척과 육군 1개 대대를 거느리고 귀국하여 일본에 배상금을 지급하고 일본 군대의 주둔을 용인하는 제물포조약을 체결했다.

김옥균, 박영호, 홍영식 등 개화파 일당은 일본의 군사력 지원을 받아 명성황후 세력을 타도하고 신정부를 수립했으나 원세개가 지휘하는 청나라 군대에 무너진 3일천하인 갑신정변을 일으켰다.

갑신정변이 실패한 원인은 경제침탈로 고통 받은 민중들이 일본을 끌어들인 개화파를 싫어했고, 민비의 요청으로 출동한 청군의 개입으로 3일천하로 막을 내린 것이다.

갑신정변의 실패로 청나라와의 경쟁에서 불리해진 일본은 이를 만

회하기 위해 이토 히로부미를 중국에 보내 이홍장과 만나 두 나라 군대는 조선에서 철수시키고 파병할 경우 사전에 알릴 것을 약속한 천진조약을 체결했다.

개항 직후 조선의 무역은 일본이 독점하다시피 하였다. 우리나라는 쌀, 콩 등을 수출하고 일본으로부터 영국제 섬유류를 주로 수입했다.

조선은 국내의 식량안정을 도모하기 위해 곡물 수출을 금하는 방곡령(防穀令)을 내렸다가 일본의 강력한 항의로 11만원의 배상금을 물어주고 효력을 잃고 말았다.

(2) 청·일전쟁에서 승리하여 조선을 손아귀에

1894년 동학교도 전봉준은 1천여 명의 농민을 이끌고 전라도 고부 관아를 습격하여 아전들을 처단하고 무기를 탈취했다.

그 후 전봉준은 보국안민(輔國安民)의 기치를 내걸고 8천 명의 농민군을 이끌고 정읍, 고창 등을 거쳐 전주 감영을 점령하여 전라도 일대를 장악했다.

동학란을 진압하기 위해 조선은 청나라에 파병 요청하여 3천여 명의 청국군이 아산만을 통해 들어오고, 7천 명의 일본군이 인천을 통해 서울로 들어와 궁궐을 점령했다.

경복궁을 점령한 일본군은 김홍집을 내세워 제1차 갑오개혁을 단행하여 군국기무처를 설치하고 박영효의 귀국을 계기로 박영효, 김홍집의 연립내각인 제2차 김홍집 내각을 구성하여 홍범 14조를 발표했다.

20만 명에 다다른 농민군을 조선군과 일본군이 공주의 우금치에서 50여회의 공방전을 벌여 격파하고, 전봉준 등 지도자들을 체포하여 일본 공사의 재판을 받고 사형을 당했다.

일본군은 갑신정변으로 실추된 위상을 회복하기 위한 술책으로 민비 세력을 밀어내고 대원군을 내세웠고, 청국군을 기습공격하여 청일전쟁을 도발했다.

청일전쟁에서 승리한 일본은 요동반도와 대만을 할양받은 시모노세키조약을 맺고, 침략의 야심을 대륙에까지 뻗칠 수 있었다.

이토 히로부미와 리홍장 대표의 시모노세키조약에서 요동반도와 대만을 할양받았으며 배상금을 2억 냥(약 3억 엔)을 손에 쥐었다. 그러나 남하정책에 몰두한 러시아가 프랑스, 독일과 공동으로 요동반도를 청에 반환하도록 요구하는 삼국간섭을 벌였다.

러시아와의 전쟁에서 승리할 승산이 없는 일본은 요동반도를 청에 반환했고, 러시아는 여순항을 조차(租借)하는 등 만주에서 영향력을 확대했다.

갑오개혁으로 중국 연호를 폐지하고 일본의 정치적, 경제적 간섭과 침투를 강화시키는 데 유리한 환경을 만들어주었고, 일본의 조종을 받은 내각에 실권을 몰아주어 일본이 간섭할 수 있는 공간을 넓혀줬다.

이의 반발로 고종과 명성황후는 일본을 견제하기 위해 러시아를 끌어들여 새로운 내각을 구성했다.

이완용, 이범진 등 친러파와 연합한 제3차 김홍집 내각은 개혁 무효화를 선언하여 갑오개혁은 중단됐다.

친일 세력의 실각에 불안을 느낀 일본이 경복궁을 습격하여 명성 황후를 시해하는 을미사변을 일으켰다.

국민들은 국모 시해와 단발령에 항거하여 일본과 친일파 각료들을 응징하기 위한 무력투쟁을 일으켰다.

일본의 국모 시해(弑害) 만행과 일본이 주도하는 갑오경장 이후의 급진적인 제도개혁은 국민들의 크나큰 반발을 샀다. 이에 항거하여 의병운동이 일어나고 반일정서가 팽배했다.

유길준, 서광범이 참여한 제4차 김홍집 친일내각은 일본인에 살해된 민비를 폐비시키고 엉뚱한 조선인들을 범인으로 날조하여 일본을 두둔했다.

1896년에는 고종이 러시아 수군의 도움으로 이완용, 이범진 주도로 경복궁에서 정동에 있는 러시아 공사관으로 피신하는 아관파천으로 김홍집, 정병하, 어윤중 등이 군중들에게 맞아죽고 유길준이 일본으로 망명하여 러시아와 일본의 세력균형이 이뤄졌다.

크림반도와 아프가니스탄 등 세계 도처에서 러시아와 대립하던 영국이 거문도를 무단으로 1885년에 점령했다.

일본과 미국은 가쓰라·태프트 밀약을 체결하여 일본은 조선, 미국은 필리핀 침탈을 상호 묵인하고 지원하겠다는 비밀협약을 체결했다.

따라서 미국은 조선이 일본의 식민지로 전락하는 데 가장 결정적인 역할을 한 나라이다.

(3) 일본의 조선침략의 대단원(大團圓)인 조선합병

영·일 동맹으로 입지가 강화된 일본이 러시아를 무력으로 제압하기로 결심하고 러시아에 무리한 요구를 했다.

러시아와의 협상이 결렬되자, 일본은 인천에 정박해있던 러시아 군함을 습격하고 여순항을 기습 공격하는 러·일전쟁을 일으키자, 조선은 국외중립을 선언했다.

러·일전쟁을 일으킨 일본은 서울을 장악하고 이지용을 내세워 전쟁 수행을 위해 우리 영토를 군사시설로 사용하겠다는 한·일 의정서를 강요했고, 이를 빌미로 용산에 일본군의 사령부를 설치하고 전쟁물자 수송을 위한 경의선을 건설했다.

러·일전쟁에서 해군은 러시아 발틱함대를 동해 해전에서 격파하고 육군도 봉천을 점령한 상황에서, 러시아에서 피의 일요일 사건이 발발하여 전쟁을 계속하기 어려웠다.

미국 루스벨트 대통령의 주선으로 포츠머스 조약을 체결하여 일본은 대한제국에 대한 일본의 우월권을 인정받고, 여순·대련의 조차권, 남만주철도 부설권을 획득하고 사할린 남부를 할양받았다.

일본의 거물정객 이토 히로부미는 일본 군대를 거느리고 궁궐에 들어가 고종황제와 대신들을 위협하여 조약의 서명을 강요했으나 반대하자 일본 군인이 외부대신 직인을 가져다가 날인해버렸다.

그리하여 이 조약은 황제가 서명을 거부하고 재가가 없는 당연 무효이므로 을사보호조약은 늑약에 지나지 않는다는 것이 정론이다.

고종은 만국평화회의에 이상설, 이준, 이위종의 밀사를 파견하여 한국의 억울함을 호소토록 하였으나, 일본의 보호국으로 외교권이 없다는 이유로 회의 참석이 거절됐다.

을사보호조약에 의거 초대 통감으로 이토 히로부미가 부임하고, 각 부의 차관 자리에 일본인이 임명되어 차관정치가 시작됐다.

일본은 독도를 강제로 약탈하여 시마네현에 귀속시키고, 국경분쟁 중인 간도 지방을 마음대로 청나라에 넘겨주고 안동 - 봉천의 철도부설권을 얻어냈다.

일본은 헤이그 만국평화회의에 이준, 이상설, 이위종 특사를 파견한 책임을 물어 고종을 강제 퇴위시키고, 덕수궁에 위폐했으며 순종이 즉위했다.

민족의 저항이 거세지자 일본은 보안법과 신문지법을 공포하여 항일 언론활동을 탄압하고 일진회를 내세워 합방론을 주장했다.

1909년 초대 통감이었던 이토 히로부미가 만주의 하얼빈역에서 안중근 의사에게 암살됐다.

육군대신 출신인 데라우치 통감은 헌병경찰제를 실시하여 무력저항을 저지하고 총리대신 이완용과 병합조약을 이뤄냈다.

이로써 519년 동안 이어져 오던 조선왕조는 막을 내렸고, 백성들은 조선총독부 손아귀에서 35년간 식민 수탈의 고통속에서 신음했다.

제2장 조선을 합병하여 민족말살정책을 펼친 일본

1. 헌병경찰제도 실시와 식민수탈 경제체제의 구축

2. 3·1 만세운동으로 민족의 저항을 세계만방에

3. 끝없는 야욕이 제2차 세계대전 전범(戰犯)국가로

1. 헌병경찰제도 실시와 식민수탈 경제체제의 구축

(1) 헌병경찰제도로 강압적인 무단통치

1910년에는 국가의 상징으로 남아있는 황제마저 퇴위시키고 대한제국을 일본의 영토로 편입시키고, 육군대신 데라우치 마사타케를 새로운 총독으로 임명했다.

조선의 총독은 대장(大將) 중에서 임명하고 일본의 내각총리대신과 동격으로 조선의 입법, 사법, 행정 및 군대통솔권을 장악했다.

초대 총독 데라우치는 조선인의 저항이 강한 점을 감안하여 헌병이 경찰 업무를 맡은 헌병경찰제도를 실시했다.

그리하여 헌병경찰이 치안뿐만 아니라 조선인의 생사(生死)여탈권(與奪權)을 행사했다.

조선총독부는 항일민족운동의 뿌리를 뽑겠다는 생각으로 애국인사들을 대량으로 체포하고 구금에 나섰다.

조선총독부는 국권(國權)강탈 후 모든 정치적 결사를 해체시키고, 민족 언론사들을 폐간시키고, 경성일보와 매일신보 등 어용신문과 잡지만을 발행토록 했다.

일본제국은 조선인을 위압하기 위해 일반 관리나 교원에게도 제복을 입히고 칼을 차고 다니게 하였다. 그리하여 민족교육이 급속히 약화되고, 식민지 노예교육이 시작되었다.

일본은 조선인들은 때려야 말을 듣는다면서 조선태형령(朝鮮笞刑令)을 제정하여 재판 없이 즉결처분을 자행했고, 조선인의 치열한 저항을 무자비하게 제압하기 위해 헌병으로 하여금 경찰 업무를 수행케 했다.

조선총독부의 관리나 지방의 관서장은 일본인이 차지했고, 조선인도 정치에 참여하고 있다는 것을 대외적으로 위장하기 위해 중추원을 설치했으나 1919년까지 한 번도 회의를 소집하지 않았다.

(2) 주권 강탈과 병행하여 식민지 수탈 경제체제 구축

일본은 재정고문 메가타의 화폐 정치를 시작으로 대한제국의 금융과 재정을 장악했다.

일본은 토지조사령을 공표하여 토지조사사업을 벌여 역둔토(驛屯土) 등 국유지는 물론 동중(洞中)과 문중(門中) 공유지와 절차가 까다로워 미신고한 토지를 총독부 소유로 하여 전 국토의 40%를 점유했다.

일본은 대한제국의 주권을 강탈하면서 이와 병행하여 경제구조를 식민지 수탈체제로 바꾸어갔다.

이 구조는 일본의 자본주의 발달을 위한 원료 및 식량공급지와 상품시장을 만들어 경제적 이득을 극대화하고, 우리의 민족자본 성장과 농촌사회의 안정을 파괴하는 결과를 가져왔다.

일본은 상평통보 등 조선에 유통되는 돈의 사용을 금하고, 일본화폐를 통용케 하여 일본 은행들이 금융업계를 지배하게 되었다.

또한 일본은 상업과 어업분야에서도 우리의 자원을 침탈하였고, 많은 광산들이 침탈당했다.

일본은 우리 민족기업을 탄압하기 위해 회사령을 공포하여 회사를 설립할 경우 총독부의 허가를 받도록 하며, 큰 기업은 일본의 미쓰이와 미쓰비시 등에게 넘어갔고 인삼, 소금, 아편 등은 조선총독부에서 전매(專賣)했다.

전체 공장의 자본금은 일본인이 91%를 차지했고, 조선인은 6% 정도에 지나지 않았다.

일본은 민족 자본의 성장을 억압하고 민중 경제를 파멸로 몰아넣었으며, 농민과 노동자들에 대해서는 수탈의 대상으로만 여기면서 권리의 요구나 저항운동을 철저히 탄압했다.

그러나 지주, 자본가 등 유산계급(有産階級)에 대해서는 특권을 보장해줌으로써 친일세력으로 적극 활용했다.

조선이 일본에 합병되어 일본의 자본주의 발전을 위한 수탈의 대상이자 대륙 침략을 위한 전진기지가 되었다.

(3) 일본의 침략에 대한 우리 민족의 끈질긴 저항

을사보호조약이 발표되자 황성신문이 장지연의 '시일야방성대곡'이라는 논설을 게재하여 국민의 비분강개를 대변했고, 양기탁은 대한매일신보를 이용하여 일본인의 침략행위와 항일운동 등을 낱낱이 보도했다.

1905년 을사보호조약을 계기로 일본의 침략이 노골화되자, 이에 분노한 국민들의 항일운동이 거세게 일어났다.

정부 관료 중에서 민영환, 조병세, 송병선 등이 목숨을 끊었고, 민종식, 허위, 신돌석 등 의병 부대들이 전국적으로 분기(奮起)하여 일본군과 치열한 전투를 벌였다.

1906년 민비를 시해한 을미사변을 계기로 유인석 등 양반들이 의병을 일으켰고, 이인영과 허위 등은 13도 창의군을 결성했다.

1907년 군대해산 후 서울의 시위대, 지방의 진위대 군인들이 일본군과 시가전을 벌이기도 하거나 의병 부대에 합류했다.

친일내각의 도구가 되어 일본군과 함께 의병 진압에 동원된 군인들은 군대가 해산되자, 일본에 맞서 저항하기 시작하여 의병들과 합세했다. 이리하여 의병의 조직력이 강화됐다.

군대해산과 더불어 15만 명의 의병들이 3,500회의 전투를 벌였으나 일본의 군대에게 모두 진압되었다.

1909년 이후에는 국내의 의병부대는 쇠퇴한 반면, 홍범도와 유인석 등 한·만 국경지대에서 의병활동을 활발하게 했다.

장인환과 전명운이 일본의 조선 지배를 옹호하는 스티븐슨을, 안중근은 일본의 총리대신을 지낸 이토 히로부미를 살해하고, 이재명이 이완용에게 중상을 입혔으나 조국의 운명을 건지기에는 역부족이었다.

일본은 장지연의 '시일야방성대곡'으로 항일여론을 이끌어 낸 황성신문과 국채보상운동을 전개한 대한매일신보를 폐간시켰다.

갑신정변 실패 후 도주한 서재필은 미국 국적을 가지고 윤치호와 독립신문을 창간하고 이완용, 이상재 등과 독립협회를 창간했지만, 박영효는 일본 귀족 작위를 받고 일제 치하에서 영화를 누린 친일파로 변신했다.

서울시민 1만여 명이 참여하는 만민공동회를 개최한 독립협회는 정부의 탄압으로 해산했고, 이에 항의하는 민중들은 황국협회원들에게 테러를 당했다.

독립신문은 동학농민운동을 계승한 농촌의 활빈당 활동과 의병을 도적떼, 부랑아, 파락호(破落戶)로 지칭하며 비난했다.

한편 안창호, 양기탁, 이승훈, 이동휘, 신채호 등이 주동이 되어 1907년 설립된 신민회가 민족자본을 육성하면서 계몽 사업을 통해 국민들의 민족의식을 고취시키는 사업을 병행했다.

1907년에는 구국(救國)계몽운동의 일환으로 국채보상운동이 펼쳐져 남자들은 담배를 끊고 여자들은 비녀 등을 팔아 모금운동에 적극 참여했다.

교육입국의 조서가 발표되면서 관립학교는 물론 숭실, 보성, 배재, 이화 등 사립학교가 개설됐다.

주시경은 종래의 상되고 속된 글이라는 언문(諺文), 여자들의 글이라는 암글 대신 한민족의 크고 바르고 으뜸가는 글이란 한글의 보급에 앞장섰다.

아울러 종교 활동도 활발하여 서재필, 이상재, 윤치호 등이 황성기독교청년회를 조직하여 다양한 활동을 벌였고, 적지 않은 애국지사들이 배출됐다.

2. 3·1 만세운동으로 민족의 저항을 세계만방에

(1) 3·1 만세운동을 계기로 상해임시정부 수립

3·1 운동은 개항 이후 위정척사운동에서 시작하여 동학농민전쟁과 의병활동, 그리고 구국계몽운동으로 이어져 온 항일투쟁의 연장선상에서 일어났다.

미국 대통령 윌슨의 민족자결주의가 제창되면서 민족 자각운동이 확산되었고, 고종황제를 일제가 독살했다는 소문이 퍼져 적개심을 불러일으켰고, 파리강화회의가 개최되어 독립외교를 펼친 것이 국내 독립운동가들에게 큰 자극을 주었다.

일본 동경의 한국인 유학생들이 독립선언서를 발표한 것이 직접적인 계기로 작용했다.

1919년 2월 8일 일본 유학생 400여 명이 도쿄에서 독립선언서를 발표했고, 이것을 계기로 만세시위는 서울뿐만 아니라 평양, 의주, 원산 등에서 일어났고 전국으로 번져나갔다.

민족대표 33인의 이름으로 서명한 독립선언서도 비밀리에 전국에 배포되었고, 민족 대표들은 태화관에서 독립선언서를 낭독하고 일제 관헌에 신고하여 자진 투옥되었다.

1919년 5월말까지 지속된 만세운동은 전국 218개 군에서 2백여만명의 주민이 1,500여 회의 시위에 참가했다.

거족적인 3·1 운동에 놀란 일본은 시위자들을 폭도로 규정하고 발포, 살육 그리고 고문, 방화 등 무자비한 방법으로 탄압했다.

일본 경찰은 경기도 화성에서는 마을 전체를 불태우고 마을 주민을 교회에 가두고 불을 질러 타죽게 하는 만행도 저질렀다.

전국적으로 만세운동으로 7천 5백 명이 피살되고 4만 6천여 명이 체포됐으며, 1만 6천여 명이 부상을 당했다. 49개소의 교회와 학교는 물론 715호의 민가가 불에 탔다.

천안 아우내 장터에서 만세 시위를 벌이다 체포되어 악랄한 고문 끝에 죽은 유관순 소녀가 독립운동의 표상이 되었다.

그러나 3·1 운동은 전 민족적 에너지를 분출했지만, 통일적인 항일투쟁으로 발전하지는 못했다.

민족대표 33인은 손병희, 권동진, 이승훈, 이갑성, 한용운, 최린 등이었으나 뒤에 친일파로 변절한 민족대표들도 많았다.

3·1 운동으로 우리 민족의 강인한 독립의지를 알게 된 일본은 문화의 창달과 민력(民力)의 충실을 시정방침으로 하는 이른바 문화통치론을 내걸었다.

10년간의 무정부 상태를 극복하고 민주공화제의 대한민국 임시정부가 중국 상해에 수립됐고, 일본은 폭압적인 무단정치를 포기하고 친일파를 양성하여 민족을 분열시키려는 문화정치를 표방했다.

그리하여 우리말 신문인 동아일보와 조선일보가 발행될 수 있었다.

관리나 교원의 제복과 칼 차기를 폐지하고 언론·출판·집회·결사를 제한적으로 허용하고 의회를 설립하고 도·부·면 협의회를 설치하여 친일인사들을 위원으로 임명했다.

그러나 일본은 1923년 관동대지진 때 조선인들이 폭동을 일으켰다고 허위 선전하여, 자경단(自警團)으로 하여금 7천여 명의 우리 교민들을 참살(慘殺)하는 만행을 저질렀다.

3・1 운동을 전후하여 국내외는 소련의 블라디보스토크에 대한국민회의, 서울에 조선민국 임시정부, 중국의 상해에는 대한민국 임시정부, 평안도 의주에는 신한민국정부, 서울에는 한성정부가 세워졌다.

5개의 임시정부가 1919년 11월 헌법을 만들고 내각과 의정원을 구성하여 대한민국 임시정부가 상해에서 수립됐다.

대한민국 임시정부는 대통령에 이승만, 국무총리에 이동휘를 선임했고, 본국과의 연락을 위해 연통제(聯通制)를 실시했다.

이승만의 외교활동에만 주력하는데 불만을 가진 사회주의 계열 인사들의 불만이 쌓여 분열이 거듭되었고, 임시정부는 이승만을 해임하고 박은식을 제2대 대통령에 취임시키고 이상룡, 홍진, 김구 등이 국무령을 이어오면서 임시정부의 법통을 존속시켰다.

(2) 제한적이지만 국내에서도 독립운동을 전개

일본의 무자비한 탄압 속에서도 비밀결사인 독립의군부, 대한광복회, 송죽회 등이 결성되어 독립운동의 거점을 확보하려는 활동을 전개했고, 생존권을 지키려는 농민들이 농민항쟁을, 임금인상을 위한 노동쟁의가 60여 건 이상 발생했다.

민족주의 세력과 사회주의 세력이 연대하여 신간회를 창립하여 최대의 민족운동단체로 발전시켰다.

4만 명의 회원을 가진 신간회는 김명동, 김준연, 권동진, 이갑성, 백관수, 신채호, 안재홍, 조만식, 한용운, 홍명희 등이 참여했다.

일본이 철저히 조작된 105인 사건을 일으켜 신간회 간부들이 투옥되고 해체됐다.

그후 안창호와 이승훈 등은 실력양성운동을 전개했고, 이시영과 이동휘 등은 만주로 이동하여 항일무장투쟁을 전개했다.

민족주의 운동은 민중들의 무지를 먼저 해결하려고 한 반면, 사회주의 운동은 농민·노동자들이 겪은 현실적 고통이 일제의 강점에 지주·자본가 계급의 착취에 있다면서 대중들의 투쟁운동을 활발하게 전개했다.

민족자결주의의 허구성에 크게 실망하여 코민테른의 반제국주의, 약소민족 해방운동에 기대를 걸고 사회주의 운동이 더욱 확대됐다. 4차례에 걸쳐 조직과 해체를 거듭한 조선공산당은 일본의 검거와 탄압으로 해체되었지만, 계급투쟁과 더불어 독립투쟁도 전개했다. 혁명적 농민조합은 반봉건·반제국주의 항일투쟁을 전개했으나 일본의 가혹한 탄압으로 위축됐다.

3·1 운동이 고종의 인산(因山)을 계기로 일어났듯이 6·10 만세운동은 순종의 인산을 계기로 일어났다.

조선공산당 주도로 천도교 등 민족 세력이 학생들과 협력하여 만세시위를 준비했으나, 일본이 1만 명 이상의 애국지사들을 사전에 검거하여 예정대로 추진되지는 못했다.

1929년 광주에서 일어난 일본 학생과 조선 학생의 패싸움이 가두시위와 광주일보 습격으로 번지자, 일본은 휴교령을 내리고 관련 학생 70명을 검거했다.

이후 학생들의 항일투쟁은 전라도 전역을 휩쓸었고 전국적으로 확대되어 전개됐다.

평양에서는 조만식을 중심으로 물산장려운동이 전개되어 전국적으로 확산됐고, 이상재를 중심으로 교육구국(敎育救國)을 내세운 학교 설립운동이 전개됐다.

천도교의 조선농민사, 개신교의 기독교청년회 등은 배워야 산다, 아는 것이 힘이라며 농촌 계몽운동을 전개했다.

천황예찬과 비행기 헌납 모금 등을 통해 친일에 앞장섰던 동아일보와 조선일보는 일본의 민족 말살정책이 강화되면서 폐간됐다.

기미독립선언문을 쓴 최남선, 2·8 독립선언문을 쓴 이광수, 민족대표 33인인 최린과 이갑성, 고려대학을 키운 김성수, 이화여대 총장을 지낸 김활란 등은 타협론자와 친일협력자 사이를 오갔다.

그리하여 국내에서는 항일 운동가를 배출할 수 없었고, 을사오적인 이완용, 박제순, 이지용, 권중현, 이근택과 경술국치의 주적인 송병준, 이용구 등이 일본에서 작위를 받은 박영효에 버금가는 부일협력자로 지목됐다.

(3) 3·1 운동 이전에도 항일무장투쟁을 활발하게 전개

일본의 파쇼통치로 국내에서 독립운동이 어렵게 되자 많은 애국지사들이 만주와 연해주 지방으로 망명하여 적극적인 항일 독립운동 활동을 전개했다.

간도에는 이시영과 이동녕 등이 세운 경학사라는 자치기관과 신흥무관학교가, 연해주 지방에서는 이동휘와 이상설 등에 의해 한민회가 설치되어 해조신문도 발행했다.

연해주는 유인석과 이범윤 등이 신한촌을 건설하여 민족운동의 중심지로 떠올랐고, 용정을 중심으로 한 북간도에는 북로군정서가, 삼원보를 중심으로 한 남만주에는 서로군정서가 설치되어 독립운동을 전개했다.

상해도 해외 독립운동의 중심지가 되어 신규식과 박은식 등이 진단이란 잡지를 발간하기도 했다.

1917년 러시아 혁명을 성공시킨 레닌은 세계의 공산화를 목적으로 공산주의자들의 국제조직인 코민테른을 결성하고 약소민족의 독립운동을 지원했다.

1917년 러시아 혁명에 큰 자극을 받아 사회주의를 표방하는 민족운동이 전개되어, 1918년 연해주에 이동휘 등이 한인사회당을 조직했고 임시정부의 국무총리로도 활동했다.

미국에서도 독립운동이 활발하게 전개됐으나, 박용만은 독립전쟁론을 주장했고 이승만은 외교론을 강조하여 대립했다.

반면 안창호는 민족의 실력양성을 주창하는 준비론을 제창하여 서로 얽혀있고, 만주와 연해주에서도 민족주의와 사회주의가 분화되어 독립운동은 사분오열됐다.

만주지역의 동포들의 자치조직인 참의부, 정의부, 신민부는 동포사회를 이끌어가는 민정과 군정 조직으로 발전했다.

3부는 통합하여 국민부를 결성하여 조선혁명군을 창설하여 항일독립투쟁에 나섰다.

1919년 만주 길림에서 김원봉과 윤세주 주도로 창단된 의열단은 경찰서, 총독부, 동양척식회사 등에 폭탄을 던지는 투쟁을 전개하다가 조선혁명간부학교를 설립하고 민족혁명당 결성에 중심 역할을 했다.

양세봉 조선혁명군 총사령관은 만주의 항일군단과 조·중 연합전선을 구축하고, 지청천의 한국독립군이 쌍성보와 동경성 전투에서 일본군을 대파했다.

김일성이 이끄는 조선인 유격부대는 보천보 전투에서 승리하여 일본에게 타격을 주었다.

(4) 중경(重慶) 대한민국 임시정부는 대일본 선전포고

각 지역에서 분산적으로 활동하는 독립운동단체들을 통일적으로 이끌어 갈 수 있는 정부를 수립해야 한다는 공감대가 3·1 운동을 계기로 연해주에는 대한국민의회가, 상해에는 대한민국 임시정부가, 국내에는 한성정부가 수립됐다.

3·1 운동을 전후하여 만주와 연해주에는 30여 개의 독립군 부대가 조직되어 군정서, 대한독립군, 대한의용군 등이 활동을 펼쳤다.

홍범도의 대한독립군의 봉오동 전투, 김좌진의 북로군정서의 청산리 대첩 등 1,600여 회의 전투에서 일본군 1,200여 명을 사살하는 전과를 올렸다.

홍범도의 봉오동 전투와 김좌진의 청산리 전투에서 대승을 거두었으나, 일본군은 1만여 명의 동포를 살해하는 간도(間島)학살사건을 일으켰다.

이러한 애로를 극복하면서 이 지역의 독립군 부대는 채찬의 신민부, 지청천의 정의부, 김좌진의 참의부로 통합하였다가 국민부로 대통합되었다.

1920년대에는 김원봉의 의열단이 만주 길림에서 조직되어 민중의 직접 폭력혁명에 의해 일본을 무너뜨리고 민중적 조선을 건설하는 것을 목표로 했다.

무정부주의 사상에 기초한 테러리즘으로 일본의 고관이나 친일 인사들을 암살하는 것을 행동 강령으로 삼기도 했다.

연해주에 집결한 4,000여 명의 독립군은 소련의 백군과 적군의 내전에 개입되어 자유시 참변을 불러왔고, 무장독립전쟁은 막을 내리게 됐다.

그리고 독립운동의 거점인 간도를 침략한 일본은 동포 3,600여 명을 학살하고 가옥 3,500채, 학교 59개소, 교회 19개소, 양곡 6만 석을 불태우는 만행을 저질렀다.

국민정부와 긴밀한 관계를 가진 신규식이 활약하여 1919년 파리강화회의에 김규식을 민족대표로 파견하기도 했다.

민족주의 계열과 사회주의 계열이 통합된 상해임시정부에서는 대통령에 이승만, 국무총리에 이동녕을 추대하고 내무총장에 김구, 외무총장에 조소앙 등 항일투사들이 결집됐다.

그러나 미국에 거주하며 상해임시정부에 소홀했던 이승만 대통령을 탄핵하고 박은식을 제2대 대통령에 옹립했다.

박은식 대통령이 병사하자, 상해임시정부는 조직을 개편하여 국무령제를 채택하고 국무령에 김구가 취임했다.

상해에서 국무령 김구는 일황에게 폭탄을 던진 이봉창, 홍구공원에서 전승(戰勝)경축식을 피로 물들게 한 윤봉길의 의거로 중국의 장개석의 협력을 얻어 광복군을 조직하게 됐다.

김구의 한국국민당, 조소앙의 한국독립당, 지청천의 조선혁명당이 한국독립당으로 결집하여 임시정부의 기초정당으로 활동했다.

상해가 일본군에 점령되어 중국 정부와 함께 이동한 중경 임시정부는 1941년 대일본선전포고문을 발표하고, 조선의용대를 흡수하여 조선광복군을 편성하여 전선에 투입했다.

화북지역에서는 김무정과 최창익 등이 중국공산당에 가입하여 활동했고, 장건상과 김두봉 등이 조선의용군과 조선광복군과의 교량 역할을 했다.

일제시대는 조선 후기 이래 우리가 추진해온 자주적 근대화운동이 좌절되고 박탈당한 시기이며, 제국주의로부터 해방하여 자주적 근대화를 준비하던 시기였다.

3. 끝없는 야욕이 제2차 세계대전 전범(戰犯)국가로

(1) 미국에 당한 수모를 조선에 되갚아준 일본

일본은 1854년 미국의 페리 제독에 의해 미·일 화친조약을 체결하고, 시모타와 하고다테를 개항하여 서양 열강과의 화의로 개국하게 됐다.

이후 네덜란드, 러시아, 영국, 프랑스와도 미국과 같은 조약을 체결하였는데 영사재판권을 인정하였고 관세자주권이 없는 불평등 조약이었다.

메이지 정부는 천황을 중심으로 한 중앙 집권국가를 구축하기 위해 에도시대부터 계속되어온 여러 가지 제도를 바꾸었다.

헌법을 제정하고 국회를 갖는 입헌군주국가로 아세아에서 최초 국가로서 1889년 서양 열강에게 개방된 35년만이었다.

민중의 정치가는 정당을 만들고 자유민권운동을 전개한 일본은 메이지에서 다이쇼를 거쳐 소화시대에는 정당을 대신하여 군부가 대두(擡頭)되어 호전적인 국가로 변모했다.

군벌들의 야욕을 잠재우기 위해 정한론이 대두되기도 했으나, 미국의 페리 제독에 당한 수모(受侮)의 실험 대상으로 조선을 선정하고 그 방법의 실행에 들어갔다.

주일 미국 공사 빙헴은 자신들이 실패한 조선 개항을 시도해보자는 속셈에서 일본 해군대장 이노우에에게 일본 원정사를 전해주면서 조선의 개방을 부추겼다.

미국의 후원을 받은 이노우에는 운양호를 이끌고 강화도 상륙을 시도하여 조선수비대의 포격을 유발하는 운양호 사건을 일으키고, 이를 빌미로 400명의 병력을 동원하여 강화도 조약을 강요했다.

흥선대원군을 탄핵했던 유생들이 다시 대원군의 쇄국(鎖國)정책을 지지하고 나서자, 대원군의 재집권을 우려한 민씨 정권은 서둘러 강화도조약을 체결하게 됐다.

일본의 조선 진출을 불편한 심기로 바라보던 청의 적극적인 주선으로 조선은 미국, 영국, 불란서, 러시아 등과의 통상 조약이 이어지면서 조선도 근대라는 세계사의 흐름에 동참하게 됐다.

(2) 중국과 동남아시아를 침략하고 미국을 공격한 일본

1929년 세계 대공황을 맞이하여 미국은 뉴딜정책으로 이를 극복하고자했으나, 해외식민지가 빈약한 후발 자본주의 국가인 독일, 이탈리아, 일본은 개인보다는 국가와 민족을 우선시하는 극우적인 파시즘 세력이 권력을 장악하여 대외 침략을 통해 경제적 위기를 극복하고자 했다.

일본은 조선을 안정적인 식민지로 유지하면서 항구적으로 수탈하기 위해 만주사변을 일으켜 만주국을 세웠다.

그리고 일본은 연합국에 선전포고를 하고 독일의 조차지(租借地)

인 칭따오와 남양제도를 점령했다.

일본의 관동군은 1931년 봉천 교외의 철도를 폭파한 후 이것을 중국군의 소행이라고 덮어씌워 침략을 개시한 만주사변을 일으켰다. 관동군은 1932년에는 상해사변을 일으키고 청나라 최후의 황제 부의를 내세워 만주국 건국을 선언했다.

국제연맹의 조사단이 만주사변이 일본의 침략행위임을 밝혀내자, 1933년 일본은 국제연맹을 탈퇴하여 점차 국제사회에서 고립되어 갔다.

1937년 일본군은 중·일 양국의 군대가 충돌하는 노구교사건을 계기로 북경에서 남하하여 도시를 점령하는 중일전쟁을 일으켜, 국민당 정부의 수도인 남경을 침략하여 30만 명을 학살하는 만행을 저질렀다.

국제적으로 고립된 일본은 같은 처지인 독일과 공산주의 세력의 진출을 막기 위함이라는 명분으로 손을 잡고 뒤이어 이탈리아가 참가하여 3국 방공(防共) 협정이 체결됐다.

방공협정은 삼국 군사동맹으로 강화됐다. 그리하여 일본은 중국의 진출을 확대하고, 이탈리아는 알바니아와 에티오피아, 독일은 체코슬로바키아와 오스트리아를 병합함과 동시에 프랑스 파리를 점령했다.

넘치는 야욕을 주체하지 못한 일본은 동맹을 맺은 독일이 네덜란드와 프랑스를 점령하자 프랑스가 식민지배하는 베트남 등지를 침략하여 점령했다.

일본의 침략행위에 대해 미국 등이 경제 봉쇄조치 등으로 압박을 가하자, 1941년 일본 해군은 선전포고도 하기 전에 하와이의 진주만을 공격하여 미국 태평양 함대에 큰 타격을 주고, 육군은 영국의 식민지인 말레이 상륙을 개시했다.

제2차 대전 개전 후 일본은 서구의 식민지로부터 아시아를 해방한다고 하는 대동아(大東亞)공영권의 건설을 주장하여 필리핀과 싱가포르 등 동남아시아를 포함한 남태평양 지역을 점령했다.

그러나 일본은 미국의 반격으로 미드웨이 해전에서 대패하여 오키나와까지 점령당했다.

삼국동맹은 이탈리아가 1943년 항복하고, 1945년 5월에는 독일이, 8월에는 원자폭탄 세례를 받은 일본이 항복함으로써 독일과 일본은 연합국의 점령하에 놓여졌다.

(3) 내선(內鮮)일체를 내세워 민족말살정책을 펼친 일본

대륙 침략의 1차 목표를 만주에 두고 출병의 명분을 찾고 있던 일본은 1931년 만보산 사건이 터지자 이를 만주 침략에 이용하고, 봉천 인근의 철도를 폭파하고 중국군이 폭파한 것처럼 꾸며 만주사변을 일으켜 만주를 완전 점령했다.

1937년 중일전쟁과 1941년의 태평양전쟁 기간 중에는 군량미 조달의 필요성에 따라 조선에서 쌀의 배급제도와 공출제도를 실시했다.

대륙침략을 위한 병참기지화 정책과 병행하여 일본은 무력탄압을 강화하면서, 우리 민족을 일본 국민으로 동화시키기 위해 민족말살정책을 추진했다.

만주사변 이후 일본은 허울 좋고 기만적인 문화정치의 허울을 벗어버리고 내선일체(內鮮一體)를 내세워, 조선을 병참기지로 전락시키고 천황의 충성스런 백성을 만들겠다는 황국신민화 정책을 펼쳤다.

일본은 기만적인 문화통치의 탈을 벗어던지고 노골적인 파시즘 통치를 강화했다.

읍·면마다 일본 왕조들의 귀신을 모시는 신사(神社)를 지어 참배토록 강요하고, 학교나 관공서에서 우리말 사용을 금지시키고, 동아일보와 조선일보를 폐간시켰을 뿐만 아니라, 성과 이름을 일본식으로 바꾸는 창씨개명(創氏改名)을 강요했다.

우리말의 사용이 금지되고 일본어를 국어로 부르게 하고 창씨개명을 단행하여 일본식 이름으로 바꾸지 않으면 식량이나 물자의 배급에서 제외되었지만, 전체 국민의 14%는 끝까지 이를 거부하는 기개를 보여줬다.

창씨개명 한 86%의 우리 국민은 친일매국노, 부일협력자라는 논란을 불러일으켰다.

또한 내선일체 및 동조동근론(同祖同根論)을 내세워 두 나라 민족은 하나이고 국조도 하나라는 일체감을 심어주려고 했다.

일본인은 신사 참배를 강요했지만, 기독교 중심의 숭실학교 등은 신사 참배를 거부하다가 학교가 폐쇄되는 비운을 맞기도 했다.

사상보국연맹(思想報國聯盟)을 확대하여 대화숙을 전국 각지에 설치해 사상범으로 지목된 인사들의 입회를 강요했고 문인협회라는 친일단체도 조직했다.

일본은 침략전쟁을 수행하는 데 어려움을 겪자, 학도지원병을 모집했고 징병제를 실시하여 20만명 이상의 조선청년들이 전쟁터로 끌려갔다.

또한 국민징용령을 발동하여 100만 명 이상의 노동자들을 강제 노동에 동원했고, 여성들은 정신대에 동원됐다.

공출이라는 명목으로 전쟁 물자에 대한 수탈은 절이나 교회의 종(鐘)은 물론 놋그릇과 숟가락까지 빼앗아갔다.

(4) 조선의 독립 약속과 세계로 뻗어나간 조선 민족

1943년 12월 미국의 루스벨트, 영국의 처칠, 중국의 장개석이 공동으로 발표한 카이로 선언에서는 3·1 운동을 비롯한 우리 민족이 국내외에서 치열한 항일투쟁으로 민족의 존재를 과시했기 때문에 적절한 과정을 거쳐서 조선을 독립시켜준다고 약속했다.

1945년 2월 얄타회담에서는 미, 영, 소 3국이 소련이 대일전에 참전하고 조선을 38도선을 경계로 분할 점령한다는 비밀협정이 체결됐다.

같은 해 7월에는 독일의 포츠담에서 미, 영, 중 3국의 수뇌들이 한국의 독립을 재확인하였고 소련의 스탈린도 추후에 서명했다.

지금껏 활용했던 논농사의 직파법이 이앙법으로 변환하며 이모작으로 보리 생산이 가능한 근대적 농업 성장을 가져왔다.

이앙법(移秧法) 실시로 경지 면적이 5배로 늘어나자, 농민의 5분의 4는 임금노동자가 되어야만 했다.

농업 생산성의 증가와 경공업의 발달로 인구의 급증이 세계로 진출하는 계기가 됐다.

지주 계급의 자녀들이 일본이나 미국·영국으로 유학이 늘어났고, 일본의 이민정책에 의해 하와이 사탕수수밭 노동자나 미국의 서부 철도 노무원으로 많은 진출이 이뤄졌다.

일본의 징병과 징용으로 일본이나 중국 진출은 물론 사할린과 남태평양까지 진출한 교포들도 증가했다.

일본의 핍박을 벗어나고자 만주나 러시아의 연해주로 대량의 이민이 있었고, 스탈린의 이주 정책으로 연해주 교포들은 카자흐스탄과 우크라이나 등 중앙아시아까지 진출할 수 있었다.

일본의 조선 합병 시대에 많은 교포들이 해외로 뻗어나갈 계기가 마련되어 우리 민족이 세계 각국에서 뿌리를 내릴 수 있었다.

(5) 과거사의 집착보다는 밝은 미래의 선린(善隣)이 긴요

우리나라와 일본의 지리적 접근은 실로 일의대수(一衣帶水)의 관계로 떼려고 해도 떨어질 수 없는 불가분의 이웃 나라로 중국과 더불어 가장 치중되어야 할 상호관계를 지니고 있다.

일본은 도서(島嶼)국가로서 항상 그 발전이 지역적으로 국한되어 있고, 고대에서 근대까지 문화적으로 뒤떨어진 후진국이었으며,

전반적으로 식량 부족에 놓여있어 침략을 일삼게 된 객관적인 기본 요건을 갖추고 있는 나라이다.

침략국으로 전형적인 모습을 구비하고 있는 일본은 우리나라 연안에 왜구(倭寇)가 빈번했던 것은 삼국사기나 삼국유사, 광개토왕 비문에 정확하게 기록되어있다.

조선을 합병하고 만주를 병탄하고 중국 본토 침략에서 성공을 거두자 세계지배 과대망상을 노정(露呈)하여 태평양 전쟁을 일으켜 침략의 광폭(狂暴)이 절정에 달했던 일본은 패전 이후에도 침략을 일삼았던 자신에 대한 참회보다도 패전에 대한 치욕만을 절치부심(切齒腐心)하고 있지 아니한가 의아스럽기도 하다.

중국과 함께 동양적 문화권이라는 동질까지 지닌 일본이 과거 역사에 맺힌 민족적 감정에서 호말(毫末)이라도 시기나 알력이 되풀이되지 않기를 바랄 뿐이다.

일본이 조선으로부터 1천만 석, 대만으로부터 5백만 석을 빼앗아 7천만 명의 일본인의 식량을 조달했던 수탈은 우리나라 식량의 잉여분이 아니고 조선의 농민을 위시한 국민들의 만성적 기근상태를 강제하는 정책에서 감행된 약탈적 수출의 결과였다.

우리나라는 일본을 고려 원종 시절 몽고와 함께 침략했다가 실패했고 조선 세종 시절 대마도를 정벌했을 뿐이지만, 일본은 삼국시대부터 노략질을 일삼았고, 고려 말에는 삼남지역에 왜구가 출몰하여 이성계의 등장과 고려의 멸망을 재촉했다.

조선시대에는 삼포왜란은 물론 임진왜란과 정유재란을 일으켜 2백만 명에 이르는 백성을 학살하거나 납치했을 뿐 아니라 교활하고 치밀한 술책으로 조선을 병합시켜 민족을 말살하는 정책을 펼쳤다.

강제징병과 징용으로 1백만 명 이상을 동원하여 전쟁터와 광산·군수공장에서 고역을 치르게 한 일본과의 관계에서 보면 위안부와 강제 징용(徵用)은 일본인이 저지른 수많은 만행(蠻行)의 일부분에 국한된 문제로 미래로 발전하는 양국에게 걸림돌이 되어서는 결코 아니 될 것이다.

징용 문제나 위안부 문제에 집착하여 외교적 마찰을 빚은 것은 200만 명을 학살하고 100만 명을 징병과 징용으로 끌고 간 일본의 만행을 규탄해야하는 대승적 견지에서 살펴보면 결코 바람직하다고 할 수 없을 것이다.

[제2부] 길고도 암담한 미군의 군정 3년

제1장 환희와 혼돈이 교차(交叉)한 해방정국
제2장 해방정국을 이끈 정당들의 활동
제3장 생소하고 현실과 동떨어진 미군의 군정
제4장 신탁통치 결정과 미·소 공동위원회 결렬
제5장 전재(戰災)동포로 득시글거린 남조선
제6장 암담한 미국 군정시절의 상황일지

제1장 환희와 혼돈이 교차(交叉)한 해방정국

1. 일본제국 암흑시대로부터 민족의 해방

2. 조선건국준비위원회 발족과 인민공화국 선포

3. 해방의 기쁨도 일장춘몽, 기아가 엄습(掩襲)

4. 이승만과 상해임시정부 요인들의 환국

1. 일본제국 암흑시대로부터 민족의 해방

(1) 해방의 감격에 온 누리가 기쁨의 환호를

1945년 8월 15일은 혹독한 일본제국의 식민통치로부터 민족이 해방된 날로서 1910년 8월 29일 국치일로부터 34년 11개월 18일만에 이뤄졌다.

이 기간은 우리 민족이 유사 이래 최초로 모든 것을 빼앗긴 통한(痛恨)의 망국기(亡國期)였다.

일본제국의 식민통치는 세계 식민지 역사상 일찍이 유례를 찾기 어려울 만큼 혹독했다.

말과 글을 빼앗기고 성씨를 비롯한 전통과 문화를 박탈당하고, 인력과 물산과 자원을 수탈당하는 민족 말살의 시기였다.

일본제국에 짓밟힌 것은 1876년 강압에 의해 체결된 강화도조약, 병자수호조약 이래로 계산하면 69년이고, 실질적으로 국권을 빼앗긴 을사늑약, 제2차 한·일협약에서 부터는 40년이다.

해방은 이러한 우리 민족에게는 광명이었고 부활이었다. 서대문 등 형무소에서는 독립투사들이 석방되어 해방의 기쁨에 환호하는 군중과 함께 만세의 함성을 소리 높여 외쳤다.

그래서 '임꺽정'의 작가인 홍명희도 눈물 섞인 노래를 소리 높여 불렀다.

아이도 뛰며 만세
어른도 뛰며 만세
개 짖는 소리 닭 우는 소리까지
만세 만세
산천도 빛이 나고
해까지도 새빛이 난 듯
유난히 명랑하다.

1930년 '그날이 오면'을 애타게 기다리다가 먼저 간 '상록수'의 심훈을 비롯한 순국선열들도 지하에서나마 목이 메이게 대한독립만세를 불렀을 것이다.

그날이 오면 그날이 오며는
삼각산이 일어나 더덩실 춤이라도 추고
한강물이 뒤집혀 용솟음칠 그날이
이 목숨이 끊치기 전에 와주기만 하량이면,
나는 밤하늘에 날으는 까마귀와 같이
종로의 인경을 머리로 들이받아 울리오리다
두개골은 깨어져 산산조각이 나도
기뻐서 죽으오매 오히려 무슨 한이 남으오리까라고.

(2) 해방의 주도세력 부재로 혼란과 공동화 초래

포악한 일본제국에서의 해방은 오랫동안 짓밟혀온 우리 민족의 기상을 되찾아 자유와 평등을 이념으로 하는 민족국가를 건설하는 일이었다.

해방은 바로 민족의 새 탄생이고 부활이었다.

따라서 해방의 첫 번째 과제는 민족자주 독립국가를 건설하는 것이고, 두 번째 과제는 국민주권을 본질로 하는 자유민주주의 정치제도를 수립하여 현대적인 시민사회를 건설하는 데 있다.

세 번째는 자주적인 시장경제 체제를 통해 근대화를 이룩하는 일이며, 네 번째는 일본제국에 동조하고 협력한 친일파·부일(附日) 세력을 척결(剔抉)하여 민족정기를 바로잡고 정의로운 사회를 건설하는 일이었다.

민족을 배반한 친일파의 청산 작업이 무엇보다 시급한 과제의 하나였다.

그러나 이러한 과제는 자력으로 해방을 쟁취하지 못한 데다 해방정국을 이끌 주도 세력의 부재로 어려움을 겪게 됐다.

우리의 해방은 드골 휘하의 자유 프랑스인들처럼 스스로 쟁취한 것이 아니고 미, 영, 중, 소 등 연합국의 전승(戰勝)으로 얻어진 것이었기 때문에 해방정국을 이끌 주체세력이 없었다.

중국 중경에 있던 임시정부는 1941년 12월 대일선전포고를 하고 김구 주석과 이청천 사령관 등이 서안에서 국내 침투군을 양성하는 광복군이 연합국의 일원으로 항일전에 참가를 서두르는 가운데 일본의 갑작스러운 항복으로 천재일우의 기회를 놓치고 만 것이다.

연합국은 조선의 민족해방단체가 통일되어 있지 않다는 이유를 내세워 중경(重慶) 임시정부를 승인하지 않았다.

당시 우리 임시정부는 연합국으로부터 정부의 승인을 받지 못하여 힘은 미약했고, 광복군의 전투력 또한 취약하기 이를 데 없었다.

그리하여 1945년 3월 임시정부가 대독일 선전포고까지 했는데도 임시정부는 승전국 대열에 끼기는커녕 해방 후 귀국 과정에서 개인 자격으로 환국(還國)하게 되는 수모를 겪어야만 했고, 해방정국의 혼란과 공동화를 가져오는 계기가 됐다.

2. 조선건국준비위원회 발족과 인민공화국 선포

(1) 조선건국준비위원회가 해방정국의 치안을 담당

몽양 여운형은 대부분의 민족주의자들이 일본제국에 협력하거나 칩거하고 있을 때 일제의 패망을 내다보고 조국 해방에 대비할 목적으로 1944년 8월 조동우, 현우현, 황운, 이석구, 김진우 등 독립운동가들을 결집시켜 건국동맹을 결성했다.

건국동맹은 일체의 조직활동을 비밀리에 하고 불언(不言), 불문(不文), 불명(不名)의 3대 원칙아래 지방의 세포 조직까지 준비했다.

국내에서 유일하게 비밀결사체를 갖고 있었던 여운형은 1945년 8월 니시히로 일본 총독부 경무국장으로부터 일본의 패전 소식과 함께 행정권의 이양과 치안을 맡아달라는 요청을 받았다.

여운형은 정치범과 경제범의 석방, 조선인민의 정치활동과 조직활동에 대한 불간섭 등의 조건을 내세워. 이를 확약(確約) 받고 건국준비위원회를 발족시켰다.

여운형은 비밀결사인 조선건국동맹을 모체로 진보적인 세력과 민족주의적 세력을 결집시켜, 방송국을 장악하고 8월 말일에는 140여 개의 전국적인 조직망을 갖게 됐다.

조선건국준비위원회는 건국동맹 세력과 신간회에 참여했던 민족주의 세력, 사회주의 세력들이 참여한 좌·우익 통일전선 단체로서

위원장은 여운형, 부위원장은 중도 우파인 안재홍이 맡았다.

최근우(총무부), 이규갑(재무부), 정백(조직부), 조동우(선전부), 권태석(무장경비부)를 부서장으로 배치하고, 2천여 명의 건국치안대를 조직하여 치안을 담당토록 했다.

송진우와 장덕수 등 우익 세력의 다수는 불참했지만, 건국준비위원회는 김병로, 이인 등 우익 인물과 박헌영, 허헌 등 공산당 계열도 참가하여 좌우 합작단체의 성격을 띠고 있었으며, 145개의 지부도 설치되었다.

김준연, 이용설, 김약수, 이동화, 이강국, 최용달 등은 중앙위원으로 임명되어 활동했다.

(2) 조선인민공화국을 선포했으나 미군 군정이 불인정

건국준비위원회는 주도권을 잡은 여운형과 온건 민족주의자인 안재홍의 불화와 갈등이 파국의 단초로 작용했다.

여운형은 부위원장을 맡고 있는 안재홍이 송진우와 김성수 등 우익 세력을 끌어들여 줄 것을 기대했으나, 안재홍은 기대에 못 미쳐 어려움에 봉착한 안재홍은 우익 세력들을 이끌고 건국준비위원회를 탈퇴했다.

이 기회를 포착하여 박헌영을 비롯한 급진적인 공산 세력들이 이영과 최익한 중심의 온건적인 조선공산당 세력을 밀쳐내고 건국준비위원회를 장악하여 더욱 좌경화시켰다.

이들은 전국 인민대표자회의를 개최하여 조선인민공화국 조직법안을 가결시키고 조선인민공화국 수립을 선포하고, 조선건국준비위원회 지부를 조선인민공화국 지방인민위원회로 개칭했다.

우익진영의 탈퇴로 대표성이 약해진 조선인민공화국은 약점을 보완하기 위해 미국에 망명해 있던 이승만을 주석으로, 부주석에 여운형, 국무총리에 온건 좌파인 허헌을 추대했다.

이에 대항하여 송진우를 중심으로 우익 인사들은 조선인민공화국의 부당성을 지적하고, 민족진영의 대동단결을 촉구하며 대한민국임시정부 환국준비회를 발족했다.

인민공화국이 선포된 다음날 남조선에 진주한 미군은 하지중장을 사령관으로 하여 미군정을 실시하며, 조선인민공화국을 정부로 인정하지 않았다.

조선인민공화국을 주도한 박헌영은 충남 예산 출신으로 경성 제일고등보통학교를 졸업하고 1921년 고려공산당에 입당했다가 체포되어 복역했다.

1924년 출옥 후 동아일보에 입사하여 동맹파업을 주도하기도 했으며, 1930년 모스크바의 레닌주의 정치학교를 졸업했다.

1941년에는 광주 벽돌공장에 은신해있다가 해방이 되자 상경하여 조선공산당을 창건하고 총비서가 됐으며, 남조선노동당을 조직하여 활동했다.

박헌영은 월북하여 북한 인민공화국에서 부수상으로 발탁되어 남조선노동당이 건재(健在)하여 남침을 하면 민중들의 열렬한 환영과 협조를 받을 것이라며 6.25 전란을 부추겼다가, 휴전회담이 성사되고 북한이 사실상 패전하자, 김일성은 박헌영 등 남조선노동당을 미국 제국주의 프락치로 몰아 처형당한 것으로 알려졌다.

(3) 민족의 거목(巨木)이었던 여운형의 웅비와 좌절

미군정 당국이 조선인민공화국의 존재와 그 정통성을 부인하자, 여운형은 조선건국준비위원회의 조직을 모체로 고려국민동맹, 인민동지회, 일오회를 흡수하여 1945년 11월 12일 조선인민당을 발족시켰다.

조선인민당은 조선공산당과 남조선신민당과의 좌익 3당 합당 문제로 합당 찬성파와 합당 반대파로 나뉘어 합당 찬성파는 남조선노동당으로, 합당 반대파는 여운형이 1946년 11월 19일 재창당한 사회노동당에 잔류했다.

박헌영으로부터 사회노동당의 창당은 이적 행위라는 공박을 받고 북조선노동당으로부터 핍박과 박해를 받고서 여운형 위원장은 지도자석에서 용퇴하고 한 병졸로서 건국에 진력하겠다는 성명을 발표하며 정계은퇴를 선언했고, 부위원장 강진을 비롯하여 감찰위원장건상과 최익한도 사표를 제출하여 당세가 크게 위축됐다.

3당 합당에서 소외되었던 여운형은 김규식과 협의하여 좌우합작 7원칙을 발의하여 원세훈, 안재홍, 김명준, 최동오 등의 서명을 받아 좌우합작 운동에 매진했다.

좌우합작운동이 성과를 거두지 못하자 자아비판 성명 발표 후 침묵을 지키던 여운형은 종래의 태도를 바꾸어 3당 합당 실패 후 발생한 좌익부동층을 포섭하여 민족을 토대로 하는 좌익 정당 조직에 착수하여 근로인민당을 창당하여 위원장에 선임됐다.

사회노동당을 발전적 해체하고 창당된 근로인민당을 이끌었던 여운형이 한지근의 저격을 받고 사망하여 장건상, 이영, 백남운 부의장의 합의제에 운영됐으나 미·소 공동위원회가 결렬되자 활동이 위축됐다.

좌익 세력에 대한 검거 선풍으로 장건상, 백남운, 이여성, 정백 등이 구속되어 당은 쇠퇴일로를 걷게 됐다.

경기도 양평에서 1895년 출생한 여운형은 배재학당을 중퇴했지만 타고난 웅변가였다.

여운형은 1909년 광무학교를 설립하고, 1918년 신한청년단을 조직하여 단장으로 취임했고, 1919년에는 상해임시정부의 외무총장과 의정원 의장으로 활약했다.

여운형은 1919년 10월에는 일본 도쿄에서 "조선 독립운동은 나의 사명이며 필생의 과업이다"라고 전제하며, 조선 독립의 당위성과 필연성을 개진하여 일본 정계에 태풍을 몰고 왔다.

1920년에는 상해의 고려공산당에 입당하여 국제적인 연대 속에서 민족 해방의 길을 추구했으며, 1921년에는 손문을 도와 중국혁명을 추진하는데 일조했다.

1933년 중앙일보 사장에 취임했고, 1944년에는 조선건국연맹위원장으로 활동했다.

1945년 조선건국준비위원회를 조직했고 조선인민공화국 부주석으로 활동했다. 1947년에 한지근에 암살되어 한 많은 정계에서 사라졌다.

약소민족의 해방을 약속한 소련의 스탈린을 믿고 공산세력과 연합하여 민족국가 건설을 기도한 여운형의 건국 준비위원회는 시대적 상황을 반영한 필연이었다.

3. 해방의 기쁨도 일장춘몽, 기아가 엄습(掩襲)

(1) 패전을 예상한 일본은 최후의 단발마적 발악을

조선 합방 때 활용한 친일파만으로 식민통치에 도움이 되지 않음을 알게 된 일본은 새로운 친일 세력을 양성하고 민족해방 운동 전선을 분열시킬 목적을 두고 문화정치를 실시했다.

합법적 애국 계몽단체를 모두 해산시킨 조선총독부는 대규모 비밀결사인 신민회를 탄압하기 위해 이른바 총독암살사건 즉 105인 사건을 날조(捏造)하여 기독교 인사들을 대부분 체포했다.

1927년 신석우, 안재홍(언론계), 이승훈(기독교), 권동진(천도교), 한용운(불교), 한위건(공산당) 등이 신간회를 조직하여 회장에 이상재, 부회장에 홍명희를 추대하여 민족해방운동과 통일전선운동을 펼쳤다.

신간회는 갑산 화전민사건, 광주 학생운동, 조선청년 총동맹사건에 개입했고, 민중대회를 개최하는 등 활동을 전개했으나, 일본의 교묘하고도 끈질긴 탄압으로 해체 공작에 넘어갈 수밖에 없었다.

조선총독부는 사립학교령 등을 만들어 서당과 학교의 설립 및 교과서 채택 등을 감독하여 민족교육 활동에 타격을 주었고, 고등교육 기회를 박탈했다.

타협하는 조선의 기업인은 총독부 권력과 연결되는 경우 민족성을 상실하지 않을 수 없었고, 타협하지 않은 경우 몰락할 수밖에 없었던 것이 이 시기 조선인 기업인의 처지였다.

그리하여 기업을 운영하는 대부분의 사람들은 부일(附日)협력자이 거나 민족반역자의 길을 걷게 됐다.

일본의 식민지 경제 정책의 결과 파산하거나 통치체제에 반대하여 산속으로 들어가 화전민이 된 사람들이 모여 사는 화전민 마을이 동북 항일연합군 조선인 부대나 조국광복회 활동의 근거지가 됐다.

중일전쟁과 제2차대전을 수행하기 위해 일본은 1만 8천 명의 지원 병에도 모자라 징병제를 실시하여 20만 명의 조선인을 징집하여 침략전쟁터로 내몰았다.

일본이 전쟁 노동력으로 동원한 농민은 113만 명에 이르며, 유구(琉球)에 끌려간 노동자는 배에 태워진 채 미군의 폭격으로 몰살했고, 미군이 상륙할 무렵 투항할 것이라 짐작하여 동굴 속에 가두어 모두 학살하기도 했다.

일본은 10호를 표준으로 애국반을 만들어 정기적인 반상회를 열어 일장기 게양, 신사 참배, 일본 궁성에 대한 요배(遙拜), 일본어 상용, 애국저금 등을 강요했고, 일본정신 발양주간, 근로보국 주간을 제정하여 실천함으로써 전체 조선인을 침략전쟁의 광란으로 몰아넣었다.

정신대로 끌려간 조선의 여성들이 군인들의 위안부가 되었으나 자료가 공개되지 아니하여 구체적으로 실증되지 않았으며 일본은 부인하는데 급급했다.

(2) 미국군은 점령군으로 남조선에 군정(軍政)을 실시

미국은 일본이 항복한 후에도 20여 일이나 지난 1945년 9월 8일에야 인천을 통해 남조선에 상륙했다.

미군을 환영하기 위해 연합군 환영준비위원회를 대표해서 조병옥과 정일형 등이 인천까지 출영(出迎)하고, 건국준비위원회에서도 여운홍과 백상규 등이 환영 메시지를 발표했다.

남조선에 진주한 미군을 해방군으로 맞이하려 했으나, 조선의 공산주의자들과 독립운동가들이 치안 질서를 어지럽히려한다는 일본의 거짓 정보를 믿고, 인천에 환영 나온 군중에게 발포하는 점령군으로서의 성격을 드러냈다.

미군은 점령군 사령부를 설치하고 조선총독부에서 일본의 항복문서 조인식을 거행했다.

맥아더 미군 사령관은 일본은 일본인에게 행정권을 이양하여 간접통치하면서, 조선은 독립할 능력이 없다는 관점에서 직접통치했다. 점령군 사령관 하지 중장은 "이기주의로 날뛴다든지 일본인 및 미 상륙군에 대한 반란 행위 등 경거망동을 하지 말 것"이라는 점령군의 시책을 제1성으로 발표했다.

미군이 진주할 때까지 모든 체제를 유지하다가 미군에 양도하라는 미국의 지시에 따라, 조선총독부는 건국준비위원회가 접수한 경찰서와 방송국 등을 무력으로 다시 빼앗았다.

미군은 9월 9일 38선 이남 남조선 지역에 대한 군정을 포고한 데 이어 아놀드 소장이 군정장관에 취임함으로써 본격적인 군정체제를 갖추어나갔다.

미국 군정청은 중경 임시정부는 물론 조선인민공화국 등 미군정 이외의 어떠한 권력기관도 인정치 않았다.

그리하여 해방 후 자발적으로 조직한 인민위원회, 치안대 등 각종 자치기구들을 강제로 해체시키고, 일본의 통치기구를 그대로 존속시키면서 조선인 행정관리들을 인계받아 통치했다.

또한 영어를 할 줄 아는 지주 출신의 해외 유학파가 주축이 된 보수적 인사들을 행정 고문으로 인정했는데 이는 사실상 친일관료나 경찰은 물론 지주(地主) 등 반민족 인사들이 재등장하는 밑거름이 됐다.

미군정청은 치안유지법, 사상범 예방구금법 등 악법들은 폐지했으나, 신문지법과 보안법 등 일본인이 만든 법률을 대부분 존속시켜 남조선 지역 점령통치에 활용했다.

또한 미국은 소련과 함께 신탁통치를 주장하고 행정편의주의를 내세워 일제의 관리와 경찰 등 친일주구(走狗)들을 그대로 기용했다.

(3) 좌익 세력을 몰아내고 우익의 조선경비대 창설

좌우익 군사력이 통합된 민족해방 운동군이 연합군의 일원이 되기 전에, 전체 민족해방운동 세력이 좌우익 통일전선을 이루어 연합국의 승인을 받기 전에 일본이 패망함으로써 민족의 진로가 불투명해진 것은 사실이다.

조선의열단의 김원봉, 한국독립당의 조소앙과 김두봉, 조선혁명당의 최동오와 김학규, 신한독립당의 윤기섭, 지청천, 신익희, 재민 국민총회 김규식 등이 민족혁명당을 발족시켜 좌익과 우익의 통일 전선을 구축했으나 조소앙, 지청천 등이 이탈하여 통일전선운동이 위축됐다.

조선공산당은 1925년 조직된 후 3년 동안 네 차례나 조직원이 대거 검거되고 당이 해체됐으나 당이 새롭게 끈질기게 설립됐다.

이동휘는 한인사회당을 조직했다가 상해에서 여운형, 안병찬 등과 함께 한인공산당을 조직했고, 민족주의자들과 통일전선을 구축하여 상해임시정부 초대 국무총리로 활동했다.

미군정은 모든 사설 군사단체를 해산하고 1946년 1월 남조선 국방경비대를 발족시키고, 9월에는 조선광복군 출신인 유동열 장군에게 조선경비대를 지휘하게 하고 미군은 고문으로 후퇴했다.

미군정이 설치한 군사영어학교에 광복군 출신들은 거부했으나 만주군과 일본군 출신들이 입교하여 초기 정부군의 수뇌가 되었다.

그리하여 민족진영으로부터 건국 초기 국방경비대가 불신과 반목의 대상이 된 원인으로 작용했다.

8.15 해방직후 6만의 대원을 포섭하여 조직력을 과시한 좌익계의 국군준비대는 김두한의 대한민청 등 극우 청년단체와 충돌하고 미군 헌병대와 경찰에 의해 강제적으로 해산당했다.

(4) 해방의 기쁨을 맞이했지만 식량은 태부족

3천만 겨레가 서로 부둥켜안고 감사와 감격에 날뛰어야 할 해방의 즐거움도 사라져버리고 오직 먹을 것만을 달라고 아우성치는 처절, 참절한 현실은 해방된 이 땅에서 볼 수 있는 비극이었다.

일본 시대에 공물제도로 식량이 군용미로 전용되어 바닥이 난 상황에서 일본을 비롯한 해외 동포들이 귀환하고 38선 이북의 동포들이 남부여대(男負女戴)하여 남하해 식량난이 불가피한 상황에서 미국에서 가져온 식량은 48톤에 불과했다.

해외에서의 귀환 동포와 북조선에서의 남하로 서울 인구는 160만 명을 넘어 식량부족 사태를 더욱 부추겼다.

미군정청은 연간 80만 석의 쌀을 절약한다는 명분을 내세워 전국에 양조(釀造)금지령을 내렸으나 밀주의 성행으로 효과를 보지 못했다.

맥아더 사령관은 조선은 극도의 생활난에 시달리고 있다고 군정보고서에서 밝혔듯이 서울시민들의 식량난은 심각했다.

서울시민의 하루 소비량은 4천 8백 석인데 2천 석은 40% 수준밖에 안 되며 하루하루를 연명한 것은 홍로점설(紅爐點雪)의 응급미였다.

해방 이후 1년간 720만 달러의 식량을 수입했으나 남조선의 미곡 수확량은 1천 8백만 석 수준으로 절대량이 부족하여 기근대책 수립이 시급한 가운데, 미 군정청은 쌀 1말에 38원으로 고시하고 물가 양등에 아랑곳하지 않았다.

3천 명의 시민이 서울시청에 쇄도하여 쌀을 달라고 아우성치며 탄원했다. 쌀 달라고 외치는 백만 시민을 위해 가격제를 즉시 철폐하라는 함성이 굶은 사람들의 참혹한 현장을 보고 우선 배급부터 해놓고 보자는 여론이 비등했다.

배급의 적확에 대비하여 15세 이상의 남녀 시민에게 공민증을 발급하고, 중앙식량 행정처에서 1일 2홉 5작씩 균배하기 위해 외국에서 쌀 2백 30만 석을 긴급 수입했다. 쌀값보다 비싼 보리를 2백만 석을 수집 배급하였으며 보리 1가마에 480원을 고시했다.

러취 미군정청 군정장관은 미곡 배급통장을 소지한 60만 명에게 절대량이 부족한 매일 1합씩 배급하겠다고 공포했고, 식량단 서울 출장소는 180개 배급소를 설치하여 1개월분의 양곡을 공정가격으로 쌀 1말에 2원에 배급하기 시작했다.

파천황(破天荒)의 곡가로 민중은 도탄에 빠져있으므로 신곡기까지 고시가를 폐지하고 자유 판매하라고 주장했으며, 식량 위정자는 민성과 민의에 좀 더 종명(終命)하여 자유 판매 아니면 배급과 단속에 철저하라고 아우성쳤다.

종래의 미곡 통제법령을 일제히 폐지하고 신곡 출하 전까지는 판매도 반출도 자유롭게 하여야 함에도 미군정의 미곡 억압에 새 조치를 발표하자, 민주의원에서는 1인에 매일 3합씩 배급하라는 미곡 대책안을 새로 제시했다.

기아선상의 87만 명이 가두에서 방황하고 있으며 생활고의 신음소리가 충천했고, '배고파 못살겠소'라는 가난한 심신의 생령들이 서울 근교 천마산에서 호곡하는 방공호의 전재민 생활상이다.

구하자 전재동포라는 구호를 내걸고 미군정청에서도 적극 나섰으나 관급만으로 부족한 원호로 서울 시내에서 노숙하는 전재민이 4천명이 넘어 거리를 방황했다.

4. 이승만과 상해임시정부 요인들의 환국

(1) 미군정의 배려로 환국한 이승만은 국민회 결성

미군 군정청은 조선인민공화국을 무력화시키기 위해서 한국민주당을 주축으로 정당 간 통합 분위기를 조성하여 43개 정당 대표들이 모여 정당 행동통일위원회를 조직토록 하였다.

그러나 이 중 33개 정당 대표들이 탈퇴하여 난립된 정당·단체를 통합하려는 계획이 실패로 돌아가자, 해외에서 독립운동에 헌신한 이승만과 김구 등 지도자들을 귀국시켜 정당통합을 추진하는 쪽으로 방향을 선회했다.

이승만은 일본 항복 후 바로 귀국하려 했으나 미국의 정책 수행에 여러가지 문제가 야기될 수 있다고 판단한 미국 국무성의 귀국일정 조정으로 귀국이 늦어졌다.

맥아더 사령관의 전용기를 타고 1945년 10월 16일 33년 만에 귀국한 이승만은 독립을 위하여 모두가 초당파적으로 대동단결하자고 강조하며, 뭉치면 살고 흩어지면 죽는다는 명언을 남겼다.

이승만 귀국환영대회는 환호의 함성이 장안을 진동시켰으며, 나부끼는 태극기 물결 속에서 독립만세 소리가 우렁찼다.

1945년 10월 25일에는 이승만을 중심으로 각 정당 대표들이 참여하는 독립촉성중앙협의회 평의회가 개최됐다.

중간 모리배를 단호히 배격하는 구국운동을 전개한 이승만이 주도한 대한독립촉성국민회의 지령하에 전국 독촉국민회 대표자대회가 개최되어 총재에 이승만, 부총재에 김구와 김규식을 추대했다. 회장단은 배은희 등 25명으로 구성됐다.

독립촉성 중앙협의회는 미·소 양국에 즉시 독립, 38선 철폐, 신탁반대 결의문을 발송했다.

이승만은 1946년 6월 3일 전북 정읍에서 "남조선만이라도 즉시 자율적 정부를 수립해야 한다"고 주장했으나, 러치 미군 군정장관은 남한 단독정부 수립을 반대하는 입장을 표명했다.

이에 이승만은 "통일돼야 정부가 수립된다"며 정계수습의 결의를 표명하여, 남조선 단독정부의 소신에서 한 발짝 물러섰다.

(2) 전 국민의 대대적인 환영을 받으며 임정요원 귀국

중경에 있던 임시정부는 일본의 항복 선언과 함께 귀국 준비를 하였으나 법적지위 문제와 의전 문제가 제기되어 여의치 아니했다. 미군이 진주하기 전까지는 조선총독부가 남한 지역을 통치하고 있었고, 미군 진주 후에는 조선건국준비위원회가 전국적으로 세력을 확장하고 있었기 때문에 지위 문제가 해결될 수가 없었다.

미국 군정청은 임시정부 요원들이 개인 자격으로 귀국할 것을 주장함으로써 임시정부의 귀국은 더욱 늦어질 수밖에 없었다.

1945년 11월 23일 임시정부 김구 주석 등 14명은 개인 자격으로 환국(還國)했다. 환국 대열에는 김구 주석을 비롯하여 김규식, 이시영, 엄항섭, 유동열 등도 동행했다.

김구 주석은 "친애하는 동포 여러분 27년간이나 꿈에도 잊지 못하고 있던 조국 강산에 발을 들여놓게 되어 감개무량합니다. 나와 객원 일동은 한갓 평민의 자격을 가지고 들어왔고, 앞으로는 여러분과 같이 독립 완성을 위해 진력하겠습니다"라고 귀국 성명을 발표했다.

12월 1일에는 10만 명의 서울 시민들이 운집하여 임시정부 봉영식을 개최했다. 윤보선의 사회로 오세창의 개회사, 이인의 봉영문 낭독, 권동진의 만세삼창에 이어 가두행렬도 벌였다.

유일한 우리 정부라고 홍명희는 환영사에서 밝혔고, 동아일보는 대한 임시정부를 절대적으로 지지하자는 캠페인을 전개했다.

김구 주석은 한민당 송진우, 국민당 안재홍, 인민당 여운형, 인민공화국 국무총리 허헌 등과 화담하여 급속한 독립촉성 방침을 논의했다.

김구 주석은 3천만 동포의 지지를 얻어 자주독립 완성에 매진하겠다고 선언했고, 좌우 양익은 임시정부에 즉시 주권 행사를 간망(懇望)하는 건의를 했다.

이승만은 김구 주석이하 임시정부 각료를 맞이하여 민족통일전선 결성의 기운은 아연고조(俄然高潮)되어 우렁찬 새 진군을 할 것이 크게 기대되는 이 때에 소아(小我)를 버리고 대동(大同)으로 나가는 의미에서 정당을 초월하고 당파를 버리어 3천만의 굳센 단결과 솔선 합동해야 한다는 담화를 발표했다.

임시정부의 진용은 주석은 김구, 부주석은 김규식, 재무부장 조완구, 내무부장 신익희, 외무부장 조소앙, 군무부장 김약산, 법무부장 최동오, 문화부장 김상덕, 선전부장 엄항섭, 의정원 의장 홍진, 참모총장 유동열이었다.

국무위원은 김구, 김규식, 이시영, 조성환, 황학수, 조완구, 조소앙, 김명준, 성주언, 유림, 김성숙, 김약산, 조경한 등이다.

김구는 황해도 신천 출신으로 을미년 명성황후 시해 사건 후 왜인 2명을 타살하여 사형을 언도(言渡)받았으나 고종황제의 특사로 방면됐고, 김규식은 경기도 출신으로 미국에서 철학박사 학위를 받고 귀국하여 경신학교 교감으로 있다가 망명했다.

제1차대전 후 파리회담에 신한청년당 대표로 참가했고, 카이로 회담에도 참가하여 장개석 중국 총통의 막료로 활약했다.

이시영은 경성 출신으로 한성고법 판사와 법부 민사국장을 역임했다. 한일합병 직후 중국으로 건너가 독립운동을 펼쳤다.

엄항섭은 경기도 여주 출신으로 45세이며 보성전문과 항주 지강대학을 졸업했다.

유동열은 평북 박천 출신으로 일본 군사학교를 졸업하고 연대장으로 활약했고, 신민회 사건에도 연류됐다.

김상덕은 경기도 출신으로 일본 조도전대를 졸업했다.

(3) 임시정부 제2진과 혁명투사 서재필도 귀국

새외풍상(塞外風霜) 27년 만에 대한민국임시정부 제2진인 홍진 의정원장 이하 22명이 오매불망(寤寐不忘)의 조국에 안착했다.

조성환, 성주언, 장건상, 유림, 조완구, 조경한, 조소앙, 김약산, 신익희, 최동오, 김성숙, 김명준 등이 동행했다.

홍진은 충북 영동 출신으로 한성평리원 검사를 거쳐 임시정부 법무총장, 내무총장, 국무령 등을 지냈고, 조성환은 서울 출신으로 계태랑 일본 총리를 암살하려다 실패했고, 임정에서 군무차장으로 봉직했다.

장건상은 부산 동래 출신으로 미국 인디애나주립대를 졸업했고 임정에서 국무위원과 학무부장을 지냈고, 조소앙은 경기도 양주 출신으로 명치대를 졸업했고 임정에서 국무위원과 외무부장으로 활약했다.

신익희는 경기도 광주 출신으로 일본 조도전대를 졸업했고 보성전문 교수로 재직하다가 상해로 망명하여 임정에서 내무총장과 법무총장으로 활약했다.

만주에서 독립군을 조직하여 항일운동을 전개한 이청천, 이범석과 중국군 장군으로 활약한 김홍일 등도 국민들의 환대를 받으며 귀국했다.

이청천은 서울 출신으로 일본 육사를 졸업했다. 서로군정서를 조직하여 청산리 전투에서 승리했으며 임정 산하 광복군 총사령관으로 활약했다.

이범석은 서울 출신으로 운남 육군강무학교를 졸업했다. 청산리 전투사령관과 광복군 참모장으로 활약했다.

김홍일은 평북 용천 출신으로 중국 육군대를 졸업했다. 한국 의용군 사령관과 광복군 참모장으로 활약했다.

한평생 해외에서 혁명 투사로 활약한 서재필 박사도 1947년 7월 2일 귀국하여 서울운동장에서 전 국민이 참여하는 환영대회가 열렸다.

서재필은 전남 보성 출신으로 1884년 훈련국 사관장으로 김옥균 등과 함께 갑신정변을 일으켜 병조참판을 지냈으나 정변 실패로 미국으로 망명하여 귀화했다.

워싱턴 의대를 졸업한 서재필은 1896년 귀국하여 독립신문을 창간하고 이상재 등과 함께 독립협회를 결성하고 독립문을 건립하는 등 자유 혁신정책 실천에 선봉장으로 활약했다.

도미(渡美)하여 독립운동 후원회를 조직하여 활동했으며 미군정에서는 최고 정무관으로 활약했으나 대한민국이 수립되자 미국 시민으로 되돌아갔다.

서재필을 최고지도자로 추대하여 새로운 정치운동을 전개하려는 움직임이 독립협회에 관여한 흥사단 계열인 정일현, 백인제, 장도빈, 이동고, 안동원 등의 주도하에 이뤄졌다.

그러나 서재필은 남조선의 단독선거를 반대하며 이승만과 대척점에서 활동하게 되어 지지세력이 위축될 수밖에 없었다.

미국 군정청의 특별 의정관으로 서재필의 추대는 군정을 연장하려는 술책이나 음모라는 음해에 우리나라 말을 잃어버린 서재필은 대통령이나 정당에는 관심이 없다며 미국 국민으로 쓸쓸하게 되돌아갔다.

제2장 해방정국을 이끈 정당들의 활동

1. 상해임시정부를 승계한 한국독립당과 김구

2. 이승만 박사가 주도한 대한독립촉성국민회

3. 정통야당인 민주당의 모태가 된 한국민주당

4. 중간노선과 좌익정당들의 생성과 소멸

1. 상해임시정부를 승계한 한국독립당과 김구

(1) 상해임시정부 주도로 비상정치회의 소집

개인 자격으로 귀국한 임시정부 요인들은 조선인민공화국의 중앙위원 취임도 독립촉성중앙협의회와의 합류도 거부하고, 독자적인 특별정치위원회를 구성하여 조소앙, 김명준, 김성숙, 최동오, 장건상, 유림, 김원봉 등 9명을 중앙위원으로 선임했다.

미국에 존경을 표하며 조선의 북부를 해방시켜 준 소련에 대해 경의를 표한다는 김구는 조선을 위해서는 민주주의 정체가 좋으나, 공산주의가 될 가능성에 대해서는 무어라 말할 수 없다는 애매한 입장을 견지했다.

1945년 12월 3일 김구는 경고장에서 전 국무위원이 참석한 가운데 국무회의를 개최하고, 하지 사령관에게 임시정부의 지위 보장을 타진했으나 합법적인 정부로 인정할 수 없다는 답변을 받았다.

임시정부는 비상정치회의를 통하여 남조선 대한민국 대표 민주의원을 구성함으로써 독립국가를 건설하고자 했다.

임시정부 요인들은 1945년 12월 29일 미국 군정청 관리들이 결근을 하고 총사직을 감행하자, 이를 기회로 미군정을 접수하여 인계하고 미군들을 축출하고자 했다.

이를 계기로 하지 사령관과 김구 주석의 회담이 개최되어 공공질서는 회복되었고, 미국 군정청은 미군정을 남조선과도정부로 개칭하고, 미국인은 고문으로 물러나고 조선인으로 부장을 맡도록 하고 군정 의결기관으로 입법의원을 발족시킬 것을 결정했다.

아울러 미군정청 청사에 성조기와 함께 태극기도 게양했다.

임시정부 김약산과 김성숙 등은 조선인민당(이여성), 한국민주당(원세훈), 조선국민당(안재홍), 조선공산당(이주하), 신한민족당(권동진) 등 5당 대표회담을 주선하여 비상정치회의 지지로 반탁 주장을 관철코자 했으나 조선공산당과 조선인민당의 반대로 성과를 거두지 못했다.

별도의 정당통합 추진체를 구성하려는 임시정부 측에 불만을 갖고 있던 이승만이 비상정치회의에 합류하여 김구와 함께 공동의장에 추대됐다.

그러나 조선민족혁명당 김두봉, 성주언과 조선민족해방동맹 김성숙 등이 비상정치회의는 민족통일전선을 이룰 수 없고 민족의 분열을 심화시킨다면서 이탈했다.

우익단체의 결집체로 비상정치회의 후신인 비상국민회의는 임시정부로부터 일체의 권한을 계승했으나 미군 사령관의 자문기관에 불과했다.

(2) 김구 주석의 정국 주도와 비상국민회의

김구 주석은 귀국할 때 중국 공산당의 모택동과 주덕 등 영수들이

환송연을 베풀어주며, 조선에 환국해서 반드시 독립국가 수립의 유종의 미를 거두라고 격려했다고 회상하며 좌우가 협력한 통일국가 건설을 새롭게 다짐했다.

김구 주석은 서울에서 국무회의를 주재하여 중요 정무를 심의했고, 한국민주당은 임시정부 지지의 국민운동 전개를 결의했다.

동아일보는 증간사(增刊辭)에서 임시정부는 기미독립운동 후 국민들의 총의로 성립되었으므로 최고 유일의 정부로 절대적으로 지지하자고 호소했다.

김구 주석은 신탁통치 결정에 대해 조국을 위해 백사불석(百死不惜)이라며, 조선인은 조선인의 정부로 통치되어야 한다며 '3천만 동포에게 고함'이라는 성명을 발표했다.

임시정부 국무회의에서는 신탁통치 반대 국민총동원 중앙위원회를 설치하여 위원장에 권동진, 부위원장에 안재홍과 김준연을 임명하고 90여 명의 중앙위원을 선정했다.

건국은 청년의 단결로 이룩하자며 43개 청년단체가 연합회를 결성하여 임시정부를 신봉하고 순국정신으로 직진할 것을 결의했다. 조국의 재건을 위해 헌금하자는 애국금헌성회(愛國金獻誠會)가 결성되어 임시정부의 자금조달은 우리의 광영이라며 3천만 일심으로 헌성(獻誠)에 매진(邁進)하자는 캠페인도 전개했다.

임시정부는 과도정권 수립의 제1단계로 각 정당·단체와 제휴하여 비상정치회의를 소집했다.

18개 정당·단체의 대표들이 비상정치회의 예비회담을 개최했으나 조선공산당과 조선인민당은 불참한 가운데 통일전선의 결성을 토의했다.

임시정부 조소앙 외교부장은 조선공산당이 임시정부를 망명객 집단으로 폄하하는 것은 부당하다는 성명을 발표하여, 임시정부를 불인정한 조선공산당과는 대립각을 세웠다.

비상정치회의를 모태로 임시정부가 주도하여 각계 대표의 비상국민회의를 소집했다.

1946년 2월에 비상국민회의는 이승만, 김구, 김규식, 여운형, 조소앙, 안재홍 등 28인을 최고 정무위원으로 선출했고, 하지 사령관은 이들을 남조선 대한국민대표 민주의원으로 임명했다.

중간좌파인 여운형, 백상규, 황진삼 등의 사퇴로 우파로 구성된 민주의원은 의장에 이승만, 부의장에 김구과 김규식을 선출했다.

더구나 여운형 등 조선인민당계가 이탈하고 조선 과도입법의원이 개원되면서 그 기능이 유명무실하게 전락했고, 그 모체인 비상국민회의도 유명무실해졌다.

그러나 비상국민회의는 의장에 조소앙, 부의장에 유림을 선출하고 명칭을 국민의회로 개칭했다.

(3) 한국독립당은 조선국민당과 신한민족당을 흡수통합

1946년 3·1절까지 우익 정당은 무조건 합당하라며 합당을 거부하면 한독당위원장을 사퇴하겠다고 김구 주석은 성명을 발표했다.

한독당은 모스크바 결정을 우리가 이행함으로써 독립을 쟁취할 수 있다고 주장한 권태석과 김일청 등을 제명했다.

한독당은 임정을 중심으로 민족통일, 파당을 초월한 3천만의 충의로 신탁을 반대하고 독립 전취(戰取)를 결의했다.

이러한 김구 주석의 의지가 관철되어 반탁운동을 주도한 임시정부계 한국독립당 인사들이 안재홍의 조선국민당, 오세창과 권동진의 신한민족당을 흡수 합당하여 한국민주당에 이은 또 하나의 대규모 정당이 결성되어 초기 해방정국에서 좌익 세력에 대한 열세(劣勢)를 역전시키는 발판을 마련했다.

해외 독립운동 당시 한국독립당은 양기탁, 이동녕, 안창호, 이시영, 김구, 조소앙, 엄항섭, 홍진, 이청천 등이 활약했다.

조선국민당과 신한민족당을 흡수 합당한 한국독립당은 위원장에 김구, 부위원장에 조소앙을 선출했다.

한국민주당도 총재 이승만, 부총재 김구 추대 조건으로 합당에 합의했으나 국민운동을 위해서는 정당에 불참해야 한다는 이승만의 소신과 4당 합당만으로는 우익진영의 단일화라고 볼 수 없다는 명분을 세워 한국민주당이 불참으로 선회했다.

한국독립당의 김구, 조완구, 조경한과 한국민주당의 김성수, 백남훈, 장덕수 간에 합당 재교섭이 전개됐으나 미군정과의 협조 문제, 남한 단독정부 추진 등에 대한 이견으로 합당 교섭이 결렬됐다.

통합된 한국독립당은 해외파와 국내파의 갈등이 증폭됐고 이념과 정치 노선에서 차이점을 노정했다.

또한 미·소 공동위원회 참가와 반탁운동에 대한 의견 대립으로 안재홍, 박용희, 조헌식, 구철회 등 조선국민당계는 신한국민당으로, 권태석과 신영달 등 신한민족당계는 민주한독당으로 이탈하여 한국독립당은 3당 합당 이전으로 환원됐다.

(4) 제헌의원 선거 불참과 남북협상을 벌인 김구

김구는 이승만에게 한국독립당 위원장을 맡아 난국 수습을 제의했으나, 이승만은 정당에 구애받지 않은 거국적이고 초당적인 국민운동의 필요성을 역설하여 거절했다.

김구는 반민족 비애국적 분자를 제외하고 진정한 좌측 지도자와 적극 제휴(提携)하여 합당논의 하겠다는 성명을 발표했다.

김구는 남북 통일공작은 당분간 보류하고 남한 총선거를 적극 추진하겠다고 공언했으나, 입법의원 의장인 김규식과 함께 남조선 단독정부는 국토가 양단되고 동족상잔(同族相殘)의 전쟁이 발생된다면서, 제헌의원 선거의 불참을 선언하고, 김일성과 김두봉에게 남북협상을 제의했다.

하지 미군 사령관은 남북협상은 공산괴뢰 정권 수립을 전제하고 소련의 기만적인 연막전술이며 협상에 초청된 인사는 공산파 일색으로 남조선을 대변할 수 없다면서 총선거 실시만이 진정한 통일의 길이라고 주장했다.

민족진영에서 이탈하여 남북협상에 참여한 김구는 미·소 양군의 철병과 소련 주장을 대변하는 모양이 됐다.

남조선 측 발언이 봉쇄되고 통일을 위한 협상이 아니라 제헌의원 선거 방해가 목적이었으며, 조만식과의 면회도 거부당한 남북협상에 실망한 김구는 재추진을 단념했다.

(5) 김구의 암살과 더불어 사라진 한국독립당

1947년 12월 2일 한국민주당 정치부장 장덕수가 피살됐다. 암살범들이 한국독립당원으로 판명되어 한국독립당이 곤혹스러웠으며 김구 주석은 법정에 서는 곤욕을 치렀다.

장덕수 피살사건의 군사재판에 김구가 증인으로 출정하여 재판정은 시종 침중(沈重)했다. 검사의 신랄한 심문에 김구는 장덕수 살해 교사혐의를 전면 부인했다.

암살범들은 좌익 정당에서 20만원을 공작금으로 받아 활동하였으며, 한독당에서 제명당한 것은 사실무근이라고 항변했다.

1947년 12월 22일 남조선 총선거를 해도 단독정부가 아니라던 김구 주석은 입법의회 의장 김규식과 함께 남조선 단독정부 수립에 반대 성명을 내고 급기야는 제헌의원 선거에 불참을 선언했다.

김구의 제헌의원 선거 불참 선언으로 한독당원은 제헌의원 출전을 위해 탈당하고 무소속으로 출전했다. 그러나 3명의 당원들이 당명을 어기고 출전하여 경기도 옹진 갑구에서 목사인 오택관 후보가 당선됐으나 한독당과는 특별한 연관은 없었다.

1948년 9월 현실인정론이 대두되어 부위원장인 조소앙이 한국독립당을 탈당하고, 사회당을 창당하여 한국독립당의 당세는 더욱 약화됐다.

한국독립당은 1949년 5월 비상 집행위원회에서 사회주의 정당을 포함한 여러 정당과의 제휴를 모색함과 동시에 남북 화해를 모색해왔던 기존의 노선을 포기하고 대한민국 정부를 지지하는 민족주의적 정강을 채택했다.

5월 20일 김구는 은퇴설은 억측에 불과하며 통일에의 신념으로 최후의 순간까지 투쟁을 관철하겠다는 소회를 밝혔다.

1949년 6월 26일 경교장에서 김구 주석이 육군 소위 안두희에게 피살됨으로써 한국독립당은 역사 속으로 사라졌다.

온 겨레의 애도 가운데 치러진 영결식장의 구석구석에는 '님이여 고이 잠드소서'의 단장(斷腸)의 통곡 소리가 메아리쳤다.

구슬픈 장례 행렬을 맞이하여 '거룩하신 발자취 길이길이 받드오리다'라는 프랑카드가 휘날렸고, 연도(沿道)를 채운 시민들의 오열이 가득 메워졌으며, 효창공원에 고이 잠드셨다.

민족의 독립을 쟁취하기 위해 중국에서 항일 운동은 높이 살만하고 민족의 영웅으로 칭송할 수는 있지만, 소련군이 북조선을 점령하고 공산국가 수립을 추진한 엄연한 상황을 도외시하고 남북통일이라는 이상에 치우쳐, 이승만 정부가 확고하게 일어설 수 있는 명분을 빼앗고, 남조선노동당의 파괴와 분쟁을 방관하고 김일성의 오판으로 6.25 동란을 가져오는 하나의 빌미가 된 것이 안타까울 따름이다.

1960년대 한국독립당이 재탄생하여 의원 배출에도 성공했지만, 김구 주석이 이끌었던 한국독립당과의 직접적인 관련은 없었다.

2. 이승만 박사가 주도한 대한독립촉성국민회

(1) 독립촉성중앙협의회가 독립촉성국민회로

오기열, 백남식, 송병무, 김여식 등이 조선건국합찬회를 중심으로 27개 정당, 사회단체의 통합운동을 벌여 민족 통일전선을 결성할 것을 선언했다.

한편 국민당 명제세, 조선공산당 오태석, 민주당 오하영 등이 43개 정당의 대표자 회의를 개최하여 정당행동통일위원회를 발족시켰다.

맥아더 사령관의 전용기를 타고 귀국한 이승만은 독립을 위하여 모두가 초당파적으로 대동단결하자고 강조했고, 정당행동통일위원회는 이승만을 지도자로 옹립하고 민족통일전선 결성으로 방향을 선회했다.

1945년 10월 23일 민족통일전선의 주선으로 국민당(안재홍), 조선인민당(여운형), 한국민주당(원세훈), 조선공산당(이현상) 등이 모여 조선의 즉시독립, 38선의 철폐, 신탁통치 절대반대 등 3개항의 결의안을 채택하고 독립촉성중앙협의회 결성에 합의했다.

동 협의회는 각 정당대표를 선출하여 재회(再會)하기로 하고, 회장에 이승만을 선출하고 간부 인선 등을 이승만에게 일임했다.

그러나 조선공산당 박헌영은 친일파와 민족반역자를 제거해야 한다고 주장하며, 좌파진영의 항일투사들을 배격했다며 독립촉성중앙협의회를 탈퇴했다.

상해임시정부의 김구와 김규식 등이 귀국하자 조선인민공화국과 독립촉성중앙협의회가 동시에 포섭공작에 나섰으나, 김구는 이들에게 합류한다면 임시정부의 기본 정책이 변한다면서 합류를 거부했다.

독립촉성중앙협의회는 통합된 정당·단체가 아니고 다만 각 단체의 정치적 연합체이기 때문에 산하 단체에 대하여 통제를 할 수 없었고, 이승만은 조선인민공화국의 수반직도 거부하고 한국민주당의 당수 추대 제의도 마다한 채 중립적 태도를 견지했기 때문에 확고한 정치적 기반을 갖지 못했다.

이승만은 72단체의 집결체로 유명무실한 독립촉성중앙협의회는 해산치 않고, 통일 독립의 커다란 목적을 향해 꾸준한 활동을 할 것이라는 성명을 발표했다.

해방 이후 정계는 조선공산당, 한국민주당, 조선국민당, 조선인민당의 4대 정당이 군림하였으며 이승만의 독립촉성중앙협의회가 4대 정당의 통합을 시도했으나 조선공산당의 탈퇴로 빛을 잃었다.

(2) 신탁통치 반대투쟁위의 모태인 독립촉성국민회

모스크바 3상회의에서 조선신탁통치안이 채택되자, 반공단체와 우익 정당들이 탁치반대 국민총동원 중앙위원회를 결성하였다.

탁치반대 국민총동원 중앙위원회는 위원장에 김구, 부위원장에 조소앙과 김성수, 지도위원에 조완구, 명제세, 이윤영, 김준연, 이종영, 박용덕, 허수, 황애덕을 선임했다.

독립촉성중앙협의회와 탁치반대 국민총동원중앙위원회가 합동할 것을 결의했고, 이승만과 김구를 지도자로 옹립하여 대한독립촉성국민회가 새롭게 발족되었다.

대한독립촉성국민회에서는 이윤영, 신익희, 이청천, 명제세, 배은희에게 정당과의 관계를 끝내는 것을 전제로 입회를 허락했다.

대한독립촉성국민회는 신당 출현가능성을 부인하며 총재에 이승만, 부총재 김구, 위원장 오세창, 부위원장 신익희, 명제세, 이윤영, 이청천, 박순천을 선임하고, 이관운(총무), 남송학(재정), 양우정(선전), 진헌식(조직), 안국현(문교), 이활(연락), 이성주(산업), 김일(정보), 전호엽(농민), 유화청(노동), 강인택(후생), 강낙원(청년), 황현숙(부인) 등을 부서장에 임명했다.

대한독립촉성국민회는 민통과 통합을 선언하고 위원장에 김규식을 선출하고, 신익희와 오하영 부위원장의 사직서를 수리하고 부위원장에 조소앙과 김성수를 선임했다.

대한독립촉성국민회는 집행위원장 오세창, 부위원장 명제세, 감찰위원장 이운영, 고문에 이시영, 조성환, 신익희 체제로 개편됐다.

얼마 후에는 대한독립촉성국민회는 위원장에 조성환, 부위원장에 정인보를 선임하고 방응모(총무), 유기동(재정), 김일(선전), 서세충(노동), 이종현(산업경제), 이득년(문교), 전호엽(조사), 변성옥(청년), 이태영(조직), 김시학(후생) 등의 부장을 임명했다.

(3) 제헌의원 선거에서 55명이 당선됐으나 해산

조선의 즉시독립, 38선의 철폐, 신탁반대를 기치로 내걸고 개편을 거듭하여온 대한독립촉성국민회는 이승만의 남한 단독정부 수립에 한국민주당과 함께 적극 찬성하였고, 제헌의원 선거에 대거 참여하여 한국민주당, 무소속 후보들과 3파전을 전개했다.

독립촉성국민회는 제헌의원 선거에 235명이 출전하여 55명을 당선시켜 국회 내의 최대 계파로 우뚝 솟아올랐다.

독립촉성국민회 소속으로 제헌의원에 이승만(동대문갑), 서성달(고양갑), 신익희(광주), 이유선(부천), 신광균(개풍), 송창식(이천), 민경식(용인), 김영기(안성), 정구삼(옥천), 이의상(음성), 성낙서(대전), 송진백(대덕), 진헌식(연기), 유진홍(논산갑), 남궁현(부여갑), 김이수(부여을), 이종근(청양), 손재학(홍성), 김용재(당진), 이병국(천안), 조재면(부안), 유준상(완주갑), 정해준(금산), 신현돈(무주), 진직현(임실), 이남규(목포), 김문평(여수갑), 오석주(고흥갑), 조옥현(순천을), 송봉해(해남갑), 권병로(의성을), 김익기(안동갑), 오택열(영덕), 김철(경주갑), 이석(경주을), 정도영(영천갑), 이범교(영천을), 박종완(청도), 장병만(칠곡), 육홍균(선산), 한암회(상주갑), 이주형(밀양갑), 김태수(창원갑), 김경도(함양), 표현태(거창), 이원홍(합천갑), 김효석(합천을), 최규옥(춘천), 이종순(춘성), 원용균(횡성), 황호현(평창), 최헌길(강릉을), 김진구(삼척) 후보 등이 당선됐다.

그러나 최병덕(청주), 이준태(영동), 정승화(괴산), 남천우(대전),

구덕환(서천), 유정호(예산), 구을회(당진), 윤보선(아산), 홍순철(익산), 배은희(전주), 김병수(이리), 서정수(완주갑), 김동호(담양), 박팔봉(고흥갑), 박민기(화순), 박영교(영천을), 유태하(안동을), 최원수(영일갑), 김용규(경산), 박태현(칠곡), 이시목(의령), 조용옥(함안), 지영진(양산), 정헌주(사천), 신중목(거창), 박운표(합천갑), 김명수(합천을), 정규상(영월), 전상요(정선) 후보 등은 낙선했다.

대한독립촉성국민회의 관련단체인 대한독립촉성 노동총연맹이 12명, 대한독립촉성 농민총연맹이 10명, 대한독립촉성 애국부인회가 7명, 대한독립촉성 국민총연맹 2명의 후보들이 출전하여 노동총연맹의 황두연(순천갑)과 전진한(상주을), 농민총연맹의 이석주(완주을)와 이요한(완주) 후보들은 당선을 일궈냈다.

대한독립촉성국민회는 신당결성을 공론화했으나 이승만 총재의 정당 조직은 정부수립 후 실시하고 국권 회복이 급선무라는 화답으로 정당으로서 조직 설립이 무산됐다.

독립촉성국민회는 이승만 대통령을 총재로 추대하고 집권 여당으로 활약할 계획이었지만, 이승만 대통령의 정당성립은 시기상조라는 발언으로 정당으로 발전하지 못하고, 한국민주당이나 삼일구락부, 무소속구락부로 흩어져 단체로서의 수명을 마쳤다.

오세창, 명제세, 백남훈, 이관운, 양우정, 장희태, 이활, 최태용 등이 독립촉성국민회를 독촉구락부로 개칭하여 존속코자 시도했으나 오랫동안 지속되지 못했다.

(4) 대한청년단 후신인 대동청년단과 조선민족청년단

1946년 9월 13일 28개 청년단체가 뭉쳐 대한독립청년단을 결성하고 총재에 이승만을 추대했다.

대한독립청년단은 대동청년단으로 개칭하여 만주에서 독립투쟁을 전개했던 이청천이 주도했다.

제헌의원 선거에 대동청년단의 소속으로 87명의 후보들이 등록하여 12명의 당선자를 배출했다.

이청천(성동), 윤재욱(영등포), 원용한(여주), 홍길선(수원갑), 김인식(옹진을), 김기철(충주), 임석규(보령), 백형남(익산갑), 이성학(해남을), 최석홍(영주), 배중혁(봉화), 원장길(강릉갑) 후보 등이 당선을 일궈냈다.

이들은 이청천 단장과 함께 대부분 한국민주당에 합류했다가 민주국민당에서 활동했다.

1946년 10월 13일에는 청산리전투를 승리로 이끌었던 이범석 장군이 새나라 건설의 씩씩한 역군으로 청년들의 영기(英氣)를 배양하자는 기치를 내걸고 조선민족청년단을 결단했다.

조선민족청년단은 단원들의 훈련소를 개설하여 단원들을 육성했으며 제헌의원 선거에 20명의 후보들을 내보냈다.

조선민족청년단은 홍희종(김제을), 이정기(남원), 정균식(담양), 문시환(부산갑), 안준상(의령), 강욱중(함안) 후보들이 당선되고, 이범석 단장이 국무총리와 국방부장관에 발탁되어 정치적 입지를 강화했으며, 이승만 대통령의 직선제 개헌과 재선에 지대한 공헌을 했으나 이승만 대통령의 토사구팽인 족청계 축출의 덫에 걸려 정계의 전면에서 사라졌다.

3. 정통야당 민주당의 모태가 된 한국민주당

(1) 미군 군정청을 지지하는 인사들의 모임체인 한국민주당

원세훈이 우익진영으로서는 해방 후 최초의 정당인 고려민주당을 발족시켰다.

조선건국준비위원회의 조선인민공화국 선포에 자극을 받은 우익세력은 김병로, 백관수, 조병옥이 중심이 되어 1945년 8월 조선민족당을 발족시켰다.

장덕수, 백남훈, 윤치영, 윤보선 등이 한국민주당을 결성을 준비하였고, 임시정부 지지를 표명한 임시정부 귀국환영준비회가 송진우, 김성수, 김준연, 서상일, 장택상, 설의식 등이 중심이 되어 조직되었다.

한편 백남훈, 김도연, 허정, 장덕수, 윤치영, 윤보선 등이 한국국민당 발기인 총회를 개최했다.

조선민족당과 한국국민당이 합당에 합의하고 송진우, 김성수, 서상일, 김준연 등이 가세하여 1945년 9월 22일 한국민주당을 창당했다.

우익의 대동단결이라는 대의명분하에 고려민주당, 조선민주당, 한국민주당, 임시정부 환영준비회가 결집하여 한국민주당에 참여했다.

한국민주당은 자주독립국가 완성, 민주주의 정책 수립, 근로대중의 복리 증진, 주요 산업의 국영 또는 통제 관리, 토지 제도의 합리적 재구성, 국방군 창설을 정강정책으로 내세웠다.

한국민주당은 9명의 총무를 선출하였으며 수석 총무는 송진우가 맡았다. 고하 송진우는 전남 담양 출신으로 명치대 법과에 입학했으며 경성중학 교장으로 봉직했다.

3.1 운동의 33인의 한 사람으로 3년간 투옥됐으며 1921년에는 동아일보 사장에 취임했다.

총무에 원세훈, 백관수, 서상일, 김도연, 허정, 백남훈 등이 선임됐고 김병로, 이인, 나용균, 함상훈, 김약수, 김용무, 정광호, 김도연, 허정, 최윤동, 장덕수, 홍성하, 이순택, 최승만, 김동원, 안동원 등도 참여했다.

1945년 12월 30일 동아일보 사장 출신으로 한민당 수석 총무로 활약했던 송진우가 암살되어 김성수가 한민당을 이끌게 됐으며 인촌 김성수는 전북 고창 출신으로 일본 조도전대를 졸업했으며, 1919년 경성방직을 창설하고, 1920년 동아일보를 창간했다.

 1932년에는 보성전문을 인수하여 고려대학으로 육성하는 등 우리 민족의 발전에 지대한 공헌을 했으나 사업을 하고 언론사를 경영하며 대학을 육성하기 위해서는 조선총독부의 지시에 순응하고 어느 정도의 비호가 필요했기에 일제에 협력한 것도 사실이었다.

그리하여 김성수는 해외에서 독립운동을 하거나 국내에서 일제에게 시달린 민초 등 민족주의자들에게는 부일협력자나 친일파로 보일 수밖에 없는 한계가 있었다.

조선건국준비위원회의 이념과 노선에 반대하는 민족진영 지식인과 국내외의 항일투사 및 민족주의적 민주사회 인사로 구성되었으나 친일 인사들에 대한 숙청 공언에 위협을 느낀 친일 세력들도 대거 한국민주당에 참여했다.

북조선 공산당 간부였던 김약수와 유진희 등에게는 전향(轉向) 각서를 제출케 한 한국민주당은 토지개혁 문제 등을 둘러싸고 조선민족당 출신들이 대부분 탈당하고 진보적 요소가 상실되어 우익정당화됐다.

한국민주당은 입법의원으로 원세훈, 김도연, 백관수, 김준연, 백남훈을 배출했다.

(2) 이승만의 남한 단독정부 수립을 적극 지지

한민당 중앙집행위원 30명에는 백관수, 김동원, 서상일, 허정, 김도연, 김약수, 홍성하, 장덕수, 유진희, 조헌영, 신윤국, 양한모, 최윤동, 나용균, 정광호, 조진구, 김준연, 이영준, 이갑수, 송필만, 고병남, 김산, 최두선, 함상훈, 서상천, 이운, 윤보선, 서상국, 박찬희, 안동원, 김효석, 원석산 등이 포함됐다.

한민당은 소련이 태도가 분명한 이상 남조선 총선거 실시로 통일정부 수립이 시급하다고 주장했고, 김성수 한민당 수석총무는 임정 주도의 비상정치회의로 통일된 신정권을 수립하자고 제안했다.

김구 주석은 한국독립당을 중심으로 우익진영의 대동단결을 모색하였으나 한민당은 독자노선을 고수했다. 그러나 국민당과 신한민족당은 한독당과 무조건 합당하여 김구를 위원장으로 추대했다.

1946년 11월 서울시 입법의원 선거에서 한민당 소속의 김성수, 장덕수, 김도연이 피선됐으나 조선국민당 김규식의 이의 제기와 하지 사령관의 지시로 재선거가 실시되어 조소앙, 신익희, 김도연으로 교체되는 아픔도 겪었다.

1947년 12월에는 한민당 정치부장 장덕수가 한독당원들에게 피살됐고 김구가 법정에 서는 곤욕도 치렀다.

이승만은 남조선 과도정부 수립이 남북통일의 첫 단계라며 남한만의 단독정부를 주장했고, 이승만의 주도로 서울운동장에서 국민대회를 개최하여 남한 단독정부 수립을 결의하자, 한민당도 적극 참여했다.

(3) 정부 수립 이후 반이승만 결집체로 변신한 한국민주당

이승만을 당수로 추대하려했던 한국민주당은 이승만이 주도한 대한독립촉성국민회와 제헌의원 선거에서 경쟁상대로 출현했다.

그러나 윤보선(아산), 노일환(순창), 김병기(익산갑), 차활언(여수을), 김성복(보성), 양회영(화순) 후보 등은 대한독립촉성국민회와 한국민주당에 함께 소속됨을 밝힌 후보들도 많았다.

제헌의원 선거에서 한국민주당은 91명이 출전하여 29명의 당선자를 배출했다.

윤치영(중구), 이영준(동대문을), 김도연(서대문), 김동원(용산),

서정희(포천), 신현모(연백을), 송필만(진천), 나용균(정읍갑), 김종문(정읍을), 백관수(고창을), 노일환(순창), 정광호(광주), 서우석(곡성), 김종선(구례), 이정래(보성), 장홍염(무안을), 김준연(영암), 김용현(무안갑), 김상호(나주을), 조영규(영광), 김상순(장성), 최윤동(대구갑), 서상일(대구을), 백남채(대구병), 조헌영(영양), 박상영(예천), 허정(부산을), 한석범(부산병), 김재학(통영갑) 후보 등은 당선됐다.

그러나 함상훈(연백갑), 조동근(연기), 정진희(전주), 백남용(군산), 이춘기(이리), 김종남(무주), 백남기(부안), 장현식(김제갑), 소선규(익산갑), 홍성하(광산), 김계수(순천을), 서민호(고흥을), 고영완(장흥), 윤영선(해남갑), 서상국(함평), 김병수(장성), 이원만(영일갑), 곽태진(고령), 오이상(부산정) 후보 등은 낙선했다.

당의 결속력이 강했던 한국민주당은 신익희 의원이 주도한 삼일구락부 등과 통합하여 민주국민당으로 발전하여 제헌국회에서 최대 정당으로 군림했다.

좌우합작에 미온적이라고 1946년 10월 8일 원세훈과 박영환 등 16명이 집단탈당하고, 부일(附日)협력자에 대한 처단에 미온적이라며 김약수, 이순택, 김상규 등 중간좌파 세력 55명이 집단탈당하여 당세가 위축됐다.

제2대 총선에서 이승만 대통령의 현역의원에 대한 견제 성명 등으로 대부분의 민주국민당 의원들이 낙선하여 교섭단체 구성에도 실패하는 정당으로 전락됐다.

4. 중간노선과 좌익정당들의 생성과 소멸

(1) 수많은 정당들이 창당(創黨)되고 소멸(消滅)되고

임영신이 대한여자국민당을 창설하며 정당·단체 난립의 빌미가 됐다.

정당의 난립 현상은 일제 치하에서 정치활동을 억압받던 조선인들이 해방을 맞아 정치에 대한 관심과 자주정부 수립에 대한 기대감이 넘쳤고, 미국 군정청이 정당규칙에서 3인 이상이면 정당을 설립할 수 있도록 기준을 제공하고 조직화한 정당만을 상대하겠다고 발표한 것이 난립을 조장했다.

조선건국준비위원회를 탈퇴한 안재홍은 민족진영의 대동단결을 내세우며 조선국민당을 발족시켰다.

조선국민당을 결성한 안재홍은 명제세의 민중공화당, 박용희의 사회민주당, 자유당, 근우동맹, 협찬동지회 등 6개 정당·단체를 흡수 통합하여 국민당을 발족시켰으며 국민당은 해방정국에서 4대 정당으로 발돋움했다.

이갑성 중심의 정당통일기성회와 김여식 중심의 정당합동준비위원회가 상호 유대관계 속에 국민당, 사회민주당, 한국독립당, 고려청년동맹 등 17개 정당·단체 등을 통합하여 민족단일당을 결성하고자 했다.

1945년 12월 15일 민족단일당이 신한민족당으로 개칭하여 임시의장에 이규갑, 부의장에 김여식과 이갑성을 선출했다.

 신한민족당이 한국민주당과 국민당에서 이탈한 권동진, 오세창이 중심이 되어 재편성됐으나 조선혁명당이 탈당했고 민주한독당으로 변신하여 명맥을 유지했다.

1946년 10월 19일 민중동맹 김병로, 신진당 김호, 신한국민당 안재홍, 건민회 이극로, 민주통일당 홍명희 등은 통합선언을 하고 민주독립당을 결성하여 위원장 홍명희, 총무 유석현, 정책 이순택, 의장 박용희 등을 선임했다.

원세훈, 김약수, 김철 등이 주도한 민중동맹은 김약수가 탈퇴하고 원세훈이 장악하자 김규식 총재마저 이탈한 후 명맥을 유지하다가 민주독립당에 병합됐다.

신한민족당의 합당반대파가 신한민주당, 조선혁명당, 재미한족연합회, 청우당 등을 통합하여 신진당을 결성해 유동열을 위원장으로 추대하여 발족했다.

3천만이 지향하는 자주독립을 지향하기 위해 김약수, 김태룡, 박홍선 등이 단민당을 결성했으나 김약수는 탈당하여 조선공화당을 창당했다. 김약수 등 창당요원들이 탈퇴한 단민당은 제헌의원 선거에 참여하여 의원배출에 성공했다.

1946년 4월에는 신한민족당, 신한민주당, 조선혁명당, 청우당 등이 통합되어 신진당을 발족시켜 의장에 김호, 부의장에 김령과 조기영을 선출하여 활동했다.

신진당은 중간세력인 13정당협의회(신진당, 민족사회당, 사회민주당, 한국독립당, 천도교청우당, 천도교보국당, 근로인민당 등)에도 참여했으나, 제헌의원 선거 불참을 선언하고 평양에서 개최된 남북조선 제(諸)정당·사회단체 협의회 등도 참석했다가 소멸됐다.

평양에서 조만식이 조선민주당을 창당했으나 김일성의 북조선공산당에 밀려 활동이 위축되자, 이윤영 등이 남하하여 서울에서 활동했으며 제헌의원 선거에도 참여했다.

1946년 1월 민족진영 정당·단체들이 과도정부 수립에 대처하기 위해 정당통합 운동을 전개하여 임시정부 요인들이 중심이 되어 한국독립당과 국민당과 신한민족당이 통합을 이뤘다.

이리하여 한국독립당이 확대하여 재편성됐으나 미·소 공동위원회 참가 문제와 좌우합작 문제로 분열이 생겨 국민당 계열은 신한국민당으로, 신한민족당 계열은 민주독립당으로 분열하여 한국독립당으로 환원되는 통합과 분열의 아픔을 겪었다.

1947년 10월에는 김병로와 김호의 민중동맹, 김원용의 신진당, 안재홍과 박용희의 신한국민당, 이극로의 건민회, 홍명희의 민주통일당이 민주독립당으로 통합하여 의장에 박용희, 김호, 이극로, 김원용을 선임하여 한국독립당과 함께 활동하다가 제헌의원 선거에 불참하고 소멸되어 갔다.

(2) 민족자주연맹은 반이승만 기치를 내걸고 활동

1946년 10월 1일 미군 군정청에서 김규식이 주동한 민족자주연맹 결성준비대회가 개최됐다.

좌우합작위원회와 민주독립당, 신진당, 청우당 등 18개 정당·사회단체 외에도 한국민주당을 탈퇴한 원세훈과 김병로, 한국독립당에서 탈당한 안재홍과 최동오 등도 합세했다.

결성대회에서 백남운은 "위대한 해방의 은인인 소련이 우리나라를 5개년동안 훈련하기를 주장하고 조선의 조속한 독립을 추구함에도 불구하고, 미국 제국주의자들은 조선을 영구히 저들의 식민지화하려고 그들의 주구 이승만을 앞장세워 허울좋은 남조선 단독정부안을 음모하고 있는 것이다"라고 이승만 일당의 성토대회로 변질되어 분열됐다.

안재홍, 홍명희 등 중도파를 결집시킨 민족자주연맹(民聯)은 남북 정치단체 대표자회의를 주장하였고, 이러한 움직임이 김구의 한독당이 가세하여 남북협상으로 이어졌다.

(3) 남조선에서 좌익정당들의 활기찬 활동

조선건국준비위원회가 해산되고 조선인민공화국이 미군정 당국으로부터 불신을 받자, 박헌영은 1945년 9월 14일 조선공산당을 결성했다.

박헌영 조선공산당 대표는 조선을 소련의 일국 신탁통치를 지지하는 발언으로 한민당에서 매국(賣國)언동이라고 배격을 결의했다.

조선공산당 박헌영 대표는 진보적 민주주의 원칙을 기본 강령으로 하여 민족주의 각 정당의 난립현상을 청산하고 전 대중단체를 망라한 총의에서만 통일된 정부가 성립돼야 한다는 의견을 피력했다.

조선공산당 재건은 당초부터 약체였으나 조선인민당을 흡수하여 당세가 확장됐다. 그러나 찬탁과 위폐로 민심이탈이 가속됐으며 관료적 독선주의의 청산이 시급했다.

조선건국준비회가 해체되자 여운형은 건국준비회의 조직과 세력을 모체로 하여 고려국민동맹, 인민동지회, 일오회 등을 병합하여 1945년 11월 12일 조선인민당을 창당했다.

온건좌파 성향으로 출범한 조선인민당은 급진적인 조선공산당과의 통합 과정에서 자연적으로 해체의 수순을 밟게 됐다.

우익진영의 결집체인 대한독립촉성국민회에 대항하기 위해 좌익진영에서는 조선민주주의 민족전선을 결성했다.

조선인민당, 조선공산당, 유도회, 천도교청우당, 한국민주당(일부) 등 29개의 정당들은 민주주의민족전선 결성대회를 개최했다.

 결성대회에서 여운형, 박헌영, 허헌, 백준희, 장건상, 김원봉, 이극로, 유영준, 홍남표, 이여성, 이강국, 한빈, 백남운, 이태준을 위원으로 선임했다.

이로써 정당통합운동은 우익의 남조선 대한국민대표 민주의원과 좌익의 민주주의민족전선이 양립하게 됐다.

민주주의민족전선은 신탁통치 지지와 함께 미·소 공동위원회의 협조자로 나섰으며 김두봉, 김성숙, 장건상 등도 참가했으며 여운형, 박헌영, 허헌, 김두봉을 공동의장으로 선출했다.

민주주의민족전선은 조선공산당, 조선인민당, 남조선신민당의 3당 합동체인 남조선노동당이 폭력행사, 폭동, 파괴활동으로 입법의원 선거를 방해하자 미군정청이 박헌영, 이강국, 이주하, 이현상 등 주요 간부들의 체포령을 내리고 탄압하자, 이들이 북한으로 도주하면서 소멸되었다.

1946년 8월 조선인민당의 여운형, 이여성 등 좌파, 조선공산당의 박헌영 등 간부파, 남조선신민당 백남운, 이주하 등의 중앙파가 합당을 추진키로 합의하여 남조선노동당을 결성키로 하고 토지의 무상몰수, 무상분배 등의 강령을 채택했다.

3당은 최고지도부를 여운형, 백남운, 박헌영으로 하고자 했으나 박헌영이 백남운 대신 이주하를 고집하면서 민족혁명당 김약산의 영입을 주장하여 삐걱거리게 됐다.

조선공산당, 조선인민당, 신민당의 남조선노동당 합당선언에 대해 신민당 백남운 위원장은 책임질 수 없다고, 조선인민당 부당수 장건상은 간부 몰래 합당을 결정했다고 반발했다.

그러나 1946년 11월 온갖 잡음과 반대에도 불구하고 3당의 합당이 성사되어 위원장에 허헌, 부위원장에 박헌영, 이기석을 선출했으나 여운형, 백남운 등의 반대로 박헌영파와 반박헌영파로 양분됐다.

좌익진영이 3당합당 문제를 둘러싸고 우왕좌왕하다가 조선공산당 간부파, 조선인민당 48인파, 남조선신민당 간부파가 남조선노동당을 결성했고, 조선공산당 대화파, 조선인민당 31인파, 남조선신민당 비간부파가 결집하여 사회노동당을 결성했다.

합당에 반대하는 여운형 등이 주도하여 사회노동당을 창당했고, 사회노동당은 위원장에 여운형, 부위원장에 백남운과 강진을 추대했다.

사회노동당은 소련의 압력으로 남조선노동당과 합당이 추진되어 투표 결과 합당추진파가 승리하자 부위원장 강진, 감찰위원 장건상과 최익한 등이 탈당하여 해체됐다.

사회노동당을 탈퇴한 여운형은 근로인민당을 결성하여 위원장에 여운형, 부위원장에 백남운과 강진을 선출하여 남조선노동당에 대립하는 중간좌파 정당을 발족시켰다.

근로인민당도 정치노선 문제를 둘러싸고 알력이 심화되고 있는 와중에 여운형이 암살범 한지근의 저격을 받고 사망하여 쇠퇴일로를 걷다가 와해됐다

(3) 조선정판사 위폐사건으로 조선공산당은 몰락의 길로

1946년 5월 15일 미군정청은 조선정판사에서 공산당의 자금 조달을 목적으로 조선은행권 1,300만원을 위조한 위폐사건을 발표했다.

경찰은 대규모 화폐 위조사건을 발각하고 인쇄기를 압수했다. 범인들은 공산당원증을 소지하고 있었으며, 현장에서 62만원의 위조지폐도 회수했다.

조병옥 경무부장은 관계자 11명을 검거하고 계속 취조하고 있으며 불일간 전모를 발표하겠다고 밝혔다.

러취 미군정청 군정장관은 허구낭설이라는 위폐사건은 증거가 확연하게 드러났다면서 최대의 죄악인 위폐사건을 발본색원하겠다는 의지를 표명했다.

위조지폐 주범은 이관술과 권오직이며 일당은 16명이라고 공보처에서 밝혔다. 16명 모두 공산당원들이다.

위조 발행한 지폐는 공산당에 제공키로 결의했으며 이관술은 조선공산당의 재정부장으로 경제교란의 배후 인물로 단호한 처단이 요구됐다.

위조지폐의 배후와 용도가 판명됐으며 해방일보 50만원, 현대일보에 28만원을 제공한 것으로 밝혀졌다.

위조지폐를 인쇄한 근택빌딩을 폐쇄하고, 조선공산당 기관지인 해방일보도 폐간 조치했다.

미군정청은 조선공산당 책임비서인 박헌영을 비롯하여 이강국, 이주하에 대한 체포령을 발동했다. 조선공산당 간부에 대한 체포령에 박헌영, 이강국 등은 도피했으나 이주하 등은 체포됐다.

위조지폐 공판정에서 피고들은 검사들의 온정적인 취조를 고문이라고 주장했고, 피고들의 일관된 부인에 검사들은 적확(的確)한 증거품을 제시했다. 위폐범들의 고문은 의사들의 감정 결과 새빨간 거짓말로 판명됐다.

위조지폐 발행의 배후는 경제교란이었으며, 위조 발행한 지폐는 공산당에 제공키로 결의했다고 범인들이 자백했다.

미군 러취 군정장관은 위폐사건의 재판은 공산당 재판이 아니고, 국난을 악용하는 경제 교란범 개인을 단죄하는 것이라고 밝혔다.

조선공산당의 위조지폐 사건에 대해 서울재판소는 이관술 피고 등 4명에게는 무기징역을 선고했다.

10년 이상 징역을 선고받은 11명의 피고들은 남조선 사법권은 이로써 자살하였다며 적기가(赤旗歌)를 부르며 법정에서 소란을 피웠다.

위조지폐 법정소동 선동자는 모두가 남로당원과 공산당원으로 이들을 해산 제지코자 발포하여 47명을 검거했다.

조병옥 경무부장은 계획적 소란은 대죄라고, 장택상 수도경찰청장은 테러리즘 근절에 적극 주력하겠다고 밝혔다.

 하지 미군 사령관도 위조지폐 사건의 공판장에서의 소동에 대해 불행한 일이라고 특별성명을 발표했다.

제3장 생소하고 현실과 동떨어진 미군 군정

1. 하지 미군 점령군 사령관의 남조선 통치
2. 몰려드는 동포로 남조선은 과포화(過飽和)
3. 미군 군정청의 자문기관인 입법의원
4. 조선의 신탁통치 결정에 대한 찬반운동
5. 미·소 공동위원회 개최와 예정된 결렬

1. 하지 미군 점령군 사령관의 남조선 통치

(1) 미 8군 제24사단이 서울에 진주하여 남조선을 장악

미주우리 함상에서 일본의 항복조인식이 거행됐고, 한반도의 38도 이남은 미군이, 그 이북은 소련이 분할 점령키로 했다고 미 제8군 24사단 사령관 하지 중장이 처음으로 밝혔다.

이어 조병옥과 김성수 등이 미군 환영준비회를 조직했다.

미군은 1945년 9월 9일 서울에 진주하여 일본 총독 아부신행(阿部信行)의 항복을 받고 미군정을 실시할 것을 포고하고, 미군 군정장관에 아놀드 소장을 임명했다.

미군 군정청은 일본정부 및 일본인 재산을 미군정 소유로 했다. 미군정청은 고문 11명을 임명하고 위원장에는 김성수를 발탁했다.

미군정청은 아펜젤라 등 미국인 11명을 정치 고문으로 임명하여 군정청 각 국·과에 배치했다.

민주적이고 자유로우며 미국에 우호적인 나라를 조선에 수립한다는 목표 아래 미군정청은 인민위원회에 행정권을 그대로 인정하는 소련과 달리 인민위원회를 인정하지 않고 무력을 행사하여 분쇄하면서 남조선의 행정권을 확보했다.

하지 사령관은 선동가의 언행을 대중은 항상 정사(正視)하라며 폭력이 난무한 계급투쟁을 경계할 때며 인민공화국의 인민위원회에게 정권을 넘기라는 조문은 3상회의 협정에는 없다고 남로당의 선동정치를 경고했다.

하지 사령관은 인민공화국의 존재는 조선의 독립 달성을 방해하고 있다고 인민공화국을 부인하는 중대 성명을 발표했다.

미군정 시절 관료 조직은 일본의 관료 출신들과 한민당계 친미 인사들로 구성되었으며 반민족적 극우지배 블록의 주요축이 되었다. 미군정청은 10월 15일에 최고 사법기관인 대법원장에 김용무를 임명했다.

하지 사령관은 여운형, 이승만, 안재홍, 송진우 등과 연일 요담(要談)하여 국내 정세에 대한 의견 교환에 나섰다.

미군정청은 아놀드 군정장관을 해임하고 러취 소장으로 교체했다. 맥아더 미군 사령관은 독립은 희구하되 실현하기 위한 협력을 망각하고 있다고 경고했고, 하지 사령관은 세력 쟁탈보다 건국에 전념하라며 지도자들이여 맹성(猛省)하라고 경고했다.

러취 미군정청 군정장관도 시위행진과 진정운동은 조선독립에 불리하다며 정치가다운 금도(襟度)로 자치 능력을 보이라고 반복 경고했다.

미국 국무성은 완전독립한 민주정부 수립을 원조한다는 입장을 밝혔고, 하지 사령관은 미국은 조선의 착취에는 관심이 없으며 민주주의와 자유를 역이용하는 것은 포고령 위반이라고 엄중하게 경고했다.

러취 군정장관은 농지는 농민에게라는 방침아래 일본인의 농지는 소작인에게 돌려주고 대가는 농작물로 장기 상환토록 했으나, 소련군의 무상몰수와 무상분배 정책에 비하면 농민에게는 미흡했다.

군정청은 실업자가 160만 명으로 긴급한 것은 귀환 동포의 취업이라며, 4월부터 실직자 취업 등록을 실시하도록 했다.

군정청은 전재(戰災)귀환동포의 항구적인 생활 보장을 위해 농업전사(戰士)로 활용하는 조선농민협회 구제단을 창설했고, 방황하는 전재동포를 위해 1946년 3월 22일에는 부평에 집단영농장을 건설했다.

러취 군정장관은 사설 군사단체의 즉시해산을 명령하고, 흉기테러 방지와 건국치안 확보를 위해 각 경찰서에 특별경비대를 설치했다.

미군정청은 신문용지의 태부족으로 신문의 발행부수를 감소하고 신규 출원은 보류하겠다고 공포했다.

러취 군정장관은 1946년 1월 각 부서장을 미국인에서 조선인으로 교체하고서 책임지고 직무를 수행하라고 격려했다. 미군정청은 민정장관에 안재홍을 임명했다.

그러나 행정적 이양은 형식적이었고 통계를 공개하지 않는 비밀정치가 자행됐다.

하지 사령관은 정치적 야심을 충족시키려는 선동자에 오도된 민중을 한탄했으며 파괴와 살인은 어디서나 범죄 행위라고 조선 민중에게 경고했다.

하지 사령관은 조선 민중의 복리가 선결되고 조선의 자주독립의 실현에 협력이 간절하다며, 정당지도자들에게 맹성(猛省)하라고 정당 난립을 경계했다.

미국은 러취 군정장관의 사망으로 군정장관에 딘 소장을 임명했다. 미군정청은 경기도 서울시를 서울특별시로 승격시키고 전라남도 제주도(島)를 제주도(道)로 승격시켜 8도 체제를 1특별시 9도 체제로 변경했다.

미군정청에서는 식량난을 극복하고 연간 80만 석을 절약하기 위해 양조주(釀造酒) 정지령을 발동했다.

군정청의 계획성 없는 금융 정책으로 인플레 공황을 초래했고 졸렬한 양곡정책으로 풍년기근을 만들어냈다.

미군정은 남조선에도 무연탄이 다량으로 매장되어있다면서 채탄에 2만 명의 광부를 동원하여 지하자원 개발에 착수했다.

화순 탄광이 남조선의 보고(寶庫)로 각광을 받았으며 매월 1만 5천 톤을 증산토록 했다.

미군정의 세출 예산은 118억이며 세입부족액은 8억 8천만 원이다.

미군정이 부족한 재정을 화폐 발행을 통해 메우려는 정책으로 1947년 말의 물가는 1945년 8월에 비해 33배나 올랐다.

안재홍 민정장관은 뇌동적 맹휴는 불가하며 정치적 책동에 가담 말라고 경고했다. 맹휴는 파괴적 행동으로 학생들의 본분을 준수하라고 권고했다.

미군정은 현실에 어두운 정책 추진으로 국민들로부터 신뢰를 받지 못했으며, 민심에 역행하는 정책을 밀어붙였으며, 정당 설립의 요건을 잘못 규정하여 정당과 단체의 난립을 초래했다.

(2) 인민들은 식량 부족과 경제 파탄으로 초근목피의 생활

일본의 가혹한 식민지 수탈은 없어졌지만 실업자가 넘쳐났고, 물가는 살인적으로 대다수의 민중은 여전히 고단한 삶을 이어가야 했다.

원료와 자금의 부족으로 공장이 40% 정도만 가동하여 공업생산력이 크게 떨어졌기 때문이다.

건설재 수입 두절로 자원은 수면하게 됐고 모리배의 중간 착취와 탈세로 국민경제의 발전을 저해했다.

자본과 기술을 가진 일본인들이 철수하고 지하자원과 중공업시설이 집중된 북조선이 소련군 치하에 놓인 분할 상태가 빈곤상태를 가중하는 원인이기도 했다.

산업 생산 활동이 위축된 가운데 해외 동포의 귀국과 북조선 주민들의 월남으로 인구가 크게 늘어나 실업난을 가중시켰다.

일반 물가는 상승하는데 쌀값만 공정가로 묶어 교란된 모순이 쌀값파동을 빚었으며, 미군정청은 쌀의 자유판매를 인정하면 7월경 절미상태에 도달할 것이며 강제수단으로 쌀을 적정배급할 뿐이라고 고집했다.

그리하여 쌀은 곳간에서 울고 사람은 주림에 근심하게 됐으며, 강원도 삼척지방에서는 식량난으로 7천여 명이 빈사 상태이며 매일 5명 이상이 아사했다.

쌀을 달라고 3천 명의 시민들이 서울시청에 쇄도하여 탄원했고, 쌀 달라고 외치는 백만 시민은 가격상한제와 방곡령(防穀令)을 즉시 철폐하라고 주장했다.

한민당은 식량 문제로 민생은 기아선상에 있으며 배급은 조족지혈(鳥足之血)인데 단속은 가중되어 자유판매 아니면 배급과 단속에 철저하라고 제언했다.

가가호호에 경찰이 검색하여 모리배(謀利輩)의 쌀을 압수하여 일반에 배급하는 단호한 조치도 단행했다.

홍진 임시정부 의정원장은 기근상태 해결책은 응급미 배급과 공시가 철폐뿐이라고 비상국민회의에서 제의했다.

선생님은 쌀 사러 시골로 내려가고 학생들은 놀다가 귀가하는 결근 교원이 많은 텅 빈 소학교 정경이었다.

그리하여 울릉도, 진도, 강화도 등 도서 지방의 기아상황이 극심했으며 초근목피로 생명을 부지하는 참상이었다. 초근의 칡이 주식이고 소나무의 껍질을 벗겨 구황(救荒) 식량으로 활용했다.

미국에서 밀과 밀가루 등 11개월 동안 수입 양곡이 34억 원을 돌파했지만 식량 부족사태는 메울 수 없었으며 미국의 남조선 원조 예산은 7천 5백만 불에 불과했다.

해방 직후 100일 만에 봉급은 19배 올랐지만 물가는 99배 상승하여 봉급생활자는 비명을 질렀고, 기아(飢餓)밖에 길이 없다고 호소했다. 물가지수는 남조선이 세계1위에 올랐다.

남조선 공업 생산이 쇠퇴하는 것은 원료의 부족도 문제지만 종업원의 태업이 중대 원인이었고, 배급 양곡을 사취한 정미업자도 많았으며 성행하는 밀수와 탈세로 국가 재정은 혼란스러웠다.

(3) 일본인과 조선총독부 재산의 몰수와 불하

군정청은 시행착오를 거듭하다가 조선총독부 소유의 재산과 일본인이 버리고 간 토지 등을 군정청 소유로 하고 일본인 소유 부동산 중 농지는 농가에 연부(年賦)로 방매하고, 소규모의 상사기관은 산업인이 운영토록하고, 도회지에선 주택도 매도한다고 밝혔다.

43만여 정보로 총 경지의 1할 수준인 일본인 보유농지는 소작인에게 불하하고 대가는 농작물로 장기 상환하도록 조치하고, 농가 보호를 방해하면 토지는 정부 소유로 하겠다고 러취 장관은 성명을 발표했다.

군정청은 동양척식회사가 가지고 있던 농토도 소작농에게 돌려줌으로써 침략적 토지정책에 종언(終焉)을 고하고 50만 농가의 해방을 가져왔다.

일본인 소유의 소규모 공장이나 가옥 등도 적산(敵産)으로 간주하여 군정청 주관하에 불하하고 불하 대금은 수립된 새 정부에 이관토록 했다.

군정청 감찰부는 해방이후 부정 사취한 회사나 공장 70개를 적발하여 전부 몰수조치했다.

조선의 실정에 어두운 미군들의 일본인과 조선총독부의 모든 재산을 몰수하여 관할하고 불하하는 과정에서 많은 시행착오와 모리배들의 농간으로 미군정에 대한 불신은 깊어만 갔다.

(4) 미군의 부녀자 능욕과 독도 근해 어선들의 오폭

1947년 1월 호남선 열차에서 미국 군인이 부녀자를 능욕하는 사건이 발생하여 민족의 격분이 고조됐고, 좌·우익 단체들은 성명서를 발표하며 경쟁적으로 비난했다.

전대미문(前代未聞)의 만행은 우리 민족의 수치이며 피해 부녀는 3명으로 밝혀졌다.

하지 사령관은 범죄 군인은 감금 중이며 범죄가 확인되면 엄중 처벌하겠다고 공언했다.

능욕사건 공판정에서 눈물어린 피해자의 진술에 피고들은 태연하며 묵묵부답할 뿐이었다.

미군 능욕(凌辱)사건은 강간은 안 되고 성폭행만 성립한다는 미온적인 판결로 일관하여 국민들의 분노를 더욱 가중시켰다.

1948년 6월 미군의 9편의 비행대대가 독도 상공에서 편대(編隊)비행하다 오폭(誤爆)으로 선박 십여 척을 침몰시키고 10여 명의 어민을 살상하는 대형 참사를 일으켰다.

이에 우리 국민들은 미국의 사과와 피해 어민에 대한 적절한 보상을 요구했다.

그러나 미군들의 피해보상은 미온적이었고 피해조사에 있어서도 미군의 일방적인 조사로 어민들의 원성(怨聲)을 자아냈다.

(5) 군정 시절 사회를 엿볼 수 있는 단면들

소록도, 부산, 대구, 여수 등 4개 요양원에 8천 명을 수용하고도 거리에서 방황하는 3만 명의 나병(癩病) 환자가 있어 환자들을 수용하기 위해 주요 도시에 나환자 전문 병원을 설치하겠다고 보건후생부에서 밝혔다.

아편 중독 환자가 서울시에만 1만여 명으로 추산되고 있으며 만주에서 귀환자가 대부분이다.

맹위(猛威)의 호열자(콜레라)가 전국에 파급되어 환자가 1,200명에 달하고 64명이 사망하는 후진국형 전염병이 창궐했다.

광주사범 숙직실에서 학생이 선생을 구타하여 살해하는 고금(古今)에 찾아볼 수 없는 학원의 불상사로 야반의 참극이 벌어졌다.

선생님들은 살해에 분개하여 교직원들과 함께 총사직했다.

문맹(文盲) 남녀의 한글 해독을 위해 촌락마다 강습소를 개설하고 한글계학 촉진운동을 전개했다.

서울 시내 미취학 아동이 2만 8천 명이며 수용 능력은 1만 6천 명 수준이다.

국어 정화운동을 과감히 전개하여 우리말에서 왜색을 청소하자는 캠페인도 전개했다.

날개 돋친 해방 후의 주택 가격이 물경 두 배로 광등(狂騰)했고, 모리배들의 농간으로 주택난은 우심했다.

농지 매매 성행으로 소작쟁의가 날로 격증하여 1945년 14건, 1946

년 126건, 1947년 5월 현재 488건이다.

소금의 국내 생산량은 겨우 13만 톤인데 민간 소비량은 23만 톤으로 10만 톤은 수입에 의존할 수밖에 없었다.

이재민을 수용코자 춘향각, 송죽원 등 요정과 댄스홀 등을 개방했다.

10만 명 이상이 절도 행위로 수감됐으며 이들은 개인 일탈을 넘어 사회적 현상에서 원인을 찾아야만 했다.

서울의 인구는 124만 명으로 날로 팽창하고 있으며 남조선의 학생은 172만 명으로 팽대하는 향학열이었다.

2. 몰려드는 동포로 남조선은 과포화(過飽和)

(1) 세계 도처에서 270여만 명의 동포들이 귀환

만주에서 200만 명, 일본에서 58만 명이 환국했다. 인도차이나 중국 남부에 있던 동포들도 수 만명이 귀국하여 세계에 흩어져 있던 귀환동포로 요주택자는 10만여 가구이며 서울에서 방황하는 이재민은 23만 5천여 명으로 추산된다.

동포들이 줄잡아 270만 명 이상이 서울로 몰려왔다.

서울역전에 하루에도 수천 명의 전재동포와 이재민들이 추위에 갈팡거리고 있는 처절한 광경은 참으로 동정을 금하지 못하고 있다.

해방 후 전재동포의 구휼사업에 13개 구호단체가 나서고 있으나 역부족이어 당국에서는 전재민 동정(同情)주간을 설정하여 따뜻한 정을 호소하고 있을 뿐이다.

극도의 생활난으로 징용으로 끌려간 사할린 동포 4만 명도 귀환했고, 북해도 삼정광산에 징용으로 끌려갔던 3천 명이 미군의 군함을 타고 인천항에 상륙했다.

북평 등 화북지역에 거주하던 동포 2천 3백 30명이 미국의 알선으로 인천항에 도착했으나, 남차이나 해남도에 거주한 3,150명의 교포들은 귀환 선박에 호열자가 만연하여 일주일째 상륙하지 못하고 인천항을 맴돌고 있는 안타까운 사실도 있었다.

광복군 550명도 전재동포와 함께 2월 5일 환국했다.

해방의 기쁨도 일장춘몽으로 만주에는 140만의 동포들이 살상, 약탈, 축출의 3중고(三重苦)로 참혹한 처지에 놓여 있고, 남방에 억류된 동포들은 전범으로 몰려 교수대에 사라진 자 이미 50명이 넘었으나 살릴 길이 없었다. 긴급 구출하라는 호소가 있을 뿐이었다.

중국에서 귀환한 동포 9명이 굶어서 5명이 사망했다는 보도는 귀환 동포들의 처절함을 보여주기도 했다.

(2) 38선을 뚫고 65여 만 명이 북조선에서 남조선으로

한탄강아 잘 있거라며 남부여대(男負女戴)로 남하하는 초라하고 창백한 월남하는 동포들이 65만여 명을 넘어섰다.

민족의 눈물어린 38선을 삼엄한 경비망을 뚫고 매일 3천여 명이 월경했다. 38선을 넘어온 동포에 쌀, 보리, 밀 등은 급여하고 있으며 매일 수천 명에 달하여 방역과 구호소가 분망하다.

누대(累代)에 걸쳐 살던 땅을 버리고 남으로 이동하는 주민들은 대부분 지식인이거나 지주 계급의 자제들이었다.

공산주의의 기본 정책은 다 함께 잘 살아가자로 지식인층이나 지주 계급이 타도의 대상일 수밖에 없었다.

그리하여 소련군이 점령한 북조선에서는 1946년 자작(自作)할 수 있는 농지를 제외하고 잔여 토지 모두를 무상으로 몰수했고, 몰수한 토지를 소작농 등에게 무상으로 분배했다.

그리하여 한량(閑良) 생활했던 손수 농사를 지을 수 없는 지주들의 자제로서 외국 유학이나 서울에서 공부했던 자제들은 월남할 수밖에 없었다.

그러나 남조선은 귀환하는 동포들로 포화상태를 이루어 전재민이 201만 5천 명을 넘어섰다.

그리하여 남조선의 사회는 물가는 폭등하고 일자리는 한정되어 비참한 생활을 영위할 수밖에 없었다.

이들은 북청물장수 등 장사로 생계를 유지하거나, 신설되는 군대에 입대하거나 공산당을 척결하는 서북청년회 등에 가입하여 공산당을 박멸하는 첨병(尖兵)으로 활동했다.

또한 북한에서 친일파로 활동했거나 일본 관료나 경찰, 헌병대에 근무했던 사람들도 월남하는 동포들 속에 합류하여 함께 남하하여 과거의 행적을 감추고 반공투사로 활약하기도 했다.

(3) 전재 동포들의 구제책을 마련했으나 역부족

이역(異域)에서 오매불망 고국을 찾아오는 겨레 중에는 남부여대로 오롱이조롱이를 이끌고 한파가 휩쓴 거리에서 방황하는 전재동포 4천 명이 한강 다리 밑에서 노숙하며 삭풍(朔風)에 떨고 있고, 650여 명은 가두에서 방황하고 있다.

풍찬노숙(風餐露宿)하는 전재동포들이 남조선에 190만 명이 방황하고 있는 것으로 조사됐다.

눈바람에 떠는 전재동포에게 따뜻한 동포애로 과동(過冬)케 하자는 캠페인도 전개했고, 응급구호책으로 3천 2백 호를 건축하고 구호금 모집에도 나섰다.

미군 군정청은 2천만 원으로 전재동포의 집 3만호를 건설하여 서울과 농촌에 집단배치하기로 했고, 호화 요정과 유곽 등에 방공호에 거주하는 전재동포 300세대를 수용하도록 개방령을 시달했다.

기아와 혹한에 시달리는 가련한 백여 만의 실업자를 구제하는 시책 수립이 긴요했다.

그리하여 해방된 조국에 귀환한 전재민에게 항구적인 직업을 주어 건국의 역군으로 활용해야하고, 38선을 넘어온 동포 65만 명에게 전재농민 협회서 직업 알선에 노력했다.

춘궁기를 앞두고 적산(敵産)토지에 전재민 귀농 알선으로 정주(定住)교섭도 벌였다.

먹을 것이 없고, 입을 것도 없고, 잠자리조차 없는 수백만 전재동포들은 창신동 수용소와 봉화산, 천마산의 방공호에서 호곡하고 있을 뿐이다.

전재민에게 일석이조의 구제책으로 몽리(蒙利) 사방공사에 9만 명을 동원할 계획이며, 전재 귀환동포를 농업전사로 활용하여 항구적으로 생활 보장을 위해 조선 농민협회 구제단을 창설했다.

그러나 미군 군정청의 구제책은 미봉책에 불과하며 넘쳐나는 귀환동포와 월남(越南) 동포들에게는 너무나 미흡하여 조족지혈(鳥足之血)에 불과했다.

3. 미군 군정청의 자문기관인 입법의원

(1) 비상국민회의를 소집하여 이승만, 김구를 추대

김구 주석은 과도정권 수립의 제1단계로 각 혁명세력과 제휴하여 임정을 확대 강화하기 위한 과제를 실현하기 위해 비상국민회의 소집을 발표했고, 이승만도 원칙에 동의했다.

민족의 총의를 통일에 결집코자 각계 각층에서 167명이 참석하에 비상국민회의가 개막되어 진통 중인 건국 협의에 들어갔고, 조소앙은 공산당도 참여하라고 권유했다.

비상국민회의에서는 시급한 정부 수립에 조선인 된 처지에서 호연(浩然)하게 감투하자고 결의하고, 좌익의 합류 교섭을 위한 5명의 위원도 선임하고, 최고의 제 정무를 이승만과 김구에게 일임했다.

비상국민회의는 의장에 홍진, 부의장에 최동오를 선임하고 정권 수립의 일체 권한을 비상국무회의에서 계승토록 결의하고 김붕준, 안재홍, 홍성하, 김법린, 연병호, 이인식, 정학령, 김여식, 오하영 등 28명을 최고정무위원에 선임했다.

비상국민회의는 외교(김규식), 재정(조완구), 산업경제(김성수), 국방(유동열), 법제(신익희), 교통(장건상), 문교(김상덕), 예산(김병기), 노농(유림), 후생(유진동), 선전정보(엄항섭), 청원징계(조경한) 부서별 책임자를 선임하고 함태영, 김병연, 안동원, 명제세,

이활, 김원봉, 김산, 최동오, 김준연, 한근조, 김병로, 정광호, 백관수, 송필만, 윤석구, 홍명희, 성낙서, 백남훈, 김도연, 허정, 최범술, 김약수, 전진한, 원세훈, 권영우, 조헌영, 고희동 등이 운영위원에 이름을 올렸다.

(2) 미군 군정청은 28명을 선임하여 민주의원을 구성

미군 군정청은 1946년 2월 15일 비상국민회의에서 추천한 최고정무위원 28명으로 남조선 국민대표 민주의원을 유서깊은 덕수궁에서 개원했다.

국민대표 의원에는 여운형, 김준연, 함태영, 백관수, 정인보, 김법린, 김도연, 김창숙, 장면, 조완구, 황현숙, 백남훈, 백상규, 권동진, 원세훈, 김붕준, 안재홍, 오세창, 조소앙, 이의식, 최익환, 김여식, 박용의, 황진남, 김선 등을 위원에 발탁했다.

민주의원은 의장에 이승만, 부의장에 김구, 총리에 김규식을 선임하고 비서국장 윤치영, 서무국장에 고희동을 임명했다.

허정, 임영신, 장준하, 정태근, 송필만, 고병남, 이병헌, 김준설 등이 활동한 민주의원은 대한민국 대표민주의원 규범도 제정했다.

이승만 의장은 민주의원은 갈망(渴望)독립에의 전조이며 신탁통치 반대를 재강조했다.

민주의원은 만민균등의 사회 건설을 목표로 설정하고 적산과 반역자의 재산은 몰수, 노동자와 농민엔 면세, 주요 기업은 국영화,

토지혁명의 단행 등 임시정책 27개항을 발표했다.

민주의원내에 경제전문위원회를 설치하여 회장에는 조완구를 선임하고, 김병로, 최익환, 백상규, 김준연, 김도연, 이훈구, 홍성하, 김우평, 최순주, 정문기 등이 위원으로 활동했다.

민주의원에서는 종래의 미곡 통제법령 일체를 폐지하고 미곡 대책안으로 1인에 매일 3합(哈)을 배급하는 안을 제시했다.

민주의원은 신탁통치의 강요는 모략이며 우리 정부 수립하는 데 언론 봉쇄는 부당하다면서 북한에서 응하지 않을 경우 남한에서라도 총선거를 실시하자고 결의했다.

민주의원은 모스크바 신탁통치 결정의 취소 요구를 미·소·영·중국의 국가 원수에 타전했다.

민주의원에서 과도정권 수립에 돌진하기를 기대했고, 좌익진영에서 민족민주주의 전선의 결성에 대해 민족통일의 명분으로 분열 조장이라며 유감을 표명했다.

민주의원의 의결안의 대부분을 하지 사령관이 거부하여 해산론이 대두됐고, 용두사미격으로 임의 해체론이 일단락됐으나, 5월 30일 민주의원 해산식에는 이승만 의장 등 40명이 참석했다.

민주의원의 모태인 비상국민회의는 전국대의원대회를 개최하여 의장에 조소앙, 부의장에 유림을 선출했다.

(3) 미군정청은 좌우합작을 시도했으나 성과는 무위로

이승만이 단독정부의 수립을 주장하자 여운형, 김규식 등 중도파들은 좌・우 갈등을 극복하고 통일정부를 수립하기 위한 좌・우 합작운동을 전개했다.

미군 군정청은 자신들의 기반을 강화하기 위해 공산주의자와 반소・반공적 성격이 강한 이승만, 김구 등을 배제하고 중도파를 중심으로 한 정치세력의 개편을 추구하여 중도파 중심의 좌・우 합작운동을 지지했다.

김규식과 여운형은 민주주의 임시정부를 수립하여 조국의 완전독립을 달성하기 위한 협력에 합의했다.

1946년 7월 좌우대표 5명을 선정하여 합작 교섭을 일임했다. 우파에서는 김규식, 원세훈, 안재홍, 최동오, 김명준을, 좌파에서는 여운형, 허헌, 김원봉, 성주언, 이강학을 대표로 선출했다.

그리하여 1946년 7월 11일 우익의 김규식, 안재홍 등과 좌익의 여운형, 허헌 등이 좌・우 합작위원회를 결성하고 좌・우 합작 7원칙을 발표했다.

그러나 한민당은 신탁통치에 반대하는 결의가 누락됐다며 반발했고, 비상국민회의와 조선공산당, 신민당에서도 합작 7원칙을 반대했다.

김구의 한국독립당은 적극 찬성한 반면, 이승만・한민당들은 토지의 유상매수, 유상분배를 주장하며 반대하자 원세훈, 김병로 등 270명이 한민당을 탈당했다.

미국을 제국주의 반동국가로 규정한 조선공산당도 무상몰수, 무상분배가 아닌 합의원칙을 들어 반대했다.

좌우합작위원회는 정치적 야합이 아니고 민족의 지상 명령이라고 반민족, 비애국분자를 제외하고 진정한 좌익 지도자와의 적극적인 제휴를 주문했다.

안재홍은 조선공산당의 탁치 지지와 임정 부인은 소아병적인 태도라고 비난하면서, 좌·우익의 제휴를 성공하기 위해 최후의 일각까지 노력할 것이라고 선언했다.

미군정청의 좌우합작의 시도는 조선공산당과 이승만, 김구 등 우익 세력을 끌어들이지 못하고 중간 세력의 통합으로 막을 내렸다.

좌우 합작 시도에서 실패한 하지 사령관은 민족적 단결 없이 조선 독립의 실현은 불가능하다고 경고했다.

좌·우합작위원회가 입법의원 성립으로 사명을 다하게 되어 불필요하다며 박건웅, 원세훈, 이병헌 위원등이 사표를 제출하고 탈퇴하여 좌우합작위원회가 유야무야 됐다.

그러나 미군정청은 중간 세력을 바탕으로 남조선 과도 입법의원을 출범시켰다.

(4) 미군정청은 남조선 과도 입법의원 설치를 구상

미군 군정청은 좌우합작위원회의 결론을 전제로 관선·민선 각각 45명으로 한 남조선과도입법의원 설치령을 발표했다.

맥아더 사령관은 입법의원 설치는 조선 민중에게 자유와 책임을 부여하는 것이라고 의미를 부여했다.

미군 군정청이 입법기관을 설치한 이유는 한국민들에게 민주주의 제도에 대한 인식과 자치훈련의 기회를 주고 소련의 영향하에 있는 북한 체제에 대항하기 위한 남한정부 수립을 위해 입법기관 설치가 필요했기 때문이다.

미군정청은 모스크바 3상회의의 협정에 규정된대로 조선 전체의 통일 조선국가가 건설되기를 기하여 과도입법기관을 건설한다고 목적을 밝혔다.

미군 군정청은 중간 세력을 바탕으로 남조선 과도 입법의원을 출범시켰으며, 입법의원의 설치는 법령 초안 작성과 민주화는 물론 그 이상의 목적을 가지고 설립됐다.

과도입법기관의 의원 정수는 90인이며 민선에 의해 45명, 관선에 의해 45명이며 관선은 미군 군정청에서 임명했다.

민선의 절차는 먼저 리·동 대표를 선출하고 읍·면·구 대표가 당해 시·도에 배정된 수의 입법의원을 선출하도록 되어있다.

민선 입법의원 정원은 서울 3, 경기 6, 경남 6, 경북 7, 충남 5, 충북 3, 전남 6, 전북 4, 강원 3, 제주 2명이다.

입법의원 사무총장 전규홍은 일제에 협력하거나 사욕(私慾)을 채운 자는 대의원 선출에서 제외할 것을 지령했다.

(5) 관선 입법의원 임명과 민선 입법의원 선거

관선은 좌·우 합작위원회가 추천한 인물들이 임명되었지만, 민선은 좌·우 합작에 반대하던 한민당과 이승만 지지 세력이 선출되어 갈등이 유발됐다.

하지 사령관은 합작위원들의 추천과 정당·단체의 지도자들과 협의하여 관선의원 45명을 엄선하여 발표했다.

김규식, 여운형, 원세훈, 김동원, 안재홍, 김붕준, 홍명희, 박건웅, 황진남, 문무술, 염정권, 강순, 탁창혁, 신기언, 김학배, 이봉구, 신의경, 황신덕, 백승호, 박현숙, 여운홍, 장자일, 김지간, 장연송, 허경덕, 허간용, 김호, 허규, 고창일, 김돈, 변성, 정경조, 김법린, 장면, 장건상, 조완구, 윤기섭, 오하영, 엄항섭, 정이형, 김양수, 이응진, 이순탁, 엄우용, 유진희 등이 관선의원으로 임명됐다.

관선 45명의 소속 단체는 한독당 5인, 민중동맹 5인, 신진당 3인, 사민당 2인, 한민당 2인, 근로대중당 1인, 해방동맹 1인, 청우당 1인, 여자국민당 1인, 독촉국민회 2인, 비상국민회의 1인, 독촉부인회 2인, 서북대표 5인, 종교단체 5인, 무소속 3인이다.

여운형, 홍명희는 의원 지명을 거부했다. 관선의원 발표에 언론에서는 미군 군정청이 조선 사정에 인식이 부족했고 거부자 속출은 민의의 반영이라고 혹평했다.

 좌익 정당들이 입법기관 설치를 반대하는 가운데 입법의원 설치를 제지하고자 남조선 노동자의 격렬한 9월 총파업과 10월 폭동에도 불구하고 소요사태 속에 입법의원 선거가 10월 31일까지 완료됐다.

민선에 의해 서울시 입법의원에는 김성수, 장덕수, 김도연이 피선됐고, 강원도에서는 서상준, 조진구, 전영직을 입법의원으로 선출했다.

경기도에서는 문진교, 이종근, 양제박, 최명환, 유래완, 하상훈 등 6명을 선출했다.

충북은 김영규, 송종옥, 황철성 의원이, 충남에서는 홍순철, 김창근, 유정호,이원생 의원이, 경남은 김철수, 하만복, 김국태, 신중목 의원이, 경북에서는 서상일, 김광준, 윤홍열, 이활 의원들이 선임됐다. 전북은 백남용, 백관수 의원이, 전남은 홍성하, 고광표, 이남규 의원이, 제주에는 문도배, 김시탁 의원들이 당선됐다.

김규식은 좌익 인사들은 피선할 기회가 없었고 친일파로 지목되는 자가 다수 선출되는 등의 이유로 하지 사령관에게 민선 입법의원 재선을 요청했다.

그러나 한민당은 입법의원 선거에 대한 간섭은 배제돼야한다고 반발했다.

하지 사령관은 서울시와 강원도의 입법의원 선거를 말단 선거기구에서 선거 수속이 불비하다는 이유아닌 이유로 무효를 선언하고 재선거를 실시토록 했다.

이에 한민당은 선거권위를 실추시키는 행위로 재고를 요구했으나 묵살됐다.

하지 사령관은 서울, 강원의 입법의원 개선을 결정하고, 의원 자격에 대한 최후심사는 입법의원이 최후 심사한다고 밝혔다.

서울시 입법의원 재선거에서 김성수, 장덕수, 김상덕 후보들을 꺾고 조소앙, 신익희, 김도연 후보들이 새롭게 당선됐다.

조소앙 의원은 남북통일이 되면 출마하겠다며 입법의원 등원을 거부하여 부득이 재재선거가 실시되어 이갑성이 당선됐다.

서울시 입법의원 재선의 이유를 규명(糾明)하지 않으면 선거의 협력에 거부하겠다고 서울시 동회장회의에서는 결정했고, 한민당계 의원들은 입법의원에 부득이 등원을 결정했다.

(6) 입법의원은 제헌의원 선거에 즈음하여 해산

1946년 12월 12일 역사적인 입법의원 개원식을 거행했다. 90명의 의원 중 8명의 관선의원이 등록하지 않았고, 서울과 강원도 의원들의 재선으로 공석인 채 57명의 의원만 참석하며 개원식을 거행했다.

남로당 계열은 처음부터 입법의원을 거부하였고 한민당 계열도 배제하려는 내의(內意)가 표면화되어 중간 인물들로만 구성하여 성과를 기대하기 어렵게 됐다.

과도입법의원은 의장에는 김규식, 부의장에는 최동오와 윤기섭이 선임됐다.

미국의 정책이 단독정부 수립 지지로 바뀌고 좌우합작운동이 성과를 거두지 못함에 따라 입법의원이 제기능을 제대로 발휘하지 못했다.

갈망하던 행정권 이양을 전제로 남조선 과도 약헌안을 55명의 의원이 제안했고, 재만주 백만 동포 구출을 입법의회에서 군정청에 정식으로 청원했다.

친일파 등 부일협력법안이 입법회의에 상정되자, 부일파 등 처단은 보통선거권과 공민권 정지 정도로 해야한다고 법조회에서 입법의회와 군정장관에 건의했다.

민주주의 4원칙(인민의 주권, 대의정치, 공평한 행정, 민권 보장)을 남조선 법령으로 확립하기 위해 입법의회는 헌법 기초위원에 안재홍, 박현숙, 강순 등 7명을 선임했다.

입법의원은 남북 포함한 총선거로 통일적 임시정부 수립을 연합국에 메시지를 전달했고, 요정, 바, 카바레 등은 독립될 때까지 일체 정지를 입법회의에서 가결했다.

미곡의 판매와 운반 금지로 시민 생활이 도탄에 빠져 당국의 재고를 시민들은 한결같이 요구했고, 시민들의 탄원에도 군정청은 마이동풍처럼 미곡 반입 금지조치를 강행했다.

입법의원에서는 소량 미곡의 반입을 금지한 행정령 8호의 중지를 결정했다.

입법회의에서 통과된 조선임시정부 약헌에 대해 미군청 군정장관이 남조선에만 국한된 정부 헌장으로 통일정부 수립시까지 유보한다는 방침에 따라 입법회의 해체론이 대두됐다.

입법의원법을 하지 사령관에게 제출하자, 하지 사령관은 78개조에 수정안을 통보했고, 수정되면 입법의원은 제 부문의 활동력이 거세당한 상황에서 입법회의 해체론이 또 다시 대두됐다.

입법의원은 일부의 방해공작을 일축하고 절대다수로 이승만을 유엔 대표로 추대했다.

입법의원은 신탁반대안을 상정하여 44대 1로 가결했다. 이는 민족사에 영원히 빛날 대사로서 반탁의 가결은 민의의 반영이며 반탁 독립투쟁기관 설치의 모태가 됐다.

입법의원은 가능 지역만의 총선거 촉진안을 통과하는 데 반대하여 퇴석한 24명의 관선의원에 대한 징계를 논의하고, 사표를 제출한 김규식 의장과 최동오 부의장의 사표를 수리하기로 의결했다.

입법의원은 총선거촉진안의 결의에 불만을 가진 김규식 의장이 휴회를 선언했고. 이에 입법의원들은 김규식 의장의 불신임안을 제출했다.

입법의원은 국회의원선거법 등 법률안 34건, 결의안 20건, 건의안 18건, 청원 11건을 처리하고 제헌의원이 선출됨에 따라 해산됐다.

4. 조선의 신탁통치 결정에 대한 찬반 대결

(1) 모스크바 3상(三相)회의에서 신탁통치 결정

1945년 12월 모스크바에서 개최된 미국, 영국, 소련의 외상회의에서 조선에 5년간 신탁통치를 실시하기로 결정했다.

모스크바 3상회의에서 소련은 38선 이북을 분할 점령하기 위해 신탁통치를 주장하고, 미국은 즉시 독립을 주장한 것은 동아일보에서도 제정 러시아 때의 부동항(不凍港) 진출의 꿈을 이루기 위한 소련의 술책이라고 비난했지만, 미국이 신탁통치를 주장했고, 소련이 즉시 분할 독립을 주장했다는 비밀 문건이 폭로되어 파장을 일으켰다.

미·소·영·중 4개국이 관리하는 최고 5년 기한의 신탁통치를 실시하되 그 방안은 미·소 공동위원회가 조선 임시정부와 협의할 것이라고 모스크바 미·영·소 3국 외상회의에서 결정했다.

남북조선은 좌경색채가 짙은 인민위원회가 각 지역마다 조직되어 즉시 독립을 허용할 경우에는 좌경국가가 건립될 것을 우려한 미국이 즉시 독립이 아닌 신탁통치를 주장했고, 좌경국가 성립을 기대한 소련이 즉시 독립을 주장했다는 억측이 나돌았다.

3상회의 신탁통치 결정에 대해 임시정부는 전쟁 목적의 위반이라며 희생적 혈투를 각오하자고, 한민당은 민족적 모독이며 생명을 걸고 배격하자고 주장했다.

좌익 세력도 처음에는 반탁에 참여했지만 1946년 1월에 찬탁으로 태도를 바꾸어 찬탁과 반탁의 치열한 좌우 대립이 일어나 혼란에 빠져들었다.

신탁통치 실시 부분만 부각되고 강조됨으로써 반탁은 애국이며 즉시 독립의 길이요, 친탁은 매국(賣國)이며 식민지화라는 등식이 성립됐다.

(2) 반탁의 조선공산당 등 좌익 세력은 찬탁으로 돌변

우익 진영과 함께 반탁을 주장하던 조선공산당은 모스크바 3상회의 결정을 지지하는 것으로 급선회했다. 신탁통치의 지지는 조선공산당 북조선분국의 지령에 의한 것으로 폭로됐다.

1946년 1월 조선공산당 주최로 열릴 신탁통치 반대 서울시민대회에서 신탁 지지로 돌변(突變)한 것이다.

탁치 반대를 기대한 시민대회에서 탁치 지지대회로 방향이 선회되어 진정한 애국자라면 통일 전선에 협력하자, 교란자를 분쇄하자는 여론이 요동쳤다. 흥분된 대중을 기만한 동원으로 민족의 총의에 역행한 것으로 간주됐다.

이에 반탁 학생들이 인민당, 인민보, 서울인민위원회를 습격하여 난동을 부렸다.

김성숙은 신탁통치 구가는 자주독립을 부인하는 매국행동이며 민중을 기만하고 민족을 분열시키는 행동으로 조선공산당은 책임을 통감하라고 경고했다.

조선민주당 조만식 당수는 평양에서 소련 사령부의 신탁통치안 지지 강요를 단호하게 거절했다.

(3) 반탁투쟁위원회가 결성되고 반탁국민대회 개최

이승만은 3천만의 총의(總意) 무시는 약소민족 해방의 부인이라며 신탁통치 철폐를 연합국에 요구했다.

좌우합작 7원칙에도 불구하고 전국학생총연맹은 반탁으로 일로매진하겠다는 성명을 발표했다.

김구 주석은 반탁은 임시정부 수립 후 해결하라고 주장했고, 상해 임정 외교부장 조소앙은 탁치 반대로 자주독립해야한다면서 한국은 한국인의 것임을 강조했다.

민주의원은 신탁통치의 강요는 모략이며 우리 정부 수립하는 데 언론봉쇄는 부당하다고 성명했다.

민족진영의 35개 단체는 김구 선생을 최고 지도자로 반탁과 자주독립의 기치하에 행동통일을 도모하고자 민주통일비상국민회와 독촉국민회가 연계 협의에 들어갔다.

임시정부 국무회의는 신탁통치반대 국민총동중앙위원회 위원장에 권동진, 부위원장에 안재홍과 김준연, 위원에 임영신, 김법린, 김활란, 방응모, 김양수, 오세창, 김성숙, 오하영, 홍명희, 조만식,

김성수, 함태영, 안재홍, 백남훈, 원세훈, 김두봉, 김무정 등을 선정하여 발표했다.

반탁으로서 독립을 전취(戰取)하려는 민족진영의 42개 단체는 반탁투쟁위원회를 결성했다.

반탁투쟁위원회는 위원장에 김구, 부위원장에 조소앙, 김성수, 지도위원에 조완구, 명제세, 이윤영, 김준연, 박용의, 황애덕 등을 선임했다.

탁치 반대는 통일로, 통일은 상호 겸양에서라는 슬로건으로 신탁통치반대 국민운동을 전개하여 중앙위원회는 홍명희, 함태영, 원세훈, 김활란, 명제세, 김법린, 임영신, 박헌영, 김약수 등 22명의 상무위원을 선임했다.

1946년 1월 12일에는 반탁국민총동원위원회 주최로 각 정당과 제 단체가 총궐기하여 반탁국민대회가 서울운동장에서 성대하게 개최됐다.

반탁대회는 민족전선의 분열자를 타도하자는 지축(地軸)을 흔든 국민의 함성으로 대성황을 이뤘다.

반탁은 국민의 총의로 지축을 흔든 국민의 함성이 울려 퍼졌고 민족전선 분열자 타도를 외치며 전국 반탁시위 행렬이 대성황을 이뤘다.

31개교의 학도가 참가하여 대한자주독립을 절규하고 반탁의 기수로 활동할 것을 결의한 학생대회를 열고 시가를 행진했다.

신탁통치 배격대회가 개최되어 군중은 가두시위에 돌입했고, 상가는 철시로 항거했다.

신탁통치는 민족을 노예화할 것이라며 유흥업계가 휴업하여 가무가 정지되고 영화관도 휴관했다. 법원과 미군 군정청 직원들이 총파업을 예고했다.

신탁반대 시위가 전국 각지에서 벌어졌고, 미군정청의 한국인 직원들이 총사직하는 사태에 돌입했다.

5천여 명의 부녀들이 태극기를 들고 신탁통치배격 시위를 벌였으며, 부녀자들이 봉화 들고 주방에서 거리로 쏟아졌다.

반탁의 시위운동은 민족 총의의 반영으로 조소앙 임정 외무부장은 반탁대회에서 신탁통치를 접수하기로 한 것이므로 임정은 반대하여 결사투쟁하기로 결의했다.

조소앙 외무부장은 질서정연을 강조했고, 탁치반대 국민총동원위원회는 철시파공을 계속 지도하기 위해 각 도에 대표를 파견키로 했다.

반탁운동 학도대가 친탁단체의 습격을 받아 40여 명이 중경상을 입은 참사가 발생, 경찰은 총기를 압수하고 1백여 명을 검거했다.

반탁의 시위 군중들이 인민보와 인민위원회를 습격하여 폭행하는데 대해 사법기관이 단호하게 대처해야한다는 여론이 비등했다.

김병로 변호사는 반탁 항쟁의 투사들은 "조선은 조선의 나라로 애국심에 못 이겨 탈선되었다"며 무구(無垢)순정의 발로라고 무죄(無罪)석방을 주장했다.

좌우양익(左右兩翼)의 보조가 일치하여 독립운동의 새 출발의 기폭제가 된 것은 탁치 반대에 전 민족이 총진군한 데서 찾을 수 있었다.

그러나 하지 미군 사령관은 신탁통치의 수납(受納)을 강요하지 않는다는 성명을 발표했다가, 종국에는 반탁운동을 맹렬하게 비난하고 미국으로 도피하기도 했다.

이러한 와중에 필생을 조국의 해방과 자주독립을 위해 혈투해온 송진우 한민당수가 흉탄에 맞아 저격됐고, 한민당은 투쟁을 계속한다는 결의를 더욱 공고히 했다.

(4) 반탁운동이 곧 애국운동으로 돌변

동아일보는 탁치 지지는 독립을 부인하고 민중을 기만하고, 통일 과업의 분열행위로 반역의 좌파를 전파하고 있다며 신탁통치 구가(謳歌)는 매국행동이라고 비난했다.

이승만은 신탁통치 철폐를 연합국에 요구하며, 신탁통치 지지는 망국의 음모이며 삼천만의 총의(總意) 무시는 약소민족 해방을 부인하는 중대사라고 주장했다.

대한자주독립을 절규하는 학생대회를 개최하여 가두시위를 벌였다. 남북교육자 대표자들은 회의를 열고 요원의 성취인 반탁의 봉화를 높이 들고 교육적 양심으로 반대하는 결의를 선포했다.

제일동포 민중대회 개최 등 해외에서도 반탁의 함성이 울려퍼지고, 반탁강연대회도 성황리에 개최되어 열혈 학도들의 반탁 설전(舌戰)이 벌어졌다.

안재홍은 통일전선의 장벽 붕괴로 반탁운동은 대성공을 거뒀다고 극찬했고, 원세훈은 탁치 제안을 누가 먼저 했든지 자주독립과는 배치된다고 설파했다.

설의식은 탁치 지지 세력은 지하로 잠복됐다면서, 미소 양군의 장기 주둔은 조선의 화근을 초래하고, 원치 않는 탁치안 취소 않으면 조선을 질식시킨다고 주장했다.

35개 단체에서 반탁 일관의 독립운동과 찬탁 노선과의 대립을 공동성명했다.

한민당은 전 국민에 반탁과 찬탁 인민투표를 실시하라고 주장했다.

5천여 명의 부녀들이 봉화를 들고 주방에서 가두로 뛰쳐나와 신탁통치배격 여자대회를 열었다.

일체의 사상전을 정지하고 자주독립에 총집결하여 탁치반대, 독립쟁취, 당파를 초월한 3천만 총의, 임정을 중심으로 민족통일을 기대했다.

반탁중앙위원회는 유흥업소만 파업을 계속하도록 지령했다. 김구 주석도 파업을 중지하고 원상으로 돌아가고 직장에 복귀하라고 방송했고 임정의 활약과 탁치반대운동으로 좌우진영 접근에 진척을 보이게 됐다.

하지 사령관은 "조선의 신탁 반대는 세계가 잘 안다"며, 시위운동을 정지하고 건설에 전력을 다하라는 중대 성명을 발표했고, 번즈 미국 국무장관도 탁치의 불필요를 희망한다는 의견을 방송했다.

한민당은 탁치 전제라면 미소회담을 거부하겠다고 밝혔다. 찬탁으로 표변한 공산당은 폭로된 간부 결의 지지의 밀명이라며 조선 정세를 그릇 인식하여 각급 당부에 보낸 지지 전문이 공개됐다.

반탁 대오에서 신탁통치를 접수하기로 한 괴뢰 임정을 반대하여 결사투쟁키로 결의했다.

입법의원 41명은 모스크바 결정의 전면 지지는 민족의 총의를 왜곡하는 것이라는 결의안을 제출했다.

입법의원에서 신탁반대안을 상정하여 44대 1로 가결시켜 민족사에 영원히 빛날 대사건을 만들었다. 이는 민의의 반영이었다.

신탁 문제로 하지 사령관과 회담 후 김규식 입법의원 의장은 정계에서 은퇴를 선언했다.

이승만은 하지 사령관은 좌익에 호의를 갖고 공산당 건설에 원조를 하고있다면서 민족진영은 신탁통치를 수락하지 않고 있다고 비난했다.

5. 미·소 공동위원회 개최와 예정된 결렬

(1) 협의대상 선정 문제로 제1차 회담 결렬

서울운동장에서 미·소 대표들을 환영하는 시민대회가 개최됐다. 1946년 1월 16일 소련 대표의 입경으로 미군정청에서 제1차 미·소 공동위원회가 비공개로 개최됐다.

미·소 회담이 비밀리에 진행되자, 부녀자들이 애국가를 부르며 반탁 함성으로 양 대표에 읍소했다.

미·소 공동위원회는 민주적 각 단체와 숙의 후 신정권 수립을 결정하겠다는 중간 회담 결과를 발표했다.

하지 사령관은 미·소 공동회의에서 다음 회의의 의제만 결정한 데 대해 실망하지 말라면서 대사(大事)엔 조급(躁急)이 금물이라며 조선 국민에게 경고했다.

서울운동장에서 생존을 위협하고 통일을 방해하는 38선 철폐요구 국민대회를 개최하고 미·소 공동위원회에 호소했다.

38선은 조선해방의 본의가 아니라면서 '38교수선(三八絞首線)을 끊어다오'라고 박순천은 미·소 공동위원회에 서한을 송부했다.

삼천만 민중의 주시하에 미국의 아놀드와 소련의 스티코프 대표 간의 미·소 공동위원회가 덕수궁에서 1946년 3월 20일 개최됐다.

미·소 공동위원회는 임시정부의 첫 단계로 민주정당과 사회단체와 협의할 조항을 결정했다고 발표했다.

파고다 공원에 응결된 학도들이 열혈하며 38선은 민족을 질식시키고 자유의 정신으로 철폐하자고 전국 학생들이 궐기하여 미·소 회담에 조국독립을 쟁취하자고 결의했다.

한민당은 소련 대표가 민주원칙을 무시하고 찬탁 진영만 상대하겠다는 것은 독단이라고 비난했고, 하지 사령관은 너무 흥분하지 말고 욕설, 인신공격, 시위행렬도 근신하라고 경고했다.

서울운동장에서 탁치반대, 즉시독립을 기치로 내걸고 자력으로 정부를 수립하기 위한 독립전취 국민대회를 성대하게 개최했고, 혈루(血淚)로 독립전취를 절규했다.

아놀드 수석대표는 모스크바 3상회의 결정을 반대하고는 조선의 독립은 절대로 불가능하므로 유해(有害)한 운동을 지지하거나 참가하지 말라고 특별성명을 발표했다.

김규식은 남북을 통일한 정부가 수립되면 미·소 양 군정은 철폐할 줄 안다고 소련의 의도를 모르는 것인지 알면서도 모른 체 하는 것인지 순진한 명분만을 제시했다.

미국은 신탁통치에 대한 찬반의사에 대해 자유를 보장해주자고 한 반면, 소련은 반탁의사를 표명한 정당·사회단체는 협의 대상에서 제외하자는 상반된 주장으로 미·소 공동위원회는 한 걸음도 진전되지 못했다.

자유스러운 무역과 여행에 대한 미국의 제안에 소련이 반대하여 미·소 공동위원회 회담 결과는 용두사미였으며 38선의 철폐는 천연(遷延)됐다.

북조선에서 80% 생산하는 비료의 반입이 이뤄지지 못하면 농작물은 반감되고, 북조선의 전기와 무연탄에 의존하는 800여 개의 공장은 문을 닫게 되어 시급히 해결되지 않으면 전체의 산업이 파멸 위기에 봉착해있다.

동아일보 설의식 주간은 미·소 공동위원회에서 소련의 태도는 용두사미 무성의로 묵살, 보류, 불응, 미답(未答)이었다고 논평했다.

미국 아놀드 수석대표는 38선 이북의 철의 장막으로 조선의 임시정부 수립이 지연되고 있다고 밝혔다.

1946년 5월 6일 소련은 모스크바 3상회의 결정자인 좌익 세력만을 임시정부 조직에 참여케 하자고 주장하고, 미국은 그것이 한국의 의견발표권을 부정하는 것이라며 반대하여 제1차 미·소 공동위원회는 결렬됐다.

미국 마샬 국무장관은 반탁 의사 표시는 자유이므로 조선의 전 민주주의 정당과 협의해야한다고 소련 외상에게 강조했다.

마샬 미국 국무장관은 로토프 소련 외상에게 미·소 공동위원회 재개를 요구하고 만일 소련의 협력이 없으면 미국은 독자적 조치를 취하겠다고 통보했다.

(2) 제2차 미·소 공동위원회도 논쟁만 벌이다 결렬

제2차 미·소 공동위원회가 덕수궁에서 미국의 브라운, 소련의 스티코프 수석 대표 참여하에 1947년 5월 21일 개최됐다.

반탁은 민족의 요구라는 결의서를 이승만, 김구, 오세창 공동 명의로 미·소 공동위원회에 제출했다.

미·소 공동위원회는 분과위위원회를 설치하고 임시정부 형태의 헌장을 기초했다. 미·소 공동위 참가는 124개 단체이며 분과위원회에 조선인도 참여시켰다.

미·소 공동위원회는 정부형태 헌장 등에 대한 조선인의 의견을 청취하고자 530개 단체에 질문서를 배포했다.

미·소 공동위에 283건의 질문서에 대한 답변이 답지됐다. 이들의 의견은 3파로 나뉘어 각양각색이었다.

미·소 공동위는 남북조선인의 의견을 청취하여 임시정부 수립의 기준을 결정하겠다는 11호 성명으로 발표했다.

제1차 회담과 같이 미·소 공동위에서 소련은 반탁 단체의 제외를 고집하고 미국은 광범위한 협의 원칙을 주장하여 중단됐다.

소련은 반탁진영에서 이탈하는 단체만을 협의 대상이라고 고집했고, 미국도 북조선의 반민주정당의 제외를 주장했다.

미국은 소련의 반탁진영 제외 고집은 미·소 공동위원회 파괴의 반동일 뿐이며, 조선을 제2의 폴란드의 몽상을 하고 있다고 비난했다. 한민당은 반탁정부가 되기 위해 협의 참가도 고려하고 있고, 공동위 참가 문제로 한독당 해외파와 국내파 대립과의 암투가 벌어졌다.

공동위 11호 성명은 남북인의 의견을 청취하여 임정수립 기준을 결정하겠으며, 우익 대부분은 공동위에 참가했으며 공동위 예비 등록 단체가 370개였다.

미국 대표단 일행 80명은 북조선 사회단체와 합동 회합을 갖고자 평양을 향해 북행했다. 그러나 북조선 협의단체 명부 검토 지연으로 아무런 합의점을 찾지 못하고 하릴없이 서울로 돌아왔다.

 협의 대상 문제로 양 대표가 격론을 전개하여 제1차 공동위 결렬 당시를 방불했으며, 기본대립을 은폐코자 소련의 공동보고서 작성 거부로 미국의 일방적 보고서를 제출했다.

소련의 제외할 하등의 근거도 없는 24개 우익 정당 단체의 부정은 북조선에 괴뢰 공산정권 수립을 위한 기도였고, 소련의 스티코프 대표는 정부가 수립되면 당연한 미·소 양군의 철퇴안을 제안했다.

소련이 얄타회담에서부터 북조선의 점령을 미국으로부터 승인받고

친소적인 괴뢰 공산정권 수립의 의도가 확고한 상태에서 신탁통치와 미소 공동위원회 합의에 의한 통일정부 수립은 이루어질 수 없는 신기루에 불과했다.

그러므로 소련의 북조선 정책에 대한 변경이 없는 한 미소공동위원회의의 결렬은 당연한 결과였을 뿐이다.

그러한 명명백백한 사실을 무시한 채 남북 지도자간의 남북협상에 의해 통일정부를 수립하겠다는 김구와 김규식의 행적은 현실을 무시하고 이상과 명분을 추구한 것인지, 무지로 인한 국제적 상황에 대한 오판인지 모를 일이다.

제2차 미소 공동위원회가 소련의 의도와 방해로 결렬되자 미국 정

부는 남조선에 경제재건과 보통선거 실시로 단독행동할 것을 천명하며 남조선에 임정수립을 밝혔다.

결국 미국 국무부는 남조선만의 단독정부 수립을 시사한 와중에 여운형이 극우 청년에게 암살당하여 좌·우 합작위원회는 빛을 잃게 됐다.

하지 사령관은 미국 의회에 출두하여 미·소의 현지 교섭은 절망적이므로 별개로 남조선 정부가 내년 3월까지 수립돼야한다고 트루먼 대통령에게 개진했다.

제4장 소련군의 북조선 통치와 미.소 냉전체제의 구축

1. 소련군의 북조선 점령과 공산주의식 통치

2. 남조선노동당의 사주로 파업과 소요가 빈발

3. 3·1절 기념행사도 좌우의 대결로 별도 개최

4. 미·소의 냉전체제 구축과 아세아 제국 독립

1. 소련군의 북조선 점령과 공산주의식 통치

(1) 남북 분단의 책임과 얄타비밀 협정의 공개

1945년 2월 11일 미국의 루즈벨트, 영국의 처칠, 소련의 스탈린의 얄타 비밀협정이 공개됐다.

이 협정에서는 독일이 항복하면 소련은 대일 선전포고를 하고, 남부 사할린과 천도(千島) 열도를 소련에게 할양하기로 했다.

또한 만주의 대련과 여순항을 소련의 관할로 하고 남만주 철도에 우선권을 갖고 만주지역을 무력으로 해방시킬 것 등을 밀약했다.

얄타회담에서 소련은 조선 전체를 요구했으나, 미국이 북조선만 주기로 양해한 것이 미국이 38도선 문제에 대해 항상 애매한 태도를 취하는 소이(所以)라는 백악관 문서가 폭로된 것이다.

영국 베빈 외상도 조선을 북위 38도선을 경계로 미·소 양국이 공동 점령할 것은 얄타회담에서 결정됐다고 확인했다.

이승만은 얄타 비밀협약과 모스크바 3국 외상의 결의에 대해 미·영 양국에 취소를 청구했다.

웨리 미국 상원의원은 미국이 얄타협정에서 중국을 공산당에 매도(賣渡)한 것은 최대의 실착이고 판단 착오라고 질타했다.

(2) 북조선의 분할 통치가 소련의 기본 목표

미국은 카이로회담의 결과에 따른 즉시 독립을 주장한 반면, 소련은 38선 분할 점령을 위한 신탁통치를 주장한 것으로 알려졌다.

그러나 일부에서는 소련이 남북을 분할하여 즉시 독립을 주장한 반면, 남한의 정정에 불안을 느낀 미국이 시간을 벌기 위해 신탁통치를 주장했다는 이설(異說)도 강력하게 제기됐다.

1945년 8월 11일 함경북도 웅기에 상륙한 소련군은 일본군과 치열한 전투를 벌여 일본군의 항복을 받고서 북조선지역의 점령에 나섰다.

소련군은 8월 22일 평양을 점령하고 북조선 사령부를 설치했다. 10월 8일에는 북한 지역에도 조만식을 위원장으로 5도 임시인민위원회를 조직했다.

10월 13일에는 김일성 주도로 조선공산당 북조선분국이 결성됐고, 조선민주당원과 조선공산당원들의 폭력충돌이 있었다.

11월 3일 평양에서 민족주의 정당인 조선민주당이 결성되어 당수에는 조만식을 선임했다.

소련군은 북한에서 전국적으로 단일정부를 수립하고자 했던 건국준비위원회를 해체하고, 김일성 주도로 임시인민위원회를 발족시켜 사회주의화를 신속하게 단행했다.

소련군은 미국군과 달리 조선인의 자치 능력을 인정하여 행정권을 임시인민위원회에 이양했다.

그러나 좌익과 우익이 참여한 인민위원회는 우익이 밀려나고 좌익이 독차지하여 남북에서는 미군이나 소련군이 친일은 했는지 독립운동을 했는지는 의미가 없고 오로지 친미적인가, 친소적인가라는 판단 기준만을 적용했을 뿐이다.

일반적으로 좌익이 급진적, 계급적, 혁명적 특징을 지녔다면 우익은 보수적, 민족적, 국수적 특징을 지닌 것으로 구분되지만 이러한 구분은 고정된 것이 아니고 상황에 따라 다르게 나타났다.

우익에는 독립운동 세력과 친일 세력이 공존했고, 친일 세력 들은 반공산주의와 친미(親美)를 내세워 자신들의 반민족 행위를 은폐하려 했다.

1946년 2월 8일에는 소련군은 평양에서 정당·단체 대표자회의를 소집하고 김일성을 위원장으로, 김두봉을 부위원장으로 하는 북조선 인민위원회를 조직했다.

소련 군정청은 3월 5일에는 토지개혁령을 발동하여 토지를 무상몰수하여 무상분배했다. 이 법령의 발동으로 북조선 지역의 지주들이 토지를 몰수당하고 대거 남하(南下)했다.

또한 미군정에서는 토지몰수로 인한 지주 계급의 척결에 미온적이었지만, 소련 군정에서는 소작농들에게 농지 분배가 이뤄져 민중을 선동하거나 설득하는 데 명분을 활용할 수 있었다.

소련이 참전하기 전에 일본이 항복했다면 한반도 전 지역이 미군에게 항복했을 것이고, 일본의 항복이 늦었다면 소련군은 한반도 전 지역뿐만 아니라 일본 홋카이도까지 점령했을 것이다.

소련은 북한지역 산업의 90% 이상을 국유화하고, 1947년 2월에는 임시인민위원회를 북조선 인민위원회로 개칭하여 단독정부 수립을 준비하기 시작했다.

남조선의 미군 군표는 PX에서만 사용하지만, 북조선에는 소련군의 군표가 일반적으로 통용됐으며, 소련에서 1억 달러를 대여하여 북조선은행을 설립하여 운영했다.

공산당 독재 체제를 구축한 북조선 인민위원회는 남조선의 언론이 민족분열을 조장시킨다면서, 북한 언론은 보도보다 계몽과 선전에 치중했다.

(3) 흑백투표로 대의원을 선출하고 농우(農牛)를 공출

38선 이북에서도 북조선 인민정치위원회가 1945년 9월 10일 성립하여 위원장에 김일성, 부위원장에 조선독립동맹 김두봉 주석이 취임했고 20여 명의 위원도 선임했다.

김두봉이 주도하여 자산계급성 민주주의를 표방한 조선독립동맹은 조선신민당으로 개칭하여 조선공산당과 양대산맥을 이뤘다.

북조선의 60여 정당 단체가 궐기하여 평양호텔에 감금 중인 조선민주당 당수인 조만식 선생 석방운동을 전개했으나, 소련군은 조만식 선생의 유폐장소를 강계 감호소로 이동한 것으로 알려졌다.

북조선에서도 남조선의 국회의원 선거와 엇비슷한 대의원 선거를 실시했다. 다만 북조선에서는 공산당에서 지명하는 1명의 후보자를 입후보시켜 적(赤)과 백(白) 투표라는 기만적(欺瞞的)인 흑백투표를 실시한 것으로 알려졌으며, 북조선의 인민 대의원 선거에서 반대 유권자는 배급표를 상실토록했다.

.북조선에서도 평양에서 13개 전문학교와 중학교 학생들이 모스크바 3상회의 결의의 절대 반대를 표명하고 동맹휴학을 단행했다.

평양 학생 맹휴는 전국적으로 확대되었으며 조선공산당의 무자비한 탄압으로 사회적 문제를 야기하거나 폭동으로 발전하지는 아니했다.

국가에서 토지를 무상으로 강제 몰수하여 무상분배하는 토지혁명령을 단행했다. 토지혁명령으로 토지를 빼앗긴 지주계급의 자제들이 대부분 남조선으로 탈출하여 국방경비대에 자원입대하여 공산군 섬멸의 최첨병으로 활약했다.

허울 좋은 무상몰수, 무상분배인 토지정책에 대한 불만도 많았으며, 소득은 전부 현물세로 납부하고 농우(農牛)공출을 강요하여 반항하면 납치하기도 했다.

함흥에서는 쌀 달라는 학생 행렬에 기관총을 난사한 것이 함흥 학생사건으로 알려졌으며, 소련군은 소련군이나 인민군에 반항하는 양민들은 반동분자로 지목하여 처형하거나 시베리아에 유형을 보냈다.

소련군은 동독일이나 만주에서처럼 생산시설이나 설비를 소련으로 이동하지는 아니했지만, 이동하여 오는 소련군 장교의 가족을 위하여 평양시에서 민가 1만호를 준비토록했다.

 종교에 대해 관용을 베풀지 아니한 북조선 당국은 기독교도에 대한 가혹한 폭압정책도 펼쳤으며, 서당을 폐쇄한 학교에서는 붉은 군대 교육으로 활기찼다.

(4) 소련은 미·소 양군 철퇴를 집요하고 줄기차게 주장

소련의 기본목표는 북조선에 공산괴뢰 정권을 수립하고, 괴뢰정권으로 하여금 남조선을 침범하여 전 조선을 지배하는 것이었다. 그러한 목표를 달성하기 위해 조선의 임시통일정부 수립을 위한 미소공동위원회에서 소련의 스티코프 대표는 미군과 소련군의 동시 철군안을 집요하게 주장했다.

　미군은 한반도를 떠나면 다시 진주하려면 지리적이나 명분이 있어야 하지만 소련군은 북조선과 국경이 연접하여 언제 어느 때나 재진주가 용이하여 미소 양군의 철퇴를 줄기차게 주장했다.

소련군은 유엔의 남조선의 단독정부 수립에 대항하여 무기를 인민군에게 전량 양도하고 철퇴하여 민족 감정에 호소하려는 극적 조치를 감행했다.

소련 점령군 철퇴와 동시에 남조선 점령을 위한 인민군 남벌 계획을 수립하여 은밀하게 진행했다.

　소련은 미소공동위원회의 결렬(決裂)을 유도하여 조선인의 자치 무능력을 세계에 홍보하려는 의도를 보였다.

그리고 소련은 남조선 노동운동에 맹휴를 단행하고 폭동 야기를 선동하라는 전문을 시달했다.

이에 부응하여 남조선노동당은 파업을 주도하고 대구 폭동, 제주도민들의 항쟁, 여수에서 국방경비대 14연대 반란 사건이 발생하여 남조선의 정정 불안을 야기했다.

소련은 북조선 지배를 고집하고 불연(不然)이면 파괴를 기도하여 미소 관계의 호전은 기대하기 어려웠다.

미군과 소련군의 양군 철퇴 후에 공산정권 수립이 기본 목표라는 북조선 지령을 미국서 청취했다.

소련은 전 조선의 적화라는 기본 목표를 설정하여 치밀하고 은밀하게 추진하고 있음에도 미국은 결렬이 예정된 미소공동위원회에 매달렸고 김구, 김규식 등 남북 협상파는 민주정부이거나 오스트리아식의 중립정부의 탄생을 기대했다.

소련군의 철수에 명분을 잃은 미국군도 철수하여 한반도에 무력의 공백이 발생하자 소련은 중국 공산군의 중국 본토 지배가 현실화되자 남조선 침공이라는 전쟁을 도발했다.

전쟁의 참상은 미국 정부와 이승만 정부의 정보 부재와 소련의 의도를 간파하지 못한 오판이 빚어낸 결과였을 뿐이다.

(5) 김일성 왕국이 성립되어 세 번째 남북조 시대가 도래

북한지역에 진주한 소련군은 어떠한 정치단체도 인정하지 않았다.

북조선에 진주한 소련군의 지원을 받은 김일성은 1945년 10월 10일 조선공산당 북조선분국을 설치하고, 1946년 2월 19일에는 북조선 인민정부를 수립하고, 조선공산당 북조선분국의 명칭을 북조선 공산당으로 개칭했다.

1946년 3월 30일에는 김두봉이 이끄는 북조선 신민당이 결성되어 양대산맥으로 활약했다.

북한은 조선 동북부에서 항일 유격대로 활동했던 김일성, 김책, 최용건, 박금철 등 갑산파, 중국 공산당과 화북 지방에서 항일투쟁을 했던 김두봉, 무정, 최창익 등 연안파, 소련 내의 고려인 출신으로 소련의 비호를 받은 허가이, 박창욱 등 소련파, 남조선에서 조선공산당으로 활동하다 월북한 박헌영, 홍명희 등 남로당으로 정치 세력을 대별할 수 있다.

소련군이 북조선에 진군하자 북조선에서는 갑산파들이 주도하여 조선공산당 북조선분국을 설치하였고, 소련군의 비호 아래 행정을 담당한 북조선 5도행정위원회를 설치하였다가 북조선 인민위원회로 개칭했다.

북조선 인민위원회는 위원장에서는 갑산파인 김일성, 부위원장은 연안파인 김두봉이 맡았다.

1946년 8월 4일에는 '조선근로대중의 이익을 옹호하기 위하여'라는 명분을 내걸고 북조선공산당과 김두봉의 설립한 북조선신민당을 통합하여 북조선노동당을 결당했다.

북조선 노동당은 위원장에 김두봉을, 부위원장에 김일성과 주영하를 선출했고, 허가이와 최창익 등도 참여했다.

당시의 당세는 조선공산당 3만 명, 조선신민당 12만 명, 조선민주당 20만 명, 천도교청우당 2만 명으로 추산됐다.

북조선노동당은 남한지역 좌파 정당인 조선공산당, 조선인민당, 남조선신민당의 합당을 종용하여 1946년 9월 24일 남조선노동당이 결성됐다.

북조선노동당은 1949년 6월 남조선노동당을 합당하여 조선노동당으로 발족했다.

북조선 지역도 총선거를 실시하여 구성된 조선 최고인민위원회는 수상에 김일성, 부수상에 박헌영, 홍명희, 김책 등을 선출하여 1949년 9월 9일 조선민주주의 인민공화국을 선포함으로써 세 번째 남북이 분단된 남북조시대가 열리게 됐다.

첫 번째는 한나라가 위만조선을 멸망시키고 한사군을 설치하고 남부 지방은 78개 군현이 산재한 남북조시대로 350년 간 지속됐고, 두 번째는 당나라의 외세를 빌려 백제와 고구려를 침략한 신라가 삼국을 통일하고, 고구려의 후예인 발해가 평안도와 함경도를 통치한 남북조시대로 250년 간 지속됐다.

이번의 세 번째 남북조시대는 대한민국과 조선인민공화국 시대로 이미 74년이 지났지만 통일은 요원하여 최대 150년간 지속되고 통일이 이룩되기를 갈망할 뿐이다.

2. 남조선노동당의 사주로 파업과 소요가 빈발

(1) 시대적 상황이 반정부적인 소요를 촉발

해방이란 기쁨을 맞이했지만 미군정 시절에는 우리나라 경제는 자립, 자존, 자급, 자족할만한 경제시설이 태무했고 기존의 생산시설도 원료와 기술 문제로 대부분 휴업상태였다.

그리하여 식량이나 소금, 면제품 등을 외국에 의존하지 않으면 안 되는 형편이었다.

이러한 급박한 경제사정과 식량사정을 기화로 일부 불순분자들이 이 시기를 이용하여 자기 정당 세력을 부식하기 위해 악용하려는 야욕에 역선전과 모략을 전개하여 무지몽매한 노동자와 농민을 선동하거나 교사하여 소요나 파업이 빈번하게 발생했다.

더구나 미군정의 비호아래 악성 인플레의 영향은 천정부지의 물가 등귀로 민중은 도탄(塗炭)에서 고통 중이었으며, 식량이 극심토록 핍박하여 기아에 당면하게 됐고, 쌀을 달라는 기치하에 남조선 전체의 철도종업원을 위시하여 총파업을 선동할 여건이 조성됐다.

해방이후 친일 세력들은 친미, 반공 세력으로 변신하여 신변의 안전을 도모하면서 자신들의 기득권을 유지했고, 미군정은 일본에 저항한 독립운동가들보다 일본에 협조했던 기회주의적 친일세력들이 더욱 더 협조할 것이라고 판단했다.

미군정은 좌익진영에 대항할 수 있는 친미적인 우익 세력을 육성하는 데 전력하여 지주 및 친일 부역자들의 정당인 한민당을 주축으로 친일관리와 경찰들을 재등용했다.

이러한 시대적 여건으로 미군정에 협조하는 사람은 제국주의자요, 비애국자이며, 미군정에 반항적인 행동을 하는 것이 민족주의자이며 애국자라는 착각이 만연한 사회로 변질됐다.

더욱이 1946년 남로당은 8.15 기념식을 계기로 국제적 대폭동계획을 수립했으며 우익정당을 말살하고 좌익천하를 기도했다.

미군정은 박헌영의 지도로 8.15를 계기로 우익정당을 말살하고 좌익천하를 기도한 남로당의 국제적 대폭동의 대음모를 발각하여 관련자들을 체포했다.

혼돈의 시대에서 한민당 정치부장 장덕수가 경찰복을 입고 잠입한 괴한에 피살됐다.

충남 천안의 지주의 아들로 태어나 미국에서 유학한 경무부장 조병옥과 경북 칠곡의 대주주의 아들로 태어나 영국에서 유학한 수도경찰청장 장택상이 공산당의 박멸과 소요 진압의 최선봉을 맡게 됐다.

조병옥 경무부장은 근로인민당과 남로당 계열의 요인암살단이 조직되어 이승만, 김성수, 장택상 등 요인들을 암살코자 하였으나 사전에 발각되어 일망타진됐다.

또한 감옥의 적화를 기도한 간수 등 40여 명, 학원 적화를 기도한 교원, 철도와 항만의 적화를 기도한 운수부 직원들을 체포했다.

조병옥 경무부장은 무자비한 투쟁과 동족 유혈을 감행하고 경관을 감금, 구타한 남로당원 4백여 명을 검거하고, 남한의 공산화를 기도한 전율할 인민해방군 사건의 진상을 발표했다.

조병옥 경무부장은 남조선 파괴 대음모단인 인민혁명군사건으로 32명을 구속하고, 무기고 습격을 음모한 미군 군정청 직원 11명을 송청했다.

좌익 세력의 지도아래 전국에서 25만여 명의 노동자와 학생이 참여한 9월의 파업은 경찰과 김두한 등이 이끄는 우익단체의 폭력적 진압으로 수그러들었지만 10월 항쟁의 도화선이 되었다.

장택상 수도경찰청장은 가중할 학원의 적화(赤化)를 설명하고 불량교원을 검거했다면서, 적색 세포조직을 발견하고 미군 군정청내에도 적화의 마수가 뻗쳤다고 발표했다.

장택상 수도경찰청장은 남로당, 민전, 전농(全農) 간부들의 검거는 불가피했다고 밝혔다.

미군정청 딘 정무장관은 3월 1일을 기해 경찰시설을 습격하라는 북조선의 지령을 발각하여 관련자를 체포했다고 발표하면서, 정치적 이익을 위한 암살은 악질로서 범인과 교사자는 극형에 처하겠다고 발표했다.

해방 이후 불온사건의 참가자는 40만여 명이며 피해액은 1억 6천여만 원으로 추정됐다.

(2) 대구 폭동을 기점으로 영남 일대가 쑥대밭

남로당 지령, 친일 세력들의 발호 등에 힘을 얻어 9월 항쟁에 이어 대구에서 10월 대폭동이 일어나 수많은 사상자가 발생했다.

10월 1일 남조선 파업 공동투쟁위원회 주도로 대구역전에서 시위를 벌리자 경찰서에서 해산 명령을 시달했으나 1만 5천 명의 시위대와 경찰관과 충돌로 경찰관들이 타살되자 경북경찰청장은 조병옥 경무부장의 양해하에 발사 명령을 지령했다.

40여개 공장에서 파업한 노동자와 학생들의 시위행렬 끝에 대구 정거장을 습격하고 이를 제지하는 무장경찰과 대구 경찰청을 포위하고 습격하여 경찰서의 무기를 탈취하고 영천군수와 많은 경찰관들을 살해했다.

대구 형무소에서는 백여 명이 탈옥했고, 대구를 비롯하여 성주, 왜관, 합천, 거창, 고성, 마산, 통영과 충북 영동에서도 경찰서를 습격하여 경찰관 53명이 사망했고 피검은 2백여 명이다.

정부는 대구 지역에서 철도종업원 파업을 위시하여 대구시내 각 공장으로 점차로 확대되자 경북 일대에 계엄령을 선포했다.

평소에 경찰에 대한 사소한 감정과 모든 불평불만을 폭동으로 반발시켜 미증유의 대폭동을 일으켰고, 대폭동으로 동족간의 상잔이 벌어졌고 불타고 파괴된 재산이 수억 환에 달했다.

대구경찰서뿐만 아니라 영천, 왜관, 성주, 군위, 안동, 의성, 선산 경찰서가 한때 점령됐으며 미군과 경찰관 3,388명이 동원되어 어렵게 진압됐다.

민간인 등 200여 명이 피살되고 경찰관 사택등 기물파괴 29개소, 기물 약탈이 512개소에서 발생했다. 이 때에 박정희 대통령의 동생으로 김종필의 장인인 박상희도 희생된 것으로 알려졌다.

경북 일대의 소요는 충북 영동, 경남 통영 등으로 번졌으며 소요 사건의 피검자는 3,782명에 달했다.

총파업의 목적이 임금인상, 가족수당 지급, 식량배급 요구 등 정당한 생활권의 요구이지만, 주동자들은 비교적 판단력이 박약한 우매한 대중을 선동하고 천진한 학생들을 동원하여 살육, 도난, 약탈 등 잔혹한 행동을 감행케 했다.

살해당한 시체에 대하여 두부를 참절(斬切)하고 면파를 할(割)하고 사지를 절단하여 천인공노(天人共怒)의 만행도 저질렀다.

폭도들은 군청과 경찰서들을 점령하자 인민위원회 간판을 내걸고 경찰서장 등 경찰관, 지방 우익인사와 정당 요인들을 구속하고 인민재판을 개시하여 많은 사람들에게 사형을 선고하고 즉결심판을 하기도 했다.

군법회의에서 대구 사건의 주범 16명에게 사형을 언도했다. 좌장군(左將軍)이란 별명을 들으며 씨름꾼으로 알려진 나윤출은 영남 사건을 기회로 경찰관 30여 명을 살해하고 북한으로 도주하다 경기도 포천에서 체포됐다.

폭도들은 식량을 달라는 무고한 사람들을 경찰이 사살했다고 선동하며 군중들을 집합시켰으며 학생 폭도의 일부는 파출소를 습격하고 경찰관들을 살해했다.

미군정청은 진정한 노동운동은 최대의 성의로 지지할 것이나 노동운동을 가장한 불순한 파괴적 정치운동을 전개한 폭도에 관계한 학생들은 엄벌하겠다고 경고했다.

(3) 제주도에서 폭동으로 제헌의원 선거도 무효

1947년 3.1절 기념 시위에 나온 군중들에게 경찰이 발포하여 사상자가 발생하자 제주도민은 책임자 처벌을 요구하며 총파업에 들어갔다.

제주도에서 발포 경관을 처단하라고 관민이 일치하여 시위하고 전체 도민이 파업투쟁을 전개했다.

제주도에 무장한 폭도들은 게릴라전을 전개하고 경찰은 교통을 차단하고 방어태세의 포진으로 만전을 기했다.

 미군정청은 민심 수습보다 경찰과 극우반공단체인 서북청년회를 동원하여 무력탄압으로 대응하자, 민심 동요로 제헌의원 선거를 앞두고 4.3 항쟁으로 발전했다.

제주도에서 총선거 반대 폭동이 일어나 방화와 통신 절단 등으로 여러 지방으로 번져 미증유의 폭동으로 동포 상살의 비극이 일어나 350명이 살해됐다

제주 4.3 항쟁으로 희생된 주민은 무려 3만 명에 이르는 것으로 추산되며 초토화 작전으로 인한 가옥도 재산 피해도 엄청났다.

이는 공산당이 주도한 폭도와 경찰과 우익단체들의 강경진압이 빚어낸 참사였다.

경찰관들을 가장한 공비는 무고한 양민을 학살하고 부녀자들을 겁탈하고서 반드시 그 자리에 경찰관의 소행이라는 거짓 증거를 남

겨놓았다.

그리고 공비들은 흥분한 군중들 틈에 끼어들어 경찰관들에 원수를 갚아야 한다고 선동했다.

조병옥 경무부장은 북조선 세력과 통모(通謀)해 미군정을 전복하여 사회적 혼란을 유발하여 자기 세력을 부식하려는 정치적 운동의 부분적 현상이라고 평가하고, 3만 명의 군중이 경찰서를 습격하여 강경 진압이 불가피했다고 해명했다.

제주도 제헌의원 선거에서 북제주 갑구에서 양귀진과 북제주 을구에서 양병직이 당선됐으나 참여율의 저조로 당선을 무효화하고 재선거를 실시하기로 했다.

(4) 파업과 소요가 유행처럼 전국적으로 번져

김일성의 지령을 받은 조선공산당은 1946년 9월 용산 철도파업을 시작으로 10월 1일에는 대구 폭동을 야기했다. 이에 미군정청은 남조선노동당의 불법화를 선포하고 입법의원 선거를 연기했다.

남조선의 단독선거가 결정되자 노동자들이 총파업을 거행한 2월 7일 학생들의 동맹 휴교, 민중들의 시위, 경찰관서 공격 등 폭력투쟁으로 민간인과 경찰 60여 명이 사망하고 8,000여 명이 검거되자 남로당은 빨치산이라는 무장 조직을 만들어 본격적인 무장투쟁을 벌였다.

식량과 대우 문제로 남조선 철도청 종업원들이 총파업을 단행했고 미군정 러치 군정장관은 요구 조건에 여유를 주는 것은 타당하므로 이번 파업은 불법이라고 담화했다.

공산당의 남조선총파업투쟁위원회가 지휘하여 운수, 통신기관이 파업에 돌입했다.

출판노조 파업으로 신문도 휴간되었으며 중앙전신국의 파업으로 전화도 두절됐다.

경성대학 부속병원의 의료진도 진료를 거절하고 항쟁, 파업하여 입원환자 180여 명은 의사 없는 병원에서 방치됐다.

소요사태가 기호(畿湖) 지방으로 파급되어 광주(廣州) 경찰서가 피습을 당하여 방화는 물론 유치인이 석방되고 무기가 탈취당했고,

소요사태가 호남권으로 비화하여 노조의 파업으로 화순 탄광이 폐쇄됐다.

소요는 전남북, 충남북은 물론 제주도까지 파급하여 각지에서 경찰서가 피습되고 방화와 인명살상이 자행됐고, 폭도 200명이 작당하여 부산철도사무소를 습격했다.

남로당 계열의 지령에 따라 전북 지역에서 폭동이 일어나 경관 3명을 포함한 12명이 사망했고, 좌익의 모략과 선동으로 마산에서 소요상태가 발생하여 10명이 사망하고 16명이 부상을 당했다.

남한 사회를 혼란에 빠뜨리려는 공산당의 배후 조종에 의해 "쌀을 배급하라"는 구호를 내걸고, 미군정청에 대한 불만을 분출하도록 선동했다.

해방 이후 폭동, 테러로 빚어진 인명 사상은 750명을 넘어섰고,

남조선 폭동으로 사망은 282명에 달하고 참가 인원은 40만명을 넘어선 것으로 추정됐다.

파업과 소요가 유행처럼 번지는 요인 중에는 남조선 단독정부를 지향하는 이승만과 친일부역자들의 집합체로 인식한 한민당, 친일협력자를 중용하는 미군정에 대항하여 남북의 통일정부가 구성되어야 한다는 임정의 김구 세력과 부일협력자를 처단해야 한다는 사회주의 세력이 명분을 내세워 선동했기 때문이었다.

하지 미군 사령관은 소요와 폭동에 대해 오도된 민중들이라 판단하고 강경한 입장을 밝혔다.

3. 3.1절 기념행사도 좌우대결로 별도 개최

(1) 사회주의 세력이 전국에 만연된 배경

민족주의 운동이 일제의 식민통치를 극복하고 독립을 쟁취하는 것이 우선이라면 사회주의 운동은 노동자, 농민 계급의 해방과 민족 해방을 함께 추구했을 뿐이다. 이들은 농민·노동자들이 주체가 되어 일본 제국주의를 타도 해야한다는 입장이었다.

1917년 러시아 혁명의 영향을 받아 1918년 이동휘 임시정부 초대 국무총리 주도로 한인사회당이 결성됐다.

국제공산당의 집결체인 코민테른은 반제국주의 노선을 표방하면서 약소민족의 민족해방운동을 지원하겠다고 약속하여 청년, 학생들이 이러한 주장에 기대를 걸게 되고 사회주의 운동이 더욱 확대되는 토대가 됐다.

일제강점기 독립운동사의 중요한 축을 사회주의 계통의 인물들이 차지하는 연유가 됐다.

미국은 영국, 프랑스와 더불어 식민지를 가지고 있었던 제국주의의 나라지만 소련은 러시아가 주축이 되어 백러시아, 우크라이나 등 슬라브계의 주변국가, 라트비아등 발틱해안 3개국, 카자흐스탄 등 중앙아시아 회교도 국가등 22개국을 병합하여 소비에트 제국을 건설하여 제국주의 국가로부터는 자유스러웠다.

그리고 일본 국민으로 살아오면서 미국과는 4년간 전쟁을 펼쳐온 적대국가이지만 소련은 해방 1주일 전에 참전한 국가로 적대감정이 형성될 소지가 적었다.

더구나 소련의 영토인 연해주는 독립군의 활동무대였지만 미국은 지리적으로 너무 멀리 떨어져 있었다.

그리고 5천년 역사를 자랑하는 우리 민족이 분단 국가를 수립한다는 것은 미국군과 소련군이 점령하고 있는 현실을 잊고서 명분에서는 남조선 단독정부 수립이 열세일 수 밖에 없었다.

그리하여 1천여 명의 서울시민들이 "쌀을 달라", "박헌영 체포령을 취소하라", "식민교육을 반대한다"는 구호를 외치며 시위를 감행하는 사회 분위기가 형성됐다.

미군의 군정은 소련군이 점령한 북조선지역보다는 자유스러워 소요와 폭동이 빈번하고 중도노선과 중간좌파가 기생할 수 있는 토양이 배양됐지만 남한은 해방 3년 동안의 무질서와 공산당의 파괴 등으로 모든 산업이 위축됐고 사회기강은 황폐화됐으며 국민은 식량난으로 허덕였다.

(2) 미국과 소련의 38선의 분할 점령으로 남북긴장은 고조

해방이후 소련군과 미국군이 점령지의 경계라는 표지가 있었을 뿐 주민들은 38선을 넘나들며 왕래가 자유스러웠고 통신도 활발했다.

다만 비료 생산의 80%는 38선 이북에 있어 비료의 수급 차질은 불가피했고, 38선 이북의 전기, 무연탄에 의존한 800개 공장은 폐

쇄 위기에 놓였으며 시급히 해결되지 않으면 전 산업의 파멸은 불가피했다.

또한 황해도 해주 서쪽에 있는 옹진군은 육로의 교통이 불편했고 연백평야의 수원(水源)은 38선 이북에 소재하여 수문의 개폐에 따라 논농사의 풍흉이 갈려지게 됐다.

북조선보안대와 소련군 300명이 38선을 월경하여 연백군 장곡지서를 습격해 살해, 방화, 약탈을 자행한 후 도주했다. 곧이어 북조선보안대원이 강릉군 현남면을 습격했다.

한편 연백수리조합의 몽리(蒙利) 농민에게 북한은 쌀 만 삼천 석을 요구했다.

1946년 3월 6일에는 서울에서 삼천만 울분의 적인 38선의 장벽을 뜯어 치우라는 38선 철폐 국민대회가 개최됐다.

3천만의 총의로 38선의 철폐를 절규하는 국민대회를 개최하여 38선은 생존을 위협하고 통일을 방해하므로 즉시 철폐 요구 건의서를 채택하여 소련과 미국에 전달했다.

북조선으로부터 밀려오는 남부여대의 피란민들을 규제하기 위해 1946년 5월 23일 미군정은 민간인의 38선 월경을 금지했다.

소련은 38선에 참호를 구축하고 남조선 요인을 초청하는 연막전술을 펼쳤으며, 소련 타스통신은 38선 이남의 소식을 고의로 왜곡하여 선전했다.

철야의 자위대의 삼엄한 경비를 뚫고 구사일생의 월경 경험담을 토로한 38선 이북 답파기가 게재되기도 했다.

(3) 3.1 만세운동의 민족항쟁사에서의 의의

미국 대통령 윌슨이 제창한 14개조 평화원칙은 군비축소, 국제연맹창설, 민족자결주의 등이 주요 내용이었다.

민족자결주의는 한 민족의 운명은 그 민족 스스로 결정해야 한다는 원칙으로 식민지를 독립시킬 생각이 전혀 없는 제국주의 정책과는 다른 방향의 주장이었다.

이러한 윌슨의 평화원칙에 고무되어 1919년 2월 28일 일본 동경 유학생들의 독립선언문 낭독이 있었고, 3월 1일에는 민족 대표 33인의 독립선언이 있었다.

기미 독립선언의 여파로 수립된 상해 임시정부는 국무총리 이승만, 내무총장 안창호, 외무총장 김규식, 법무총장 이시영, 재무총장 최재형, 군무총장 이동휘, 교통총장 문창범, 뒤이어 김구가 임시헌법을 제정하고 안창호가 합류하고 연통제를 반포하고, 파리강화회의에 김규식을 파견했다.

민족의 총의로 탄생된 임시정부는 대통령 이승만, 국무총리 이동위, 비서 김입, 내무 이동영(이규홍), 재무 이영(윤현진), 군무 노백규(김희선), 법무 신규식(신기희), 노무 김규식(이춘숙), 외무 박용만(정인괴), 문교교통 문창범(김철), 참모총장 유동열, 노동국총판 안창호로 개편되어 운영되다가 이승만 대통령을 해임하고 박은식을 추대했다.

윌슨 대통령의 민족자결주의가 3.1 운동에 지대한 영향을 미쳤지만 윌슨의 민족자결주의는 제1차 대전에서 패전국의 식민지를 대상으로 하였으며 조선은 독일에 선전포고하여 승전한 일본의 식민지로 대상에 포함되지 못했다.

그러나 3.1 운동은 가혹한 무단통치아래서 대규모 항일민족운동을 유발하는 도화선 역할을 담당했다.

(4) 민족진영과 공산진영 대결로 기념행사 사망 16명

해방 후 처음 치러진 1946년 3.1절 기념행사는 남산과 서울운동장에서 별도로 열렸다. 좌익계열은 남산공원에서, 우익계열은 서울운동장에서 각각 별개의 행사를 가졌다.

10만 명 가량 모인 남산공원에서는 모스크바 3상회담 지지 및 신탁 찬성 시위를 벌였고, 3만 명 가량 모인 서울운동장에서는 모스크바 3상회담 반대 및 신탁 반대시위를 열며 세(勢)과시를 했으며 좌익 쪽이 3배 가량 많이 동원한 셈이다.

당시 청년 그룹 대부분은 공산주의 청년동맹에서 파생한 것들로 정치성을 띠고 선동적이었으며 좌파가 선두를 달렸다.

우파의 완패에 충격을 받은 평안도 출신 우익 청년들이 주동이 되어 38선 철폐를 요구하는 국민대회를 개최하고 소련 영사관에 돌을 던지고 조선공산당 본부를 습격했다. 이들이 서북청년단을 결성하여 공산당을 격멸하는 중추세력으로 부상했다.

서울운동장 시위와 남산공원 시위대가 돌팔매질로 2명이 죽고 2명이 위독했다. 제주, 부산과 정읍 등 각지에서도 38명의 사상자가 속출했다.

미군정은 1946년 8.15 기념행사를 계기로 경기도 평택, 소사에서 500여 명 좌익계열의 계획적인 테러로 독촉국민회 간부진을 공격하여 70여 명이 부상당하자 창, 곤봉 등을 압수하고 60여 명의 테러범을 검거했다.

1947년 3.1절 기념행사는 추모의 사념 없이 돌진한 역사적인 민족의 거센 수레인 3.1절 기념행사를 통일하자고 13개 신문과 통신사 대표들이 결의했다.

서울운동장에서 구름같이 모인 군중들이 자유와 독립을 즉시 달라는 절규가 있었고, 뼈끝에 사무친 독립만세소리는 이 땅 이 백성의 가슴에도 사무쳤다.

감루(感淚) 흘리며 독립선언 낭독하는 이승만, 보신각 앞 식전에 수십만 시민이 참여하며 33인에 기념품을 증정했다.

1947년 3월 1일 기념행사에도 언론기관의 캠페인에도 불구하고 서울을 비롯한 제주, 부산 등지에서 충돌사건이 발생하여 16명이 사망하고 22명이 부상했다.

4. 미·소의 냉전체제 구축과 아시아 제국의 독립

(1) 자유진영과 공산진영으로 분열한 냉전체제

제2차 대전을 통해 더욱 국력이 강해진 미국과 전쟁 직후 동유럽을 공산화시킨 소련이 각기 자본주의 진영과 공산주의 진영의 우두머리가 되어 대립했다.

동서 양 진영 사이에는 비록 전면적인 무력충돌이 일어나지 않았지만 정치·경제·외교·군사 및 이념적 측면에서 끊임없는 갈등과 대립인 냉전체제가 확립됐다.

제2차 대전에서 승리한 전승국들은 독일과 오스트리아는 미국, 영국, 프랑스, 소련이 균등 분할하여 점령하고, 일본의 본토는 미국이 점령하되 조선은 미국과 소련이 분할점령하고 만주의 일본 관동군은 소련이 무장해제하도록 결정했다.

독일을 점령한 미국, 영국, 불란서는 자유국가인 서독일을 출범시키고 소련은 동독일을 출범시켜 서방진영 진출의 교두보로 활용했고, 오스트리아는 스위스와 함께 영세 중립국으로 남겨뒀다.

패전국인 이탈리아 총선 결과가 냉전 체제에서 주목을 받았는데 반공 세력들의 압도적인 승리로 서방 체제에 편입됐다.

소련은 폴란드, 루마니아, 불가리아. 첵코슬로바키아, 유고슬라비아, 동독일을 포섭하여 코민포름을 설립하여 국제공산당 조직을 강화하는 한편, 베를린 봉쇄를 단행함으로써 서방 세력과의 대립을 고조시켰다.

소련은 대독일배상 100억 불을 현 생산물로 요구하여 독일의 생산시설을 소련으로 이전하면서, 유럽의 각국 공산당에게 광범한 반미운동 전개를 지령했다.

미국은 그리스와 터키의 반공정부에 경제·군사적 지원이 나서고, 마샬 계획을 발표하여 세계대전으로 폐허가 된 서유럽에 대한 적극적인 지원에 나섰다.

미국 번즈 국무장관은 패전 독일과 일본에 원조조약 체결을 제의하면서, 대소련 양보는 이제 종막이며 신전쟁설은 구주를 질식시키고 있다면서 미국 비난은 의외라고 반박했다.

번즈 국무장관이 사임하고 마샬이 취임한 미국의 트루먼 대통령은 금후에는 고립정책을 배제하는 대외 정책은 불변이라고 명확하게 밝히면서, 소련의 대독 배상 요구는 독일을 빈민국화한다고 비난했다. .

미국 국무장관 마샬은 미국의 대유럽정책 목적은 유럽의 재건과 자립에 있다면서 전쟁 후 소련은 영토 확장에 광분하고 있다고 비난했다.

미소 간의 대립 첨예화로 독일은 결국 동서로 양분되고 4개국 외상회의도 결렬됐다

미국 상무장관 월레스는 세계에 미소 양대 세력권의 존재를 지적하여 파문을 일으켰고, 베빈 영국 외상은 유럽에서의 평화 보장은 오직 소련의 협력으로 이룩되며 현재의 호기를 일실(逸失)치 말라

고 경고했다.

(2) 소련의 계획과 지원으로 중화인민공화국 수립

일본은 패망전 중국의 만주는 물론 중국의 심장부는 북경, 남경, 상해, 광동등을 점령하고 있었고 장개석의 국민당 정부는 중경에, 모택동의 공산군은 연안에서 항일 유격전을 전개하고 있었다.

일본이 패망하자 중국 국민당은 입헌 중화민국의 초대 대통령에 장개석 장군을 압도적으로 추대했지만, 중국의 공산군은 단독정부를 수립하기 위해 장개석의 국부군에 대항하고 대립을 획책했다.

미국은 만주 문제로 소련과 중국의 대결은 극동 개방정책에 배치된다고 소·중국에 항의했고, 미국의 항의에 소련은 일본군이 사용하던 시설품은 모두 전리품으로 인정하여 만주에서 반출했다고 해명했다.

마샬 미국 국무장관은 중국의 통일에 미국은 적극 원조할 계획이며 만주는 우려할 상태라고 진단했고, 소련은 중국 공산당과 협력하여 만주에 적색지구를 설정하겠다고 공언했다.

만주 문제로 민중이 통일되고 있는 이 때에 국민당은 대중을 지도하고 중국의 건설과 독립을 보장함에 중대한 소임을 완수해야할 것이며 국민당 성쇠의 기로에 있다고 전망했다.

국부군과 공산군의 협상에 즈음하여 장개석 총통은 6월 말까지 정전을 지시하고 있으나, 모택동 주석은 무기한 정전을 주장하여 전국적으로 공산군이 열세에 있는 것으로 알려졌다.

장개석의 전투중지 명령으로 과거 18년 간 동족상쟁에 종지부를 찍을 호기가 도래했다면서, 장개석은 중국통일을 위하여 전 국민은 협력하라고 담화했다.

소련군이 철퇴하면 하얼빈은 중공군이 점령하고 장춘도 중공군이 점령하게 되어있는 상황에서 모택동은 소련군이 점령하고 있는 만주에 임표를 급파하여 소련군의 지원하에 만주지역을 평정하도록 지시했다.

일본을 몰아내기 위해 손을 잡았던 국민당과 공산당이 2차대전 전후에 대립으로 1946년 11월 1일 만주 하얼빈성에서 공방전을 전개하여 전면적인 내전에 돌입했다.

중국의 산동반도와 하얼빈에서 국부군과 공산군의 전투가 전면적으로 전개됐다. 중공군은 장춘을 완전 포위했고, 조선공산군 2만 명도 만주전에 참전했다.

마샬 미국 특사의 주선으로 국공합작이 시도됐으나 국부군과 공산군의 협상이 결렬되어 내전 상태에 돌입하자, 공산군 주은래는 미, 영, 소에 대하여 중국의 내정에 간섭하지 말라고 경고하고, 국부군 송자문은 중국의 재정은 안정적이며 수입의 8할은 군비에 충당하고 있다고 설명했다.

표변하는 공산군의 태도로 중국은 골육상쟁, 조삼모사로 자웅을 겨루는 일전이 불가피하게 됐다.

주은래는 중국내란은 3차대전의 도화선이 될 것이며 유사 이래 초유의 대규모 내란이 전개되고 있다고 국공 전투상황을 소개했다.

소련은 미국의 국민당 정부의 지원은 중국의 내정에 간섭하고 있다고 비난하고, 마샬 미국 국무장관은 중국 정부가 붕괴되면 조선에서의 미국 지위도 위태롭다고 미국 의회에 경고했다.

군사적으로 우위에 있던 국민당 정부는 미국의 지원까지 받았음에도 지나친 군사비 지출로 인해 물가가 상승하고 관리들이 부정부패를 일삼아 민심을 잃었고, 소련의 지원을 받은 공산당에 패하여 타이완으로 밀려나고 1949년에 모택동이 이끄는 중화인민공화국이 수립됐다.

(3) 미·소의 경쟁 속에서 독립한 아세아제국들

미국 윌슨 대통령의 민족자결주의 제창과 소련의 약소민족 독립보장에 힘입어 식민지가 되어 신음하던 아세아 제국들이 꿈틀대기 시작했으며, 미국의 대외정책도 유럽에서 마샬플랜이 정착되면서 대외정책의 중점이 유럽에서 아세아로 이동했다.

그리하여 영국으로부터 인도가, 네덜란드로부터 인도네시아가, 프랑스로부터 인도차이나가 독립항쟁에 들어갔다.

미국은 스페인과 미국의 식민지에 놓여있던 필리핀을 독립시켜 아세아 국가에서 처음으로 필리핀이 미국으로부터 독립하여 미국 대통령 등 51개국 대표들을 초청하여 독립기념식을 거행했다.

그리고 서방 제국의 지원으로 팔레스타인을 분할하여 이스라엘이 건국됐고, 이란에서도 자유진영과 공산진영이 대립되어 각축전이 전개되다가 자유진영에 편입됐다.

인도는 일면으로 항쟁하면서 일면으로 타협하여 화전(和戰)양면 태세로 독립전쟁을 벌였으나, 국민회의파와 회교도가 대립하여 임시정부 수립이 어렵게 되었으며 연방제와 완전 독립국가의 갈림길에 놓였다.

회교와 힌두교 양파의 분쟁이 계속되어 영국군의 주둔이 장기화되고 인도 독립에 암영이 드리웠고, 간디 옹도 인도 분열을 분쇄코자 노력하면서 힌두교 측의 대항을 격려했다.

인도연방 제안을 전면적으로 찬성한 간디 옹이 화평반대파인 범인에게 피살됐고, 영국 국회에서는 인도에 독립을 수여한다고 확인했다.

힌두교도와 회교도들의 분쟁에 휘말려 내전으로 치닫고 있는 인도의 임시정부 주석에 네루를 임명했다. 인도의 자주독립을 선포했고 국민의회는 네루의 선언을 가결했다.

3년 간 독립전쟁에 혈투한 인도가 드디어 결실을 맺었다. 인도와 파키스탄으로 분할독립은 비극이지만 영국의 철쇄에서 이탈했다.

인도, 파키스탄의 독립에 이어 일본의 침략을 받았던 버마도 독립 항쟁에 돌입했다.

네덜란드는 인도네시아의 자치정부를 용납할 수 있는 대국이 아니라고 발표했으나 수카르노가 네덜란드에 결사 항전하자고 국민들에게 호소했다.

인도네시아군의 총반격으로 자바 중부에서 네덜란드군이 후퇴했다. 네덜란드와 수카르노 반군의 협정조인 후 인도네시아는 독립국가가 성립됐다고 밝혔다.

인도차이나 반도에서 약소민족의 해방투쟁으로 불란서와 베트남군이 전면적인 투쟁을 전개했다.

무테 불란서 식민상은 월남의 국가주의를 분쇄할 방침이라며 프랑스- 베트남 전쟁의 해결은 무력뿐이라고 강경한 방침을 밝혔다.

그러나 베트남의 독립은 전 아시아의 해방이라고 버마의 부주석 아웅산 장군이 강조했다.

월남민의 봉기를 지령한 호지명 대통령을 불란서에서는 비난했다. 불란서와 베트남 양군의 전면적인 충돌이 있었으며 베트남 중부의 비엔프르나 요쇄가 베트남군에 함락되므로 노예보다 죽음을 달라는 호지명 대통령의 승리로 돌아갔다.

호지명 대통령의 빛나는 항쟁에도 불구하고 서방 세계는 베트남을 북위 17도선으로 남북으로 나누고, 캄보디아와 라오스를 독립시켜 인도차이나 지역을 4개국으로 분할했다.

제5장 암담한 미군 군정 시절의 상황일지

1. 일본으로부터 해방된 1945년

2. 찬탁(贊託)과 반탁(反託)으로 뒤숭숭한 1946년

3. 미·소 공동위원회에 매달린 1947년

4. 신생 대한민국호가 출범한 1948년

1. 일본으로부터 해방된 1945년

(1) 일제로부터 해방의 기쁨을 맛보기까지

◆2월 4일 : 소련의 얄타에서 미국의 루즈벨트와 소련의 스탈린이 비밀회담, 일본 항복 시 38도 이북의 북조선을 소련이 점령하기로 묵계

◆5월 8일 : 제2차대전 주범인 독일의 히틀러가 무조건 항복선언

◆7월 27일 : 독일의 포츠담에서 루즈벨트, 처칠, 스탈린이 모여 조선의 독립을 재확인

◆8월 6일 : 미군은 일본의 히로시마에 원자폭탄 투하, 15만 명 이상이 사망한 것으로 추정

◆8월 8일 : 소련은 뒤늦게 일본에 선전포고

◆8월 10일 : 송진우는 아베 노부유키 조선총독의 정권 이양교섭을 거절

◆8월 15일 : 일본 천황은 연합국에 무조건 항복을 방송, 조선은 기나긴 일본의 질곡(桎梏)에서 해방

◆8월 15일 : 여운형은 조선총독부의 정권이양 교섭을 수락, 조선건국준비위원회 결성

(2) 모스크바 3국 외상회의에서 신탁통치 결정

◆8월 16일 : 일본은 대부분의 정치범과 경제사범을 석방조치

◆8월 17일 : 건국준비위원회는 신문·방송기관을 접수하고 중앙조직을 완료

◆8월 22일 : 소련은 38도 이북의 조선을 점령하고 점령군 사령부 설치

◆9월 1일 : 안재홍 건국준비위원회를 탈퇴하고 조선국민당 결성

◆9월 2일 : 미주우리 함상에서 일본의 항복조인식 거행, 38도 이남의 조선을 미군이 분할 점령키로 결정

◆9월 6일 : 장덕수, 조병옥, 김병로, 김성수 등이 한국민주당 발기를 선언

◆9월 6일 : 공산당 계열은 건국준비위원회를 장악하고 조선인민공화국으로 개칭

◆9월 9일 : 미8군 제24사단 서울 진주, 하지 제 24사단장은 아베 노부유키 일본 총독으로부터 항복 받음, 맥아더 사령관은 38도 이남에 미군정 실시를 선포

◆9월 11일 : 하지 미군정 사령관은 아놀드 소장을 미군정청 군정장관에 임명

◆9월 14일 : 박헌영 등이 주도하여 조선공산당을 결성

◆9월 16일 : 한국민주당 결성, 송진우, 원세훈, 백관수, 서상일,

김도연, 허정, 백남훈, 김병로 등 참여

◆9월 19일 : 미군 군정청은 재(在)조선 미육군사령부 군정청으로 개칭하여 선포

◆9월 25일 : 미군 군정청은 일본 정부 및 일본인 재산을 미군정청 소유로 하는 법령을 공포

◆10월 5일 : 미군 군정청은 김성수 등 11명을 군정장관 고문으로 임명

◆10월 8일 : 평양에서 조만식이 이북 5도 임시인민위원회를 조직

◆10월 10일 : 미군정청 아놀드 군정장관은 조선건국준비위원회의 인민공화국을 정식으로 부인

◆10월 13일 : 평양에서 김일성 주도로 박헌영의 조선공산당 북조선분국 결성

◆10월 15일 : 미군정청은 사법기관인 대법원장에 김용무 임명

◆10월 16일 : 이승만이 환국(還國)하여 민족의 대동단결을 호소

◆10월 20일 : 미국 국무성 극동부장 빈센트가 한반도에 신탁통치 실시 및 가능성을 시사

◆10월 25일 : 이승만의 주도로 조선독립촉성중앙협의회 결성

◆11월 4일 : 독립촉성중앙협의회는 미·소 양국에 즉시 독립, 38선 철폐, 신탁(信託)반대 결의문 발송

◆11월 10일 : 매일신보가 좌경으로 정간되고 서울신문으로 개칭하여 발간

◆11월 12일 : 여운형, 장건상 등이 중간 좌파정당인 조선인민당 결성

◆11월 16일 : 미군정청은 군정장관을 아놀드 소장에서 러취 소장으로 교체

◆11월 23일 : 김구 등 임정요인 14명 개인 자격으로 환국, 김규식, 이시영, 김상덕, 엄항섭, 유동열 등 동행

◆11월 27일 : 해방 이후 현재까지 귀환 동포 44만 4천명, 일본인 귀국은 26만 5천명

◆11월 28일 : 김구 주석은 한국민주당(송진우), 조선국민당(안재홍), 조선인민당(여운형), 인민공화국(허헌) 요인들과 회담

◆12월 1일 : 조선일보의 11월 24일 속간에 이어 동아일보도 복간

◆12월 1일 : 10만 명의 서울 시민들이 임시정부 봉영식(奉迎式) 개최, 윤보선 사회와 오세창 개회사로

◆12월 3일 : 임시정부 각료 홍진, 김명준, 장건상, 김성숙, 조소앙, 신익희 등 2차로 22명 귀국

◆12월 13일 : 하지 사령관은 "인민공화국 존재는 조선 독립 달성을 방해하고 있다"면서, 미군정청이 있을 뿐 어떤 단체나 정부 행세는 불법이라는 성명 발표

◆12월 14일 : 남조선의 미곡 수확 1천 8백만 석으로 기근 대책 수립이 시급, 쌀 1말 38원으로 고시

◆12월 15일 : 군소(群小) 12개 정당이 신한민족당 결성, 의장 이규갑, 부의장 이갑성과 김여식 선임

◆12월 27일 : 모스크바 미·영·소 외상회의에서 5개년 간 신탁통치 실시를 결정, 소련은 신탁통치, 미국은 즉시 독립을 주장했다고 알려졌으나 소련은 분할통치, 미국은 신탁통치를 주장했다는 설이 제기

◆12월 28일 : 이승만은 신탁통치는 천부당만부당하여 절대 배격하며 한사(限死)코 독립 전취(戰取) 호소, 한민당과 조선국민당도 신탁통치 배격 결의

◆12월 29일 : 권동진, 안재홍, 김준연, 박헌영 주동으로 탁치반대 국민총동원위원회 결성, 상무위원 22명 선임

◆12월 30일 : 동아일보 사장이었고 한국민주당 수석 총무인 송진우 암살, 범인은 한원율 외 4명

◆12월 31일: 신탁반대시위가 각지로 파급되고 미군정청 조선인 직원들이 총사직 결의

2. 찬탁(贊託)과 반탁(反託)으로 뒤숭숭한 1946년

(1) 남조선 정부를 대표하는 민주의정원 성립

◆1월 1일 : 조선민주당 대표 조만식은 소련군 사령부의 신탁통치안 지지 강요를 거절

◆1월 3일 : 임정(臨政)을 중심으로 민족 통일과 파당을 초월한 3천만의 총의로 신탁 반대하고 독립 전취 결의

◆1월 5일 : 임시정부는 과도정권을 수립하기 위한 비상정치회의를 소집

◆1월 8일 : 이승만은 3천만의 총의(總意) 무시한 약소민족 해방의 부인이라며 신탁통치 철폐를 연합국에 요구

◆1월 13일 : 각 정당과 제 단체가 총궐기하여 반탁 국민대회를 서울운동장에서 개최, 지축(地軸)을 흔드는 국민의 함성

◆1월 17일 : 미·소 공동위원회 개최, 38선을 심의하고 민주적 각 단체와 숙의 후 신정권 수립을 결정하겠다고 발표

◆1월 18일 : 반탁 학생들이 조선인민당, 인민일보, 서울인민위원회 등을 습격

◆1월 21일: 비상정치회의 준비회의 개막, 민족적 총역량을 집결하여 신정권 수립에 매진(邁進)하자고 결의, 회장에 안재홍 선임

◆1월 30일 : 하지 사령관은 "지도자여 맹성하라, 세력 쟁탈보다 건국에, 군정 안 도우면 장래를 공약 불능"이라고 경고

◆1월 31일 : 소련에서 1억 원 대여하여 북조선에 중앙은행 설립

◆2월 1일 : 비상국민회의 167명 참석하에 개최, 긴박한 정세에 대응하여 건국과 구민(救民)에 돌진하자고 결의하며 이승만과 김구에게 정무를 일임

◆2월 5일 : 일반 물가는 상승하는데 쌀값은 공정가로 묶어 쌀은 곳간에서 울고 사람들은 굶주림에 근심

◆2월 8일 : 소련군의 지휘로 평양에서 정당·단체 대표를 소집하여 북조선인민위원회 조직

◆2월 9일 : 대한독립촉성국민회를 결성하여 총재 이승만, 부총재 김구 추대

◆2월 14일 : 비상국민회의에서 과도정권의 산파역으로 활동할 정무위원 28명 선임, 민족전선을 결성하고 중앙위원 305명을 선거

◆2월 15일 : 남조선 대한민국 대표인 민주의정원 성립, 의장 이승만, 부의장 김구와 김규식 선임

◆2월 19일 : 북조선에 인민정부 수립, 주석에 김일성, 부주석에 김두봉 선임

◆2월 20일 : 미군정청 러취 군정장관은 치안은 점차 호전되고 있으며 조선인은 질서 있는 민족이라고 격려

◆2월 24일 : 민주의정원은 최고규범을 결정, 자주적 민주주의를 천명하고 15부 4국의 직제도 결정

◆3월 5일 : 북조선에서 무상 몰수하여 무상 배분하는 토지개혁령을 공포

◆3월 6일 : 삼천만 울분의 적! 장벽을 뜯어치우라고 '38선 철폐 국민대회'에서 절규

◆3월 8일 : 일본인 소유 부동산 매각 방침 수립, 농지는 농가에 년부(年賦)로 방매하고 회사는 산업인에게 공매키로 결정

◆3월 13일 : 얄타 비밀회담에서 소련은 조선 전체를 요구, 미국은 북조선만 주기로 밀약했다고 폭로

◆3월 20일 : 제1회 미·소 공동위원회를 덕수궁 석조전에서 개최, 정당·단체들과 협의 위해 대표단 평양 방문

◆3월 22일 : 방황하는 전재민을 위해 부평에 집단 영농단지 설치, 년간 80만석 절약 위해 주조(酒造) 정지령 발동

◆3월 30일 : 가격제와 방곡령을 즉시 철폐하고 쌀 달라 외치는 백만 서울시민, 굶은 사람으로 참혹한 정경이 펼쳐진 서울

◆3월 30일 : 평양에서 조선독립동맹이 결성되고 김두봉 주도의 북조선 신민당이 창당

◆4월 7일 : 러치 미군 군정장관은 남조선만의 단독정부 수립은 전연 무근한 낭설이며 미국은 통일정부 수립에 공명하고 있다고

◆4월 11일 : 한국독립당, 조선국민당, 한국민주당, 신한민족당 등 우익정당의 대동단결은 좌절

◆4월 14일 : 김규식은 남북을 통일한 정부가 수립되면 미·소 양 군정은 철폐할 것이라고 역설

◆4월 18일 : 조선공산당 창립 1주년 기념식에 1천여 명이 참집(參集)하여 대성황

◆4월 21일: 한국독립당이 조선국민당과 신한민족당과 합당하여 김구를 위원장으로 선출

(2) 조선공산당은 위조(僞造)지폐 사건으로 몰락

◆5월 4일 : 횡령과 사기 등으로 투옥된 박흥식에게 무죄 판결, 판사는 건국 사업에 노력하라고 당부

◆5월 6일 : 제1차 미·소 공동위원회 결렬, 소련의 신탁통치 찬성 단체만의 임정(臨政)조직 참여 주장으로

◆5월 7일 : 조봉암이 박헌영에게 공개 절연장 조선일보에 공개

◆5월 15일 : 미군정은 조선정판사 위폐사건 발표, 조선공산당이 조선은행권 1,300만 원을 위조했다며 14명을 체포

◆5월 16일 : 아이젠하워 원수 서울 안착, "미국은 여러분을 돕겠습니다"라고 인사

◆5월 23일 : 미군정은 민간인의 38선 월경(越境)을 금지

◆5월 25일 : 경주 고총(古塚) 발굴, 순금 귀걸이와 청동기 등 찬연(燦然)한 1,300년 전의 유물 발견

◆6월 1일 : 여자국민당 전국대회 개최, 여성운동의 거보, 박순천과 김성학 등이 주도

◆6월 3일 : 이승만은 전북 정읍에서 남조선만이라도 즉시 자율적인 정부를 수립해야 한다고 역설

◆6월 7일 : 국민학교 졸업노래 새로 제정, "빛나는 졸업장을 타신 언니께 꽃다발을 한아름 … "

◆6월 12일 : 대한독립촉성국민회 전국 대표자회의에서 총재에 이승만, 부총재에 김구와 김규식 추대

◆6월 23일 : 농산어촌의 계몽운동과 문맹퇴치운동에 학도대 파견, 해방 후 방학 맞아 아동 위해 교원 1만 명 양성

◆6월 30일 : 전국 학생 총연맹 발족, 위원장에 이철승 선임

◆7월 11일 : 좌우 대표 5명을 선정하여 합작 교섭을 일임, 우파에서는 김규식, 원세훈, 안재홍, 최동오, 김명준을, 좌파에서는 여운형, 허헌, 김원봉, 성주언(신민당), 이강학(공산당) 대표로 결정

◆7월 13일 : 제주도(島)를 제주도(道)로 승격, 전라남도 관할에서 분리, 이탈

◆7월 19일 : 러취 군정장관은 용지 부족으로 새 출판물을 불허가하는 비상조치, 동아일보와 조선일보 등도 일시 정간

◆7월 27일 : 위폐사건 재판정에서 군중이 적가(赤歌)와 만세를 고창(高唱), 소동하는 군중을 해산코자 발포, 선동자 47명 검거

◆8월 4일 : 북조선의 공산당과 신민당이 합동하여 북조선노동당을 발족하자 남조선에서도 조선공산당, 근로인민당, 신민당 합당 운동 전개

◆8월 22일 : 해방 이후 1년 간 6천만 불 재정 적자, 식량만 7백

2십만 불 수입, 낙관(樂觀)불허의 우리 경제 동향

◆8월 25일 : 민주의원에서는 도탄에 든 민생문제 해결을 위한 거족적인 대책협의회 조직

◆8월 28일 : 김일성 주도로 북조선노동당 결성, 남조선에서 좌익 3당의 합당은 보류

◆9월 1일 : 하지 사령관은 미국은 조선 착취에 관심 없으며 민주주의 역이용은 포고령 위반이라고 경고

◆9월 6일 : 좌익 3당은 합당을 결정하고 남조선노동당 결성을 준비, 신민당과 인민당에서 반발

◆9월 7일 : 조선공산당 간부 체포령, 이주하 등은 체포, 박헌영과 이강국 등은 도피, 조선인민보 등 공산당 계열 6개지에 정간령

◆9월 12일: 미군 군정청 러취 군정장관은 행정과 입법기관을 조선인에게 이양하겠다고 언명

◆9월 13일: 28개의 청년단체 한데 뭉쳐 대한독립청년단 결성, 총재에 이승만 추대

(3) 미군 군정청 자문기관인 입법의원 개원

◆9월 17일 : 수도경찰청 업무 개시, 청장에 장택상 취임

◆9월 23일 : 남조선노동당이 결성되고 위원장에 허헌 선임, 북조선노동당도 위원장에 김두봉, 부위원장에 김일성과 주영하 선출

◆9월 25일 : 남조선노동당의 총파업투쟁위원회의 지휘하에 남조선 철도총파업 단행, 식량과 대우 문제로 전 종업원 농성 돌입

◆9월 26일 : 출판 노조도 파업 참여, 동아일보와 조선일보도 8일간 휴간, 중앙전신국도 파업 동참

◆10월 1일 : 남조선노동당의 조직적인 선동으로 대구 폭동 발생, 경찰서를 습격하여 점거, 경관 53명 사망, 2백여 명이 탈옥하여 1백여 명은 체포

◆10월 2일 : 대한노총 직원을 동원하여 철도 일부 운행 재개, 불응자 1천여 명은 검거를 단행

◆10월 9일 : 전북 정읍 발언으로 남조선 단독정부 수립을 지향했던 이승만은 좌우합작을 절대 지지한다며 통일정부 수립을 염원한다고 번의(翻意)

◆10월 11일: 영남 지방의 소요는 도처로 확대, 전남북과 충남북에서 제주까지, 각지에서 경찰서 피습, 3개 지역에 계엄령

◆10월 13일 : 이범석이 주도한 조선민족청년단 결단

◆10월 14일 : 조선 과도입법의원 법령 공포, 의원은 90명이며 45명은 민선으로, 45명은 사회단체와 정당의 추천으로 선출

◆10월 17일 : 경북 소요사건의 피검자는 3,782명, 특별 군사재판으로 처단, 정치적 야심을 충족시키려는 선동자에 오도된 민중

◆10월 31일: 서울시 입법의원으로 김성수, 장덕수, 김도연이 피선, 경기도에는 문진교, 이종근, 유래완, 최명환, 하상훈 당선

◆11월 1일 : 중공 내란 전면전으로 확대, 국부군과 공산군이 만

주 하얼빈성에서 공방전을 전개

◆11월 6일 : 김규식은 좌익진영이 없고 친일파가 피선됐다고 민선의원 재선(再選)을 하지 사령관에게 요청, 입법의원 개원 연기

◆11월 13일 : 러취 군정장관은 행정 이양 실천에 착수, 미국인은 별관으로 이전, 제반 사무는 조선인에 일임

◆11월 15일 : 영등포 역두에서 통학열차 충돌, 가솔린·산소 폭발로 선혈과 화염으로 뒤덮여, 학생 사망 42명, 부상 1백여 명

◆11월 19일 : 사회노동당 발족, 위원장 여운형, 부위원장은 백남운과 강진 선임

◆11월 19일 : 김구는 좌우합작을 독립촉성의 도(道)라며 김규식과 여운형에 좌우합작 기대 심대(甚大)

◆11월 23일 : UN에 조선 문제 제소차 조선대표로 이승만 도미

◆11월 24일 : 사회노동당과의 합당 거절코 서울 시천교당에서 남조선노동당 결성

◆11월 26일 : 하지 사령관은 서울과 강원도의 입법의원 선거가 무효라며 재선거 실시를 지시

◆12월 8일 : 관선 입법의원 45명 발표, 김규식, 여운형, 원세훈, 유동열, 안재홍, 김명준, 황신덕, 박현숙, 김법린, 장면, 장건상, 오하영, 엄항섭 등 포함

◆12월 12일 : 미군정청 자문기관인 입법의원 개원식, 90명의 의원 중 57명의 의원만 참석, 한민당계 불참, 의장에 김규식 선임

◆12월 24일 : 서울시 입법의원 조소앙, 신익희, 김도연 당선(당초는 김성수, 장덕수, 김도연)

3. 미·소 공동위원회에 매달린 1947년

(1) 제2차 미·소 공동위원회 서울에서 개최

◆1월 5일 : 하지 미군 사령관은 남북이 통일된 독립국가 건설 위해 계속 노력하겠다고 성명

◆1월 11일 : 미군의 조선 부녀자 능욕, 열차 내 만행은 민족의 수치, 최고 구형 처단 요청

◆1월 22일 : 입법의회에서 신탁 반대안을 상정하여 44대 1로 가결, 전 민족의 총의를 표시, 청우당 등은 반발

◆1월 26일 : 이승만은 미군정은 좌익을 옹호하고 있다고 성토

◆2월 6일 : 안재홍 민정장관에 취임, 미군 군정정부의 방침에 순응하고 행정권의 완전 이양을 성취하겠다고 역설

◆2월 14일 : 하지 미군 사령관은 반탁운동을 비난하는 성명을 발표하고 귀미(歸美)

◆2월 16일 : 소련 장교가 남조선 노동운동자에게 맹휴(盟休)를 단행하고 폭동을 야기(惹起)하는 선동을 하라고 지령

◆3월 1일 : 3.1절 기념행사에 좌익과 우익이 서울을 비롯한 각지에서 충돌, 사망 16명과 부상 32명

◆3월 13일 : 발포 경관 처단하라고 제주도민 총파업, 관민이 단결하여 지구전 계속

◆3월 24일 : 남조선 파괴 음모단 검거령 발동, 파업을 선동하는 조선민청, 전국농민회, 남로당 등 5개 단체 29명을 체포

◆4월 9일 : 광산은 대부분 휴면 상태이고 공장 경영도 감축 경영

◆4월 22일 : 보스턴 세계 마라톤 대회에서 서윤복 선수 우승, 늠름한 조선의 아들

◆4월 23일 : 남조선노동당은 남한 전역의 조직을 동원하여 24시간 총파업 단행을 지령

(2) 독립정부 수립은 미·소 공동위원회에서 유엔으로

◆5월 22일 : 제2차 미·소 공동위원회 덕수궁에서 재개, 미군의 하지와 소련의 스티코프 대좌, 임정수립안만 토의하기로 합의

◆5월 25일 : 반탁은 민족의 요구라고 이승만, 김구, 오세창 명의로 미·소 공동위원회에 건의서 전달

◆6월 14일 : 한심한 농촌 의료 시설, 인구 10만에 의사 1명, 의사의 도시 집중 방지가 시급

◆6월 24일 : 미·소 공동위원회 협의 대상 등록 건수는 530건, 민족사회당(유선), 청우당(이종진), 근로인민당(여운형), 한민당(장덕수), 조선민주당(조만식), 북조선노동당(김일성) 등

◆7월 2일 : 서재필 49년 만에 감격의 환국, 반탁은 애국심의 발로라며 6개월 체재 예정, 환국 환영대회 성황

◆7월 6일 : 협의 단체의 명부 검토로 미소 공동위원회 평양 본회의에서 합의 미달, 소련의 반탁진영 제외 책략은 공동위 파괴의 반동, 소련의 거부권 행사 주장은 공동위 재개의 원칙에 위반

◆7월 17일 : 협의대상 문제에 대한 의견 대립으로 미・소 공동위원회 난관에 봉착

◆7월 19일 : 여운형 근로인민당수 피살, 암살범 한지근 체포, 해방 이후 테러와 폭동으로 인명 사상 750명이라고 경무부 발표

◆7월 24일 : 하지 미군 사령관은 광신적 당쟁 중지하라고 조선국민에 긴급 경고

◆7월 27일 : 소련의 반탁 정당・단체의 협의 대상 제외 주장에 미국도 북조선 반민주정당 제외 주장으로 미・소 공동위는 결렬될 운명

◆8월 3일 : 소련의 수석대표는 반탁 투쟁을 중지한다면 협의에 참가함을 용인하겠다는 성명 발표

◆8월 26일 : 미・소 공동위원회에서 소련 대표는 미・소 양국의 철퇴를 주장하고 미국은 거절

◆8월 30일 : 약소민족의 독립 요구로 쇠망일로의 제국주의, 통치국에 대한 반항 날로 치열화

◆8월 31일 : 미국은 조선독립 지연은 도의상 불가하다고 유엔의 감시하에 조선 통일정부 수립하자고 소련에 강경한 방안 통첩

◆9월 6일 : 조선문제 해결을 위한 4국 회담 개최 제안, 미·중은 수락하였으나 소련은 거부

◆9월 12일 : 러취 군정장관 서거, 후임에 윌리엄 딘 소장 임명

◆9월 17일 : 마샬 미 국무장관은 탁치의 기한이 없는 조선독립을 위해 유엔총회에서 한국 문제 유엔 상정을 제안

◆9월 18일 : 유엔 소련 비신스키 대표는 미국의 제안을 거부하고 미·소 양군의 조선에서의 철퇴를 주장

◆9월 25일 : 소련 측 반대를 일축하고 조선 문제 토의 결정, 총회에서 41표대 6표로 가결, 운영위원회는 12표대 2표로 가결

◆10월 19일 : 미국은 유엔 총회에 조선독립 촉진결의안 제출, 조선 탁치안을 포기하고 1948년 3월 이내에 전국 선거 실시

◆10월 22일 : UN의 조선 대표에 입법의원은 이승만을 추천

◆11월 1일 : 조선에 UN 감시위원단 파견 제안이 41표 대 0표로 가결, 소련의 토의 중지안과 파견 반대한 우크라이나안은 부결

◆11월 14일 : 유엔 총회에서 조선의 즉시 독립과 조선임시위원단 파견 결의안 가결

◆11월 16일 : 개천절 봉축전 엄숙히 거행, 단민천산에 요배, 불멸의 조국 재건 기도

◆11월 19일 : 팽창일로의 남조선 인구, 서울 인구 160만을 넘어

◆11월 22일 : 유엔 조선위원단은 중국, 인도, 불란서, 우크라이나, 비율빈, 시리아, 캐나다, 엘살바도르, 호주로 결정

◆12월 2일 : 이승만과 김구는 남조선 총선거에 공동 보조키로 합의, 김구도 UN 결정 지지 선언

◆12월 4일 : 장덕수 한민당 정치부장이 자택에서 피살, 암살범은 비밀 한독당원으로 현직 경사 박광옥

◆12월 5일 : UN 조선위원단 단장에 중국 호세택이 선임, 서기국 25명으로 구성, 1948년 1월 입국 예정

◆12월 7일 : 전국 도처에 밀주(密酒)가 성행, 이인 검찰총장은 엄중 단속을 지령

◆12월 20일 : 소련의 보이콧 재확인, 북조선 입국 거부로 강토는 영원 양분, UN은 단정(單政)에, 소련은 독자 철병에 중점을

◆12월 22일 : 김구는 남한 단독정부 수립 반대 성명, 남조선만 총선거를 해도 단독정부가 아니라던 김규식도 반대 입장으로 선회

◆12월 24일 : 봉급생활자는 파탄(破綻)에 직면, 임금과 물가고의 파행으로 살아가는 것이 기적

4. 신생 대한민국호가 출범한 1948년

(1) 북한의 입북 거부로 남한만 선거키로 결정

◆1월 8일 : UN 조선위원단 불란서, 호주, 인도 대표 등 34명 입경, 조선 독립의 역사적 거보

◆1월 11일 : 근로인민당은 유엔의 결정은 우리의 민족자결권을 무시하는 것으로 외력 간섭 없이 남북통일과 총선거 실시 요망

남조선노동당은 미소 양군은 즉시 철병하여 조국의 운명을 자유로 결정할 수 있는 기회를 줄 것을 요청

민주독립당은 남조선 단선(單線)에 의해 정부가 수립되어도 주권의 회복과 민생 해결은 지난(至難)이라고 성명

◆1월 23일 : 북한 정부가 유엔 조선위원단의 북조선 입경을 거부하자, 메논 조선위원단 의장은 조선은 단일민족국가로 38선 철거가 시급하고 독립 조선 건설이 절실하다고 성명

◆1월 30일: 김구의 외국군 철병과 남북회담 주장은 소련의 주장을 대변하고 있다며 민족진영에서 이탈로 간주

◆2월 1일 : 정의, 자유의 투사인 성웅 간디 피살, 범인은 힌두교인인 인도인으로 화평 반대파로 판명

◆2월 8일 : 총선거 촉진 국민대회 서울운동장에서 성황리에 개최

◆2월 14일 : 공창(公娼)제도 드디어 폐지, 여성 굴욕사에 종지부, 여권 옹호와 신장의 서곡

◆2월 18일 : 북조선에서 소련 영도하의 과도정부인 인민공화국 선포, 통일정부 수립을 방해, 한민당은 소련의 태도가 명백한 이상 남조선 총선거 실시로 통일정부 수립 시급하다고 주장

◆2월 20일 : 유엔 조선위원단 메논 의장은 북조선 의석 보류한 채 남조선 선거 실시를 유엔 소총회에서 강조

◆2월 27일 : 유엔 소총회에서 유엔 조선위원단이 접근할 수 있는 지역에서 선거를 실시할 것을 31표 대 2표로 가결

◆3월 12일 : 김구, 김규식 등 7인 공동 성명으로 총선거 불참을 표명

◆3월 13일 : 유엔 조선위원단은 남조선 선거 감시 결정하도록 조선위원단은 4국 대 2국으로 채택, 중국, 인도, 비율빈, 엘살바도르는 찬성, 캐나다와 호주는 반대, 불란서는 기권

◆3월 13일 : 김구는 군사법정의 증인심문에서 장덕수 살해 교사 혐의를 부인

(2) 남조선노동당의 방해에도 제헌의원 선거 강행

◆3월 17일 : 해방 이후 폭동으로 사망 282명이며, 참여 인원은 40여 만 명

◆3월 19일 : 메논 UN 조선위원단 의장이 인도의 외상 취임 위해

이한(離韓)하며 독립 못 되면 지도자 책임이라며 경고

◆3월 23일 : 하지 미군 사령관은 중대 기로(岐路)에서 선 조선은 총선거 거부면 공산화된다면서 민주선거 시현 요청

◆3월 24일 : 남조선 유권자 889만 명, 200명의 국회의원을 선출, 유권자 200명의 추천을 받아 입후보

◆3월 27일 : 북조선에서 14개 정당 대표를 초청한 남북 요인 평양 회담을 제의

◆3월 30일 : 미국은 북한의 남북 요인 평양회담 개최와 남북정당 협상 제안은 총선거 방해 기도로 단정

◆4월 3일 : 제주도에 무장공비 폭동으로 인명 사상 154명, 방화로 통신 절단, 게릴라 부대 경찰서 습격

◆4월 19일 : 김구와 김규식은 남북협상차 향북, 평양에서 김일성, 김두봉과 남북협상

◆4월 21일: 미군정청 딘 정무장관은 향보단(鄕保團)조직은 선거 완수 목적, 반도들의 모략을 분쇄하라고 성명

◆4월 23일 : 제헌의원 선거 입후자 948명, 경쟁 우심지역은 13대 1로 혼전 상태, 난립에 우익 후보 공선제 실시 주장도

◆4월 23일 : 남북협상 대표 545명 참석, 전(全)조선정부를 선포코 선거연기를 주장, 단독정부 수립 기도는 남북을 막론하고 반대

◆5월 1일 : 남북협상의 정체는 통일을 위한 협상이 아니라 선거 방해가 목적, 남조선 측 발언 봉쇄, 조만식 선생 면회도 거절

◆5월 5일 : 김구와 김규식 등 남북 협상차 입북한 66명 귀경, 남조선 선거 반대에 합법적 투쟁을 전개하겠다고 선언

◆5월 7일 : 북한산에 잠복한 선거방해를 기도한 인민청년군 일당 체포, 무기와 탄환도 압수

◆5월 10일 : 총선거에 2천만 궐기, 평온리에 투표 종료, 애국의 단심을 결집한 감격의 투표, 광주, 진도, 대구에 선거반대 폭동으로 사상자 139명

◆5월 14일 : 남북 요인회담의 약속을 깨고 북한은 남한 송전(送電)을 예고 없이 중단

◆5월 20일 : 김구는 은퇴설은 억측에 불과하며 통일에의 신념을 최후 순간까지 투쟁 관철하겠다고 소회

◆5월 23일 : 이승만은 국권 회복이 급선무라며 정당 조직은 정부 수립 후 검토하고 독립촉성국민회 정당화는 낭설이라고 일축

◆5월 31일 : 국회 개회, 의장에 이승만, 부의장에 신익희와 김동원 선출, 유일한 민족대표기관 세계만방에 선포

(3) 대한민국의 수립을 세계만방에 선포

◆6월 2일 : 미국 하원 세출위에서 한국 경제지원을 위해 1억 7천만 불 지출 가결

◆6월 8일 : 독도 근해에서 미군기 9대가 편대로 어선 10여 척을 오폭하여 사상자 20여 명 발생

◆6월 9일 : 국호를 대한민국으로 결정, 안재홍 민정장관 퇴임

◆6월 11일 : 국회는 삼일 구락부(신익희, 전호엽, 남송학)와 독촉국민회(명제세, 이윤영, 양우정, 이활), 무소속 구락부 (조봉암, 이재형, 윤석구) 결성

◆6월 13일 : 북제주 갑·을구의 투표 결과를 무효화하고 재선거 실시는 무기한 연기

◆6월 25일 : 김구는 조국 위기 타개책은 통일정부 수립에 있다면서 신정부에 불참하겠다고 성명

◆7월 8일 : 국무총리 임명은 대통령이 국회동의를 얻어 임명토록 개정안 의결

◆7월 17일 : 헌법 공포식 거행, 헌법은 10장 103조와 대통령책임제와 내각책임제의 절충형, 정부조직법도 동시 선포

◆7월 20일 : 국회는 대통령에 이승만, 부통령에 이시영을 선출

◆7월 21일 : 폭풍우로 사망 107명, 행방불명 292명, 부상 919명, 가옥 유실 8,205호, 선박 피해 724척

◆7월 24일 : 이승만 대통령과 이시영 부통령 취임식

◆7월 27일 : 이승만 대통령은 조소앙, 김성수, 신익희 예상 후보들을 제치고 이윤영을 국무총리에 지명, 국회는 59표 대 132표로 인준 부결

◆8월 3일 : 국회는 이범석 총리 인준안을 110표 대 84표로 승인, 이범석 총리는 민족의 통일 방략을 적극 추진하겠다고 제1성

◆8월 4일 : 국회는 국회의장에 신익희, 부의장에 김약수 선임

◆8월 6일 : 국회는 대법원장 김병로를 117표 대 31표로 인준

◆8월 12일 : 파리UN총회에 장면, 장기영, 김활란을 대표로 결정, 통일 독립촉진회에서는 김규식을 대표로 선정했으나 거부

◆8월 15일 : 대한민국 정부 발족, 건국을 내외에 선포, 맥아더 원수도 참석

[제3부] 건국의 뱃고동 제헌의원 선거

제1장 제헌의원 선거가 실시되기까지

제2장 제헌의원 선거의 이모저모와 당선자

제1장 제헌의원 선거가 실시되기까지

1. 5개년 신탁통치와 미·소 공동위원회

2. 조선의 신탁통치가 유엔 총회로 이양

3. 유엔의 감시하에 제헌의원 선거 실시

1. 5개년 신탁통치와 미·소 공동위원회

(1) 모스크바 3상회의의 신탁통치 결의와 반탁운동

소련 모스크바에서 개최된 미국, 영국, 소련 외상회의에서 향후 5년간 4국 통치위원회에서 신탁통치를 결의했다는 소식이 전해오자, 이승만 박사는 전국적으로 반대 결의를 하자고 제안했고, 김구 주석은 전 민족이 투쟁하자고 주장했다.

안재홍 조선국민당 당수도 신탁통치는 소련의 적화(赤化)기도라며 반대 입장을 표명했다.

외상회의 협정에는 조선에 주재한 미·소 양국 군사령관은 2주 이내에 회담을 개최하고, 양국의 공동위원회를 설치하여 조선 임시 민주정부 설립을 원조하게 되어있다.

또한 미국, 영국, 소련, 중국 등 4개국에 의한 신탁통치제를 실시하는 동시에 조선 임시정부를 설립케 하고, 조선이 장래 독립에 대비하여 신탁통치 기간은 최고 5개년으로 한다고 합의했다.

미·소 공동위원회는 임시정부와 조선의 여러 민주적 단체와 협력하여 조선의 정치적, 경제적 발전을 촉진하고 독립에 기여하는 수단을 강구하며, 이 신탁통치제에 관한 외상이사회의 제안을 검토키 위해 미·소·영·중국 각국 정부에 회부한다고도 합의했다.

남조선에서는 임시정부 지휘로 탁치반대와 독립전취(獨立戰取)를 목표로 설정하고 국제정의와 민족보전을 위해 불합작운동 전개에 매진한 국민총동원위원회 설치를 결성키로 했다.

서울에서는 40여 단체가 대동단결하여 일대 혈투를 전개하는 탁치 배격대회를 개최했고, 유흥업계에서도 휴업을 결의했다.

동아일보는 탁치 지지는 독립을 부인하는 것으로 진정한 애국자라면 통일전선에 협력을 촉구했고, 한민당에서는 일부의 교란자를 분쇄하자는 반박 성명을 발표했다.

김성숙 옹도 조선공산당의 탁치 찬성은 민중에 대한 기만이요, 매국을 위한 간책(奸策)을 자행하고 있다고 경고했다.

북조선 38선 이북에서도 반탁을 지지하는 서명운동이 전개되어 2만 명 이상이 날인(捺印)한 것으로 알려졌다.

평양에서 조선민주당 당수 조만식을 조선공산당 북조선분국 책임자 김일성이 초청하여 신탁통치 찬성을 종용했으나, 조만식이 반대하여 고려 호텔에 감금됐다고 전해왔다.

그러나 서울운동장의 시민대회에서는 조선공산당의 주도로 탁치 반대운동을 반대하는 결의문을 채택하고 시가행진을 벌였다.

남조선노동당도 신탁돼도 38선이 존속하면 신탁 원할 자 어디 있으랴라며 반탁성명을 발표했다가, 북조선공산당 당국의 지령을 받고 찬탁으로 급선회하여 찬탁과 반탁의 투쟁을 불러왔다.

(2) 협의대상 정당·단체 문제로 결렬된 미·소 공동위원회

3천만 민중의 주시 속에 1946년 5월 20일 덕수궁 석조전에서 제1차 미·소 공동위원회가 개최됐다.

미·소 공동위원회는 각 정당·단체와 협의할 정권 수립의 설문안을 발표하고 민주의원을 참가 협의기관으로 결정했다.

미·소 공동위원회 공동 코뮤니케에서 미·소 양군은 고문보좌관 각각 5명을 임명하고, 조선 임시 민주주의 정부를 1개월 이내로 수립에 착수하겠다고 발표했다.

소련의 스티코프 대표는 모스크바 3상회의 결정인 신탁통치를 반대하는 정당·단체는 협의 대상에서 제외를 주장하고, 미국의 아놀드 수석 대표는 신탁통치에 대한 찬성과 반대를 불문하고 모든 정당·단체를 협의 대상으로 하자고 주장하여 격론을 벌였다.

미·소 공동위원회 아놀드 미국 수석대표는 모스크바 결정을 무시하고는 조선 독립은 절대 불가능하다고 언명하며, 신탁통치 반대 등 유해(有害)한 운동을 지지하거나 참가치 말라고 경고했다.

미·소 공동위원회는 38선의 즉시 철폐와 과도정권 급속 수립을 위해 미·소 양국이 전력을 경주하겠다고 중간 발표했다.

그러나 협의 대상 정당·단체에 대한 상반된 주장과 무역과 여행의 자유와 38선 철폐에 대한 소련의 반대 그리고 비료, 전력, 연료 등의 협의도 보류된 상태에서 제1차 미·소 공동위원회는 용두사미로 폐막됐다.

1947년 5월에 덕수궁 석조전에서 소련의 스티코프 대표와 미국의 브라운 대표 간의 제2차 미·소 공동위원회가 개최됐다.

미·소 공동위원회 협의는 극비리에 임정 수립안에 국한되어 조선인은 관람자로 전락됐다.

미·소 공동위원회는 남북 조선인의 의견을 정취하여 임시정부 수립의 기준을 결정하기 위해 정당·단체를 등록토록 했다.

임시정부 수립을 위한 협의 대상 등록 업체는 463개였다. 남한이 425개, 북한이 38개 단체였다. 그러나 388개 단체가 협의에 응했으며 협의 대상에 남조선에서 370개, 북조선에서 18개 정당·단체가 등록했다.

한국민주당은 반탁정부를 만들기 위해 미·소 공동위원회 참가를 고려했고, 한국독립당은 공동위원회 참가 문제로 해외파와 국내파 간 대립과 암투가 벌어졌다.

협의대상 정당·단체 문제로 미·소 양 대표는 격론을 전개했다. 미국은 모스크바 협정은 4대국이 조선의 독립을 보장하는 기성 조약이라며 반탁의사 표시는 자유라고 주장했다.

미·소 공동위원회 협의 대상에서 소련이 반탁 정당·단체의 참여에 거부권을 행사하자, 미국도 북조선 반민주 정당의 제외를 주장했다.

미국의 브라운 대표는 자주독립을 위해 반탁은 당연하며 스티코프 대표의 반탁진영 제외 고집은 협정에 배치된다고 주장했다.

제외할 하등의 근거도 없는 24개 우익 정당·단체의 부정은 공산 정권 수립을 의도한 것이며, 기본적인 대립을 은폐코자 소련은 미·소 공동위원회 공동보고서 작성도 거부했다.

미국 국무성은 소련의 양국 동시 철군 제안을 철병은 유엔 결정으로 행해져야 한다면서 정식 거부했다.

미·소 공동위원회가 결렬되자 미국은 조선 문제를 유엔에 상정했고, 유엔은 조선 독립정부 수립을 위한 조선위원단을 결성토록 했다.

2. 조선의 신탁통치가 유엔 총회로 이양

(1) 미·소 공동위원회가 결렬되자 조선문제를 유엔에 상정

모스크바 3상회의 결정에 따라 한반도에 임시정부를 수립하고 신탁통치 실시 문제를 협의하기 위해 한반도에 주둔하는 미군과 소련군 대표들로 구성된 미·소 공동위원회가 설치됐다.

좌익계열의 찬탁운동과 우익진영의 반탁운동이 전국적으로 전개되는 가운데 개최된 미·소 공동위원회 예비회담에서 미국은 경제적, 행정적 문제 논의에 국한하자고 주장했고 소련은 정치적인 문제를 우선 논의하자고 주장했다.

1946년 5월 20일 덕수궁 석조전에서 개최된 제1차 미·소 공동위원회는 협의 대상이 될 정당·사회단체를 어떻게 선정하느냐의 문제를 놓고 미국은 좌우익 민주주의 정당·단체의 대표를 망라한 공동위원회 자문기관 설치를 주장한 반면, 소련은 신탁을 반대하는 정당·단체는 제외할 것을 주장했다.

미·소 간 협의 대상에 합의가 이뤄지지 못해 미국의 아놀드 소장과 소련의 스티코프 중장은 장기 휴회에 들어갔다가 1947년 5월 제2차 미·소 공동위원회를 개최했으나 아무런 합의나 결론을 얻지 못하고 결렬됐다.

이에 마샬 미국 국무장관은 "남북 조선에 인구 비율에 따라 의원을 선출하여 과도의회를 구성시켜 과도정부를 수립케 하고, 이 과도정부가 모스크바 협정을 준수하고 독립 국가를 이루기 위해 소, 중, 영, 미의 4개국 외상회담을 개최할 것"을 제의하는 각서를 소련에 보냈다.

그러나 소련의 몰로토프 외상은 "조선 문제는 모스크바 삼상회의 결정에 따른 미·소 공동위원회 외의 어떤 형태의 것도 국제 협약에 위배된다"는 이유로 즉각 거절했다.

미국은 미·소·영·중 4개국 회의를 주장하고 남과 북이 각각 입법기구를 세우고 그 대표들로 통일 임시정부를 구성하자고 또다시 제의 했지만, 소련은 남과 북의 분열을 조장하는 일이라고 반대하자, 미국은 자신들이 주도권을 쥐고 있는 유엔에 조선 문제 상정을 구상하게 됐다.

미국의 마샬 국무장관은 조선독립이 지연된 책임이 소련에 있으며 조선 문제에 관하여 소련과 합의에 도달하기는 불가능하여 총회가 신탁통치 기한 없이 조선의 독립을 달성하는 수단을 강구하기를 희망한다면서, 각국에 유엔 총회의 의결에 참가하기를 요구했다.

(2) 유엔 총회에서 유엔 조선위원회 설치안을 의결

소련의 조선독립안 등에 대한 배척으로 유엔의 전도(前途)가 비관시되는 상황에서, 미국 신문들은 소련이 불응할 시에는 유엔 감독 하에 남조선에 독립정부 수립이 필요하다고 역설했다.

미국은 조선의 제헌의원 선거를 조속히 시행하기 위해 특별위원회를 설치하고 조선의 독립을 촉진시키기 위한 결의안을 UN에 제출했다.

덜레스 미국 대표는 유엔의 토의 종료까지 미·소 공동위원회의 휴회도 제의하면서 조선위원회 설치 제안은 조선에 대한 신탁통치를 포기하고 통일독립국가 건설을 위한 최첩경(最捷徑)이라고 설명했다.

1947년 9월 20일 유엔 총회는 한국 문제를 유엔에서 다루자는 미국의 제안을 소련대표 비신스키의 비난에도 불구하고 찬성 43표 대 반대 6표로 가결시켰다.

덜레스 미국 대표는 조선의 정세는 극히 긴장되어 방치하면 더욱 곤란해지므로 조속한 해결을 강조했고, 소련은 미국의 제안을 반대하고 연내에 미·소 양군의 동시 철병안을 의연하게 고집했다.

소련의 비신스키 대표는 조선 문제 상정에 거부권을 주장했으나, 9월 23일 유엔총회 운영위원회에서는 조선 문제 유엔 상정을 소련과 폴란드의 반대에도 불구하고 12개국의 찬성으로 가결시켰다.

유엔 정치위원회에서 조선에 UN 감시위원회 파견안을 찬성 41표(기권 7표)로 가결시켰고, 소련은 여하한 위원회라도 이를 보이콧 할 것이라고 언명했다.

유엔 총회 정치위원회에는 소련 측의 보이콧 행사에도 불구하고 유엔 감시위원회 설치안을 찬성 46표를 얻어 가결했다.

1947년 11월 3일 미국은 미·소 양군의 철퇴와 총선거를 감독할 유엔 특별위원회 설치를 제안했고, 유엔은 조선선거관리위원회의 예산 60만 불을 가결했다.

유엔 총회는 소련의 최후까지 반대를 무릅쓰고 조선위원회 설치안을 43대 0으로 가결시키고, 소련이 제안한 미·소 양군 즉시 철병안은 부결시켰다.

유엔 인도 대표는 1948년 2월 이내에 총선거를 실시하고 미·소 양군은 정부 수립 후 90일 이내에 철수할 것을 제안했다.

각국 대표들의 격론 끝에 조선 위원회 구성은 오스트레일리아, 캐나다, 중국, 엘살바도르, 프랑스, 인도, 필리핀, 시리아, 우크라이나, 소련 등 9개국으로 하고 미군과 소련의 양군 철퇴는 90일 내로 수행하기로 했다.

유엔 총회는 1947년 11월 14일 소련이 불참한 가운데 조선 총선거안, 유엔 임시 조선위원단 설치안, 정부 수립 후 미·소 양군 철수안을 찬성 43표, 반대 6표로 가결했다.

(3) 유엔 소총회에서 남조선지역만의 선거 실시를 결의

11월 13일 유엔정치위원회가 제출한 "유엔 감시하에 한반도에 자유선거를 실시하여 독립 정부를 수립할 것"이라는 결의안을 유엔 총회는 통과시키고, 유엔 조선위원단을 구성키로 했다.

그러나 소련은 유엔 조선위원단의 북조선 입국을 거절하고 우크라이나와 함께 조선위원단 불참을 선언하여 조선위원단의 전도를 어둡게 했다.

그럼에도 불구하고 유엔 사무총장은 유엔 조선위원회 단장으로 유엔 사무차장인 중국인 호세택을 임명했고, 소련과 우크라이나가 제외된 7개국의 유엔 조선위원단은 인도 대표인 메논을 의장으로 선출하고 활동에 들어갔다.

유엔 조선위원단이 서울에 도착하자 대대적인 환영 행사가 열렸고 미군정청 딘 군정장관은 전 국민의 의사를 대표할 지도자 선출을 요망했다.

하지 사령관은 조선 독립을 달성하기 위해 유엔 조선위원단에 적극 협력하겠다고 메논 의장에게 약속했다.

조선위원단은 협의대상을 이승만, 김구, 조만식, 김규식, 김성수, 박헌영, 김일성, 허헌, 김두봉으로 선정했으나 소련 외상은 조선위원단의 북조선 입경을 거부 통보했다.

재남(在南) 이북단체연합회에서는 북조선의 입경이 불가능하면 남한만이라도 선거를 요망한다는 건의서를 조선위원단에 제출했고, 한국민주당은 소련이 거부하더라도 남조선에 중앙정부를 수립해야 한다고 주장했다.

미국의 타임즈도 소련이 보이콧하면 유엔 감독하에 남조선에 독립정부가 수립돼야한다고 주장했다.

이승만 독립촉성국민회 총재도 이 이상 주저하면 독립할 기회가 없다고 역설하고, 입법의회에서도 일부의원의 방해공작을 일축하고 남부지역 총선거 촉진 결의안을 40대 0으로 가결시켰다.

조선위원단 메논 의장은 조선 역사상 가장 중요한 시기가 도래했으며 5월 첫 주일 이내로 선거를 실시하겠다고 유엔에 보고했다.

소련의 반대에도 불구하고 설치한 유엔 소총회에 미국 대표는 유엔의 감독하에 남조선에서 선거를 실시하여 의원 3분의 2를 선출하는 결의안을 제출했다.

조선은 단일민족 국가로 38선 철거가 시급하다고 역설한 메논 의장은 유엔 소총회에서 조선의 사태를 명찰(明察)하여 남부지역만이라도 선거를 실시할 수 있도록 가결을 요망했다.

유엔 조선위원단이 소련의 거부로 38선 이북의 입경이 불가하자, 유엔 소총회는 1948년 2월 26일 유엔 임시 조선위원단이 접근할 수 있는 지역에서 총선거를 실시할 것을 찬성 31표, 반대 2표로 가결함으로써 남한만의 단독선거가 가시화됐다.

유엔 소총회에서는 가능 지역에서 선거를 실시한 후 남북 회담의 진행의 자유도 보장한다는 결의안을 가결시켰다.

유엔 조선위원회에서 소총회 결의안을 찬성 4국, 반대 2국으로 가결시켰다. 중국, 엘살바도르, 인도, 필리핀은 찬성했으나 캐나다와 시리아는 반대했고 프랑스는 기권했다.

3. 유엔의 감시하에 제헌의원 선거 실시

(1) 유엔 조선위원단의 감시하의 평화로운 선거 분위기

유엔 조선위원단은 자유선거 보장을 위해 현재의 법률 등을 심의하면서 조선인과의 협의 개시 최초로 이승만을 초청했고, 이승만은 소련의 입북 거부에도 불구하고 급속한 총선거 실시로 독립정부를 수립해야 한다고 주장했고, 한국민주당에서도 남조선만이라도 조속히 선거를 실시하자고 주장했다.

조선위원단은 중앙정부 수립을 위한 국회의원 선거 일자를 5월 9일로 결정하면서, 시·군마다 1명을 선출하되 인구가 15만 명을 넘을 경우 2개 선거구로 분구하여 정원 200명으로 선거권자는 년령 21세 이상으로 했다.

조선위원단 메논 의장은 선거운동의 기회 균등과 자유 분위기를 보장하여 애국자 집합체로 중앙정부가 수립될 것이라고 기대했다.

조선위원단은 각 시·도에 선거감시단을 파견하여 선거인명부 작성, 자유로운 입후보 등록, 선거참가 방해 등을 감독했다.

하지 미군 사령관의 요청에 의해 선거일자가 5월 9일에서 10일로 연기하여 실시됐다.

하지 미군 사령관은 자유로운 비밀투표로 애국자를 선거하라면서 흑백을 사용한 북조선의 기만적(欺瞞的) 투표는 남조선에서는 배격한다고 공언하고, 일부 낭설에 동요치 말라고 경고했다.

조병옥 경무부장은 선거 방해자는 처단하겠다고 엄포하고, 장택상 수도경찰청장은 선거의 자유를 확보하기 위해 경찰관은 선거에 간섭하지 말라고 지시했다.

미국은 북한의 남북 정당과 사회단체 협상 제안은 총선거를 방해하기 위한 기도이며, 남북 분열의 책임을 남조선에 전가(轉嫁)시키기 위한 술책이라고 비난했다.

하지 미군 사령관은 선거참가 거부의 결과는 조선을 혼란에 빠뜨리는 행위라고 경고하고, 이승만은 자유선거 보장을 이유로 적화(赤化)조장은 불가하며 선거포기자는 소수에 불과하다고 역설했다.

미군 군정청 딘 군정장관은 선거 불참은 용인될망정 선거반대 선동은 위법이라고 경고했다.

유엔 조선위원단은 광범한 현지 감시 결과, 남조선의 선거 자유 분위기가 확인됐으며 시리아 대표 무길의 "소수 정당·단체가 참가하지 아니했다", "향보단이 투표소를 경계했다"는 조선위원단의 의견이 아니고 사적(私的) 견해에 불과하다고 보고했다.

미국 마샬 국무장관은 제헌의원 선거 성공을 축하하며, 민주주의 방법에 의한 정부 수립 열의를 반영한 결과라고 치하했다.

(2) 김구 주석은 물론 김규식 등 중간파의 선거 불참

유엔 소총회의 결의에 따라 남조선에 국한하여 선거가 실시되자 남한만이라도 단독정부를 수립하여 독립을 이루자는 이승만, 반탁을 고수하면서 끝까지 통일정부를 수립하고자 하는 김구, 미·소 공동위원회 재개를 촉구하며 중간 좌우파의 합작을 꾀하는 김규식과 여운형, 공동위원회 재개를 촉구하면서 반미 행동으로 들어간 박헌영과 허헌 등의 복잡한 구도가 형성됐다.

김구는 "나는 남조선에 총선거를 실시해서 단독정부를 세우게 되면 곧 이북에도 단독정부를 세우게 될 뿐 아니라 민족끼리 싸움을 치르지 않고는 통일이 불가능하게 될 것이라고 생각해서 남조선 총선거를 반대한다"며, 제헌의원 선거 불참을 선언했다.

김구는 "이승만은 너무 대통령이 되려는 욕심에만 급급해 있어 그래, 나라를 두 동강이 내가지구 제가 대통령 노릇을 해보면 그만인가. 그런 뒤에 언제 누가 통일한다는 거야. 그런 무책임한! 도대체 반쪽 나라의 대통령이 뭐야. 제 욕심으로 나라를 망치다니"라며 이승만을 비난했다.

이승만은 "백범이라야말로 그 허무맹랑한 고집을 버리라구. 백범은 이상적 애국자는 될지 모르지만 유능한 정치가는 될 수 없다구"라고 반박했다.

"민족이 남북으로 갈라지는 것보다 상호 간의 이견을 조절해서 타협으로 화해된 상태를 위해서 공작해 보지도 않고 너희가 그러면 우리도 따로 살겠다는 것은 동포애가 아닙니다"라고 입법의원 의장인 김규식도 단정(單政) 반대론을 지지했다.

김구, 김규식, 김창숙, 조소앙, 조성환, 조완구, 홍명희 등 7명은 제헌의원 선거 불참 성명서를 공동으로 발표했다.

민주의원은 적색 음모 분쇄책은 시급한 선거 실시뿐이라고 주장했고, 이승만은 "소련군의 미·소 양군의 철퇴안의 수락은 남조선 단독정부 수립을 방해하기 위한 간교한 책략"이라고 비난하며, 모략에 동요 말고 투표로 독립국가를 성취하자고 역설했다.

한국민주당 김성수 위원장도 국권 회복의 선거에 유루(遺漏) 없이 참가하자고 호소했고, 하지 미군 사령관은 조선에 관한 미국의 목적은 선거에 의한 통일 독립국가 건설이라며 소련은 공평한 선거 감시에 공포감을 갖고 있다고 비난했다.

(3) 붉은 무리들의 사기극으로 끝난 평양 남북협상

김구는 1948년 12월 10일 "나는 통일된 조국을 건설하려다가 38선을 베고 쓰러질지언정 일신의 구차한 안일을 취하여 단독 정부를 세우는 데는 협력하지 않겠다"는 '삼천만 동포에게 읍고(泣告)함'이라는 성명서를 발표하고, 통일정부 수립을 위한 마지막 몸부림으로 평양길에 올랐다.

어떤 일이 있어도 반쪽 정권을 세워서는 안 된다는 김구 등 이른바 남북협상 세력은 김일성과 김두봉에게 남북요인 회담을 제의하는 서신을 보냈다.

이에 북한은 정당·사회단체 대표자 연석회의 개최를 제의하면서 김일성, 김두봉, 김구, 김규식의 소위 '4김회담'을 제안했다.

'4김회담'이 열리기 전 평양에서 개최된 남북한 정당·사회단체 지도자협의회에는 남측 대표로 김구, 김규식, 조소앙, 조완구, 홍명희, 김붕준, 엄항섭이 초청됐고, 북측 대표로는 김일성, 김두봉,

최용건, 박헌영, 주영하, 허헌, 백남운 등이 참석했다.

해방 후 좌우익과 중도파 인사들이 한 자리에 모여 외국군을 철수시키고, 통일 민족국가를 수립하고자하는 최초이자 최후의 모임이었다.

모란봉 극장에서 개최된 남북 정당·사회단체 대표자 합동회의는 김구, 김규식이 주장했던 남북 고위정치협상과는 동떨어진 군중대회로 변질됐다.

4김 회담에서는 김규식이 북한행에 앞서 제시한 5개항인 진정한 민주국가 건설, 사유재산 제도의 승인, 통일 중앙정부의 수립, 외국에 군사기지 불(不)제공, 미·소 양군 철수 등에 대한 전반적인 토의에 들어갔다.

이 회담에서 ① 우리나라에서 외국군이 철수하는 것은 우리 문제를 해결하는 유일한 방법이다.

② 외국군이 철수해도 내전(內戰)은 일어날 수 없으며 반통일적인 무질서의 발상도 허용치 않음을 확인한다.

③ 여러 정당과 단체들은 국민을 대표하는 민주주의 임시정부를 수립할 것이며, 이 정부는 비밀투표로써 통일적인 입법기관을 선거한다.

④ 남한의 단일정부 수립을 위한 단독선거를 반대하며 동시에 지지하지 않는다는 성명서를 채택했다.

'4김회담'에서 김구, 김규식의 주장대로 수풍발전소의 송전 계속, 연백 수리조합 개방은 동의를 받아냈으나, 하얼빈에 있는 안중근 의사 유해의 서울 송환과 조만식 선생의 월남 허용 문제는 소련의 허락을 받아야한다며 김일성과 김두봉이 정중하게 거절했다.

회담을 마치고 귀국한 김구와 김규식 등은 이 회담이 민주적 통일 조국을 재건하기 위해 남북의 단선·단정을 반대하는 데 있으며, 미·소 양군 철수를 요구하는 데도 의견이 일치했고, 송전(送電)과 황해도 연백 저수지 개방에 동의했다는 점을 귀환 성명으로 발표했다.

그러나 이들의 통일운동의 열의와 성의에도 불구하여 하지 미군사령관은 남북 정당·사회단체 대표 합동회의 요청서에 대한 불찬성 성명을 발표하고, 남한만의 단독선거가 치러져, '4김회담'과 남북협상파들의 노력은 민족통일을 염원하는 겨레의 소망과는 달리 물거품이 되고 말았다.

북한에서는 단전·단정 수립에 맞서 제2차 남북협상을 해주에서 개최할 것을 제의했으나, 김구와 김규식은 북한에 머물고 있는 홍명희와의 상의를 내세워 불참했다.

북한은 김구와 김규식의 불참한 채 남북 정당·사회단체 지도자 협의회를 개최하여 남한의 총선거를 규탄하면서, 북쪽만의 선거에 의한 조선 최고인민회의를 창설하여 조선인민공화국을 선포했다.

아울러 북한은 새로운 국기(國旗)를 제정하여 그때까지 통용되던 태극기를 폐지하고 인공기를 사용했으며, 남한지역의 송전(送電)도 중단시켰다.

이로써 남북의 분단은 고착되고 남북 대치와 대결의 시대로 접어들었다.

북한이 남북 지도자연석회의 개최를 제의한 것은 남조선의 단독선거를 방해하고, 장차 수립될 북한 정권에 대한 정통성을 부여하려는 의도가 작용했다.

김구와 김규식의 통일정부에 대한 열망은 존경스럽지만 김일성의 계략에 이용만 당한 것은 엄연한 사실이었다.

(4) 민주선거의 수범이라고 칭송받은 제헌의원 선거

세계의 주시하에 총선거가 실시되어 평온리에 투표가 종료됐다. 유엔 조선위원단은 선거 실시에 대한 시찰 업무를 완료하여 금번 선거는 민주선거의 수범(垂範)이라고 극찬했다.

동아일보는 총선거 완수 여하가 조선의 운명을 결정하므로 총선거에 총궐기하자고 주장하며, 전부가 애국자 자칭하여 과연 누가 적격자인가 간별이 어렵고, 잘난 척도 유분수 있지 생각도 못한 인물이 등장했으며, 신뢰할 수 없는 자가 출마한 것이 유감이라고 논평했다.

각자가 반성코 선배에 양보하고 정치 문외생까지 등장하여 진심으로 자기 반성하라면서, 냉정한 비판으로 애국자를 선출하자와 따뜻한 동지애로 해결하자고 호소하기도 했다.

수도경찰청에서 입후보자의 가두(街頭)연설을 허가하여 거리마다 애국의 정열이 불타올랐고, 가두에 선거 간판이 전시되어 성황을 이뤘다.

이승만 주도하의 애국단체에서는 후보자 난립 대책을 해결하고자 민족진영 입후보자 단일 공선제(共選制) 실시를 추진했으나 성과는 미흡했다.

조병옥 경무부장은 향보단은 선거가 끝나면 해산될 조직이므로 비난하지 말라고 호소하며, 선거기관이 피격 시 경찰은 무차별 사살할 것이라며 만일의 사태를 염려하여 비상 경비령을 시달했다.

광주, 진도, 대구에서 선거반대 폭동이 있었고, 서울 광희동 투표구에는 괴한이 수류탄을 투척했으나 감격과 긴장 속에서 유권자는 투표에 적극 참여했다.

선거가 성공리에 종료되자, 하지 미군 사령관은 조선의 자유선거는 민주주의의 승리라고 환호했고, 딘 정무장관은 선거에 반영된 애국심으로 정부 수립에 매진하자고 호소했다.

제2장 제헌의원 선거의 이모저모와 당선자

1. 남조선 48개 정당·단체들이 선거에 참여

2. 무투표 당선과 남조선노동당의 선거방해

3. 제헌의원 선거에서 당선된 영광의 얼굴들

1. 남조선 48개 정당·단체들이 선거에 참여

(1) 제헌의원 선거 참여와 불참의 격렬한 논쟁

한국독립당 김구 위원장은 남조선 단독선거는 국토 양분의 비극을 초래할 것이라고 경고하고 남조선 단독정부 수립을 반대하는 성명을 발표하고, 조선에 주둔하고 있는 미·소 양군이 철수한 후 자유선거를 실시할 것을 주장했다.

김규식의 민련(民聯)에서도 이극로 등은 참가를 주장하고, 윤기섭과 김명준은 중립적이었지만, 권태석과 장전 등이 국토를 양단하고 민족을 분열할 우려가 있다면서 강력하게 반대하여 총선 불참을 결의했다.

홍명희와 오하영이 상무위원으로 있는 민주독립당은 선거불참을 선언했는데, 구 신한민주당계와 민중동맹파는 선거 참여를 주장하여 양분됐다.

이승만은 기왕에 선출된 민족대표자와 임시정부 계통의 국민회의 그리고 입법의원들도 대부분 참가하는 민족대표자회의를 소집했다.

이 대회에서 조소앙은 "우리가 민족대표자 대회에 참가한 것은 민족진영이 통합하여 미·소 공동위원회를 분쇄해 반탁을 관철하고 민족통일국가를 수립하기 위해서다. 그런데 남한만의 단독정부를 꿈꾸는 것은 우리 임정의 입장으로는 용납할 수 없는 것이다"라고 통일 정부수립을 주장하면서 제헌의원 선거 불참을 선언했다.

반면, 독립촉성국민회의 배은희는 "지금 북한에는 임시적인 조치라고 하지만 인민위원회가 정부의 기능을 발휘하고 있다. 임정요인들이 주장하는 통일 민족국가는 우리 민족이면 누구나 갈망하는 명제(命題)이지만 현실은 그것을 용납지 않고 있다. 그러므로 남한 단독정부 수립은 현실적인 명제에 입각한 최선의 방안이다"라는 주장으로 맞섰다.

민족대표자대회에서 "민족진영의 대동단결은 총선거에서"라는 제하에서 대의원대회를 실시하고 총선거 실시에 관한 방책을 수립할 것을 결의했다. 그리고 대회 의장에는 배은희, 부의장에는 명제세와 박순천을 선출했다.

이와같이 제헌의원 선거에 찬성하는 단체와 반대하는 단체의 논쟁은 끝없이 지속됐다.

(2) 948명의 후보들이 등록하여 열전(熱戰)을 펼쳐

이번 제헌의원 선거에 등록한 입후보자는 948명이며, 무소속 후보가 417명으로 44%이고, 소속 정당·단체를 밝힌 후보들이 531명으로 56%를 점유했다.

이승만을 총재로 추대하고 있는 대한독립촉성국민회가 235명으로 25%를 점유하고 있고, 김성수가 위원장으로 있는 한국민주당이 91명으로 10% 수준이다.

새나라 건설의 씩씩한 역군으로 청년들의 영기(英氣)를 배양하자는 기치를 내걸고 이범석 장군이 주도한 조선민족청년단이 20명을, 24개 청년단체가 통합되어 이승만을 총재로 추대하고 이청천 장군이 단장인 대동청년단이 87명의 후보를 배출했다.

대한독립촉성노동총연맹(12명), 대한독립촉성농민총연맹(10명), 대한독립촉성애국부인회(7명), 조만식 선생이 주도했던 조선민주당(5명), 우익진영 청년단체 결집체인 대한청년단(4명), 조선불교총무원(4명), 한국독립정부수립대책협의회(3명), 대한독립청년단(3명), 조선예수교장로회(3명), 대한부인회(3명), 김구 주석이 당수로 있는 한국독립당(3명), 교육협회(2명), 조선여자국민당(2명), 대한정의단(2명), 대한독립촉성국민총연맹(2명), 기독교청년회(2명), 유도회(2명), 단민당(2명)에서는 복수의 후보들이 출전했다.

그러나 대성회, 전도회, 민족통일본부, 조선공화당, 부산15구락부, 여성단체총연맹, 한국기독교연합회, 민주주의자주독립당, 조선건국청년회, 대한독립서북협회, 조선변호사협회, 청년조선총연맹, 청년당, 조선법학회, 대한민국 총동원본부, 조선불교 중앙총무원, 상무사, 민족사회당, 민중당, 이재민동포자치회, 애국부인동지회, 고려진보당, 청우당, 민주의원, 민족통일건국전선 등은 단독으로 제헌의원 선거에 참전하여 48개 정당·단체가 등록했다.

2. 무투표 당선과 남조선노동당의 선거 방해

(1) 이승만 국민회 총재를 포함한 12명은 무투표 당선

호양정신을 발휘하여 무투표 당선자를 배출한 지역구는 경기도 광주 신익희(독촉국민회), 가평 홍익표(무소속), 전북의 정읍갑 나용균(한국민주당), 전남의 광주 정광호(한국민주당), 영암 김준연(한국민주당), 영광 조영규(한국민주당), 경북의 영양 조헌영(한국민주당), 영덕 오택열(독촉국민회), 영천갑 정도영(독촉국민회), 영천을 이범교(무소속), 김천을 이병관(무소속) 후보등 11개구였다.

이승만의 당선을 방해하기 위해 하지 미군 사령관의 사주를 받아 출전했다는 경무부 수사국장인 최능진 후보의 추천장에 서명한 202명을 경찰에서 낱낱이 조사해 그 중 30명은 동회 직원을 가장하고 배급을 준다는 명목으로 호별 방문한 청년들에게 영문도 모른 채 도장을 찍어주었다고 중앙선거위원회에 제보했다.

이에 노진설 중앙선거위원회에서 최능진 후보의 등록무효 공고로 이승만 (독촉국민회) 후보도 무투표 당선됐다.

그리하여 무투표 당선자는 12명이었으며 이들의 소속은 독촉국민회 4명, 한국국민당 5명, 무소속 3명이었다.

(2) 제헌의원 선거에서 낙선한 유명 인사들의 모음

이번 선거에서 낙선한 유명 인사로는 수도권에서 대한여자청년단 장인 박순천(종로갑), 민주의원 의원인 장연송(동대문을), 민주당 최고위원이 된 백남훈(성동), 이화여대 총장인 김활란(서대문), 신민당 총재가 된 유진산(마포), 자유당 시절 실세였던 남송학(용산), 성북의 터줏대감인 서범석(옹진갑) 후보들을 들 수 있다.

영남권에서도 국회부의장으로 선출된 조경규(대구갑), 주일대사로 발탁된 유태하(안동을), 자유당 당무위원에 선임된 정문흠(봉화) 후보들과 경남에서도 명치대 출신인 이시목(의령), 입법의원 의원인 김법린(동래), 민주당의 주춧돌 역할을 한 정헌주(사천), 입법의원 의원인 신중목(거창) 후보들도 낙선자 대열에 합류했다.

강원·충청권에서도 유정회 의장을 지낸 태완선(영월), 대통령에 오른 윤보선(아산), 다선의원이며 정치권의 중진으로 발돋움한 진형하(대전), 박충식(공주갑), 유홍(예산), 이상철(청양), 이상돈(천안), 김종철(천안) 후보들도 낙선했다.

호남권에서 반탁운동 선두에 섰던 이철승(전주), 국회부의장으로 선임된 서민호(고흥을), 민주당 중진인 김선태(완도) 후보들도 낙선했다.

(3) 남조선노동당의 끈질긴 방해에도 96.6% 투표율을 기록

하지 미군 사령관은 중앙정부 수립을 위한 제헌의원 총선거를 실시한다고 발표했고, 유엔 조선위원회도 가능 지역에서의 선거의 구체안을 토의하기 위한 전체회의를 소집했다.

장택상 수도경찰청장은 선거의 자유를 보장하기 위해 경찰관은 간섭하지 말라고 지시했고, 조병옥 경무부장도 선거 방해자를 엄중처단하겠다는 담화를 발표했다.

김구의 한국독립당과 중간파들은 대부분 무소속으로 입후보했다. 이승만은 이승만의 추천을 가칭하는 입후보자들의 허설(虛說)에 속지 말라고 성명했다.

재남(在南)이북 애국연합에서는 월남 이주민 460만 명은 이북 출신 입후보 지지를 위해 전원 투표할 것을 권장했다.

미군 군정청 딘 군정장관은 군정청 공무원들이 입후보 할 때는 직위를 사퇴하라며 복직 약속한 일 없다고 공언했다.

한국민주당 김성수 위원장은 후보 난립을 우려하여 입후보를 포기하고, 조선민주당 이윤영을 종로 갑구에 추천하고 불출마했다.

입법의원 사무총장 전규홍은 일제에 협력하거나 사욕을 채운 자는 선거에서 제외를 지령했고, 미군 군정청은 일제 치하에서 사상 취급 경찰관과 고급관리의 피선거권을 박탈했다.

수도경찰청은 북한산에 잠복한 인민청년군 일당을 체포하고 무기와 탄환도 압수했다.

조선공산당의 조직적인 선거방해 운동의 지령에 따라 각지에서 폭동이 일어나 나주에서 4명이 피살됐다.

특히 제주도에서는 미증유의 폭동이 일어나 동포 살육의 비극으로 350명이 살해되고 평화스러운 남해의 고도인 평화롭던 섬이 피의 격전장이며, 파괴와 책동의 선전장으로 변모했다.

북제주 갑구와 을구의 선거는 폭동으로 인한 투표율의 저조로 당선을 무효화시키고 1년 후에 재선거를 실시했다.

총선 전후를 기한 남조선노동당 계열의 발악으로 습격과 폭행이 1,047건으로 살상자는 846명이었다.

제헌의원 선거의 유권자는 7,840,871명이며 7,487,649명이 투표하여 투표율은 96.5%를 기록했다. 당시의 인구는 19,190,877명이었다.

이승만은 조국 재건에 희생정신을 발휘하여 유혹과 정실을 떠나 진정한 대변자를 선출했다면서 반동분자의 모략 분쇄와 등록보다 우수한 투표율을 보였다고 논평했다.

(4) 무소속 후보들이 국회 의석 43.5%인 85석을 점유

이번 선거에서 대한독립촉성국민회가 55명, 한국민주당이 29명, 대동청년단이 12명, 조선민족청년단이 6명의 의원을 배출했다.

농민총연맹, 노동총연맹, 대성회에서도 2명의 의원을 배출했고, 단민당, 조선공화당, 전도회, 교육협회, 민족통일본부, 부산15구락부, 국민회, 대한청년단에서도 1명의 후보가 당선됐다.

그러나 대한독립청년단, 조선예수교장로회, 조선여자국민당, 청년단, 민중당, 청우당, 고려진보당 등 31개 정당·단체에서는 의원 배출에 실패했다.

417명의 후보들이 무소속으로 등록하여 85명이 당선되어 전체 의석의 절반에 가까운 43.5%를 차지했다.

입법의원 출신은 23명이 출전하여 장면, 김도연, 신익희, 윤석구, 서상일, 오용국 등 11명이 당선됐다.

3. 제헌의원 선거에서 당선된 영광의 얼굴들

(1) 서울(10명) : 한국민주당 4명, 대동청년단 2명, 조선민주당 1명, 독촉국민회 1명, 무소속 2명

◆한국민주당(3명) : 윤치영(중구, 민주의원 비서국장), 김도연(서대문, 입법의원), 김동원(용산, 상업), 이영준(동대문을, 교수)

◆대동청년단(2명) : 이청천(성동, 대청단장), 윤재욱(영등포, 의사)

◆조선민주당(1명) : 이윤영(종로갑, 조민당 최고위원)

◆독촉국민회(1명) : 이승만(동대문갑, 독촉국민회 총재)

◆무소속(2명) : 장면(종로을, 입법의원), 김상돈(마포, 연희전문 강사),

(2) 경기(29명) : 독촉국민회 7명, 대동청년단 3명, 한국민주당 2명, 한국독립당 1명, 무소속 16명

◆독촉국민회(7명) : 서성달(고양갑, 무직), 신익희(광주, 입법의원), 이유선(부천, 상업), 신광균(개풍, 군수), 송창식(이천, 면장), 민경식(용인, 일본 중앙대 졸), 김영기(안성, 경기도지사)

◆대동청년단(3명) : 원용한(여주, 목사), 홍길선(수원갑, 회사원), 김인식(옹진을, 조도전대 졸)

◆한국민주당(2명) : 서정희(포천, 독립운동), 신현모(연백을, 출판업)

◆한국독립당(1명) : 오택관(옹진갑, 목사)

◆무소속(16명) : 곽상훈(인천갑, 신문사지국장), 조봉암(인천을, 모스크바대 졸), 이성득(개성, 상업), 최국현(고양을, 경향신문 차장), 김덕열(양주갑, 면장), 이진수(양주을, 서울약대 이사장), 이재형(시흥, 금융조합 이사), 정준(김포, 기독청년회 총무), 윤재근(강화, 면장), 김웅권(파주, 독립운동), 조중현(장단, 채광업), 김경배(연백갑, 수리조합장), 홍익표(가평, 경성제대 졸), 유래완(양평, 입법의원, 면장), 최석화(평택, 면장), 김웅진(수원을, 토건업)

(3) 충북(12명) : 독촉국민회 2명, 한국민주당 1명, 대동청년단 1명, 무소속 8명

◆독촉국민회(2명) : 정구삼(옥천, 농업), 이의상(음성, 농업)

◆한국민주당(1명) : 송필만(진천, 농업)

◆대동청년단(1명) : 김기철(충주, 출판업)

◆무소속(8명) : 박기운(청주, 경찰관), 홍순옥(청원갑, 의사), 이만근(청원을, 경찰청 부청장), 김교현(보은, 중학교장), 박우경(영동, 공무원), 연병호(괴산, 임정요인), 유홍열(제천, 면장), 조종승

(단양, 공무원)

(4) 충남(19명) : 독촉국민회 10명, 대동청년단 1명, 무소속 8명

◆독촉국민회(10명) : 성낙서(대전, 충남도지사), 송진백(대덕, 농업), 진헌식(연기, 보성전문 교수), 유진홍(논산갑, 상업), 남궁현(부여갑, 상업), 김이수(부여을, 농업), 이종근(청양, 대한청년단장), 손재학(홍성, 사립학교 교사), 김용재(당진, 곡물검사원), 이병국(천안, 국민회 지회장)

◆대동청년단(1명) : 임석규(보령, 대한청년단장)

◆무소속(8명) : 김명동(공주갑, 서당 선생), 신방현(공주을, 면장), 최운교(논산을, 농민회장), 이훈구(서천, 군정청 농림부장), 윤병구(예산, 농업), 이종린(서산갑, 천도교 장로), 김동준(서산을, 대한민보 사장), 서용길(아산, 성균관대 교수)

(5) 전북(22명) : 독촉국민회 5명, 한국민주당 4명, 농민총연맹 2명, 민족청년단 2명, 대동청년단 1명, 무소속 8명

◆독촉국민회(5명) : 조재면(부안, 군수), 유준상(완주갑, 면장), 정해준(금산, 독촉중앙회 문교부장), 진직현(임실, 변호사), 신현돈(무주, 의사)

◆한국민주당(4명) : 나용균(정읍갑, 한민당 사무국장), 김종문(정읍을, 읍장, 신문지국장), 백관수(고창을, 입법의원), 노일환(순창, 신문사원)

◆농민총연맹(2명) : 이요한(옥구, 대서사), 이석주(완주을, 농업)

◆민족청년단(2명) : 홍희종(김제을, 부읍장), 이정기(남원, 회사장)

◆대동청년단(1명) : 백형남(익산갑, 청년운동)

◆무소속(8명) : 신성균(전주, 면장), 윤석구(군산, 입법의원), 배헌(이리, 회사원), 김영동(고창갑, 조선전업 사원), 이문원(익산을, 교사), 조한백(김제갑, 신문지사장), 오기열(진안, 농업), 김봉두(장수, 대지건설 사장)

(6) 전남(29명) : 한국민주당 10명, 독촉국민회 5명, 민족청년단 1명, 단민당 1명, 대동청년단 1명, 대성회 1명, 노동총연맹 1명, 무소속 9명

◆한국민주당(10명) : 정광호(광주, 광주시장), 서우석(곡성, 입법의원), 김종선(구례, 양조업), 이정래(보성, 출판업), 김준연(영암, 신문기자), 김용현(무안갑, 농업), 장홍염(무안을, 회사원), 김상호(나주을, 원예업), 조영규(영광, 의사), 김상순(장성, 삼양사 사장)

◆독촉국민회(5명) : 이남규(목포, 목사, 입법의원), 김문평(여수갑, 군수), 조옥현(순천을, 농업), 오석주(고흥갑, 목사), 송봉해(해남갑, 의사)

◆민족청년단(1명) : 정균식(담양, 면장)

◆단민당(1명) : 유성갑(고흥을, 교육가)

◆대동청년단(1명) : 이성학(해남을, 사회사업)

◆노동총연맹(1명) : 황두연(순천갑, 노동조합장)

◆대성회(1명) : 조국현(화순, 매일신문기자)

◆무소속(9명): 박종남(광산, 중학교장), 김옥주(광양, 중학교사), 황병규(여수을, 어업조합장), 김중기(장흥, 교사), 차경모(강진, 농민회 서기), 이항발(나주갑, 신문사원), 이성우(함평, 신문지국장), 김장열(완도, 경찰서장), 김병회(진도, 신문기자)

(7) 경북(33명) : 독촉국민회 11명, 한국민주당 5명, 대동청년단 2명, 전도회 1명, 교육협회 1명, 민족통일본부 1명, 노동총연맹 1명, 무소속 11명

◆독촉국민회(11명) : 권병로(의성을, 의사), 김익기(안동갑, 읍장), 오택열(영덕, 광업), 김철(경주갑, 교사), 이석(경주을, 신문사 사장), 정도영(영천갑, 국민회 회장), 이범교(영천을, 의사, 중학교장), 박종환(청도, 인사처 고시과장), 장병만(칠곡, 농업), 육홍균(선산, 국민회지부장), 한암회(상주갑, 신문지국장)

◆한국민주당(5명) : 최윤동(대구갑, 광복회장), 서상일(대구을, 입법의원), 백남채(대구병, 중학교장), 조헌영(영양, 한약종상), 박상영(예천, 중학교사)

◆대동청년단(2명) : 최석홍(영주, 청년운동), 배중혁(봉화, 대청경리국장)

◆전도회(1명) : 김우식(달성, 유도회 위원장)

◆교육협회(1명) : 김봉조(청송, 경북 학무과장)

◆민족통일본부(1명) : 김상덕(고령, 입법의원, 중학교장)

◆노동총연맹(1명) : 전진한(상주을, 노총위원장)

◆무소속(11명) : 박준(군위, 통신사 사장), 정우일(의성갑, 읍장, 장로), 정현모(안동을, 회사중역), 박순석(영일갑, 장로회 목사), 김익로(영일을, 신문지국장), 박해정(경산, 경찰청 총경), 이호석(성주, 농업), 권태희(김천갑, 중학교장), 이병근(김천을, 면장), 조병한(문경, 가축진흥 감사), 서이환(울릉, 울릉도사(島司))

(8) 경남(31명) : 독촉국민회 6명, 한국민주당 3명, 민족청년단 3명, 조선공화당 1명, 부산구락부 1명, 무소속 17명

◆독촉국민회(6명) : 이주형(밀양갑, 입법의원, 중학교장), 김태수(창원갑, 공무원), 김경도(함양, 면장, 교사), 표현태(거창, 면장, 학교장), 이원홍(합천갑, 변호사), 김효석(합천을, 농업)

◆한국민주당(3명) : 허정(부산을, 보성전문 졸), 한석범(부산병, 공업), 김재학(통영갑, 회사장)

◆민족청년단(3명): 문시환(부산갑, 경남도 상공국장), 안준상(의령, 농업), 강욱중(함안, 변호사)

◆조선공화당(1명) : 김약수(동래, 항일투쟁)

◆부산구락부(1명) : 강달수(하동, 중학교장)

◆무소속(17명) : 박찬현(부산정, 경남경찰국 과장), 권태욱(마산, 치과재료상), 이강우(진주, 교사), 황윤호(진양, 면장), 구중회(창녕, 중학교장), 박해극(밀양을, 변호사), 정진근(양산, 조도전대졸), 최봉식(울산갑, 면장), 김수선(울산을, 교사), 신상학(김해갑, 청년운동), 조규갑(김해을, 면장), 주기용(창원을, 읍장), 서순영(통영을, 법관, 심판관), 최범술(사천, 대학이사장), 이귀수(고성, 회사원, 기자), 박윤원(남해, 기사), 강기문(산청, 대한건설 사장)

(9) 강원(12명) : 독촉국민회 6명, 대동청년단 1명, 무소속 5명

◆독촉국민회(6명) : 최규옥(춘천, 의사), 이종순(춘성, 토목업), 원용균(횡성, 면장), 황호현(평창, 보문 합격), 최헌길(강릉을, 국민회지부장), 김진구(삼척, 농장 경영)

◆대동청년단(1명) : 원장길(강릉갑, 조선업)

◆무소속(5명) : 이재학(홍천, 도지사 대리), 홍범희(원주, 사회사업), 장기영(영월, 미국에서 귀국), 최태규(정선, 신문기자), 김광준(울진, 경찰서장)

(10) 제주(3명) : 대한청년단 1명, 국민회 1명, 무소속 1명

◆대한청년단(1명) : 양병직(북제주을, 농업)

◆국민회(1명) : 홍순영(북제주갑, 여중교장)

◆무소속(1명) : 오용국(남제주, 입법의원)

※ 북제주 갑·을구는 양귀진, 양병직이 당선됐으나 투표참여의 저조로 무효화하고 1949년 5월에 재선거를 실시하여 당선자 결정

[제4부] 지역구별 불꽃 튀는 격전의 현장들

제1장 수도권 : 저명(著名)인사들의 텃밭
제2장 영남권 : 독립촉성국민회가 한민당을 압도
제3장 강원·충청권 : 독립촉성국민회의 텃밭
제4장 호남·제주권 : 뿌리를 내린 한국민주당

제1장 수도권 : 저명(著名)인사들의 텃밭

1. 서울·경기의 의석 점유율은 19.5%에 불과

2. 수도권 29개지역구 불꽃 튀는 격전의 현장으로

1. 서울·경기의 의석 점유율은 19.5%에 불과

(1) 서울 10개구, 경기 19개구로 수도권 선거구는 29개구

서울시의 인구는 1,141,966명으로 10개구이고, 경기도의 인구는 2,486,369명으로 29개이며, 서울의 선거구당 평균인구수는 11만 4,176명이 넘지만, 경기도의 선거구당 인구수는 8만 5,840명에 불과했다.

이처럼 선거구당 평균 인구수의 격차가 심한 것은 제헌의원 선거에서는 인구수에 따라 선거구를 구분하기보다는 행정구역에 따라 선거구를 우선 확정하고, 인구수가 15만명을 넘는 경우에 한하여 분구하였기 때문이다.

그리하여 서울시는 10개구, 부산시는 4개구, 대구시는 3개구, 인천시는 2개구였으나 대전, 광주, 마산 등은 1개구 체제였다.

경기도에 황해도 관할이지만 38도선 이남인 연백 갑·을구와 옹진 갑·을구 등 4개구가 포함됐다.

경기도 관할이지만 연천군은 북한 땅이고 지금은 북한 관할로 넘겨진 개성시, 개풍군, 장단군은 경기도 관할이었다.

수도권 당선자 29명의 소속단체는 대한독립촉성국민회 8명, 한국민주당 6명, 대동청년단 5명, 조선민주당 1명, 한국독립당 1명을 제외한 8명은 무소속 후보들이다.

이승만(동대문갑), 신익희(광주), 서성달(고양갑), 이유선(부천), 신광균(개풍), 송창식(이천), 민경식(용인), 김영기(안성) 후보는 대한독립촉성국민회 후보들이고, 윤치영(중구), 이영준(동대문을), 김도연(서대문), 김동원(용산), 서정희(포천), 신현모(연백) 후보는 한국민주당 후보들이다.

이청천(성동), 윤재욱(영등포), 원용한(여주), 홍길선(수원갑), 김인식(옹진을) 후보들은 대동청년당 소속이고, 이윤영(종로갑) 후보는 조선민주당, 오택관(옹진갑) 후보는 한국독립당 소속이다.

이번 총선에서 낙선한 후보들은 대한여자청년단장인 박순천, 민주의원 의원이었던 장연송, 조도전대 출신인 백남훈, 이화여대 총장인 김활란, 입법의원 의원이었던 안동원, 청년운동가로 알려진 유진산, 인쇄업자였던 남송학, 입법의원 의원인 하상훈, 대동청년단 부단장 이성주, 한국민주당 청년부장 김산, 극동기업 사장인 남궁련, 저술가인 함상훈, 북경대를 중퇴한 서범석 후보들이 포함됐다.

(2) 1만 표 미만을 득표하고도 7명의 후보들이 당선

이번 선거에서 이승만(동대문갑), 신익희(광주), 홍익표(가평) 후보들은 무투표 당선됐고, 이청천(성동) 후보는 75.2% 득표율로 당선되어 최고 득표율을 자랑했고, 조중현(장단) 후보는 16.7%를 득표하고도 당선되는 행운아가 됐다.

이윤영(종로갑), 장면(종로을), 김도연(서대문), 곽상훈(인천갑), 원용한(여주), 민경식(용인), 김영기(안성), 홍길선(수원갑), 김경배(연백갑) 후보들은 50%가 넘는 득표율로 당선됐지만, 윤재욱(영등포), 최국현(고양을), 유래완(양평), 최석화(평택), 이진수(양주을), 오택관(옹진갑) 후보들은 20%대 득표율로 당선됐다.

또한 서성달(고양갑), 최국현(고양을), 서정희(포천), 유래완(양평), 조중현(장단), 이진수(양주을), 오택관(옹진갑) 후보들은 1만 표 미만을 득표하고도 당선의 기쁨을 누렸다.

미국이나 일본 등 해외에서 유학한 당선자들은 윤치영, 장면, 이승만, 이청천, 김도연, 김상돈, 조봉암, 최국현, 신익희, 이재형, 김경배, 신현모, 민경식, 홍길선, 김인식 후보들이며 소학교나 중학교 졸업자들은 서정희(포천), 이유선(부천), 신광균(개풍), 송창식(이천), 김영기(안성), 김웅진(수원을) 후보들이며, 한문수학에 그친 후보는 유래완(양평) 후보이다.

이성득(개성), 서성달(고양갑) 후보들은 학력을 기재하지 아니했다.

면장 출신들은 김덕열(양주갑), 윤재근(강화), 유래완(양평), 최석화(평택) 후보들이고, 군수 출신은 신광균(개풍) 후보이며, 경기도지사 출신은 김영기(안성) 후보이다.

오택관(옹진갑), 원용한(여주) 후보들은 목사 출신이고 이영준(동대문을), 윤재욱(영등포) 후보들은 의사 출신이며, 장면(종로을), 김도연(서대문), 신익희(광주), 유래완(양평) 후보들은 입법의원임을 명기했다.

(3) 헤아릴 수 없이 난립한 소속단체 약칭(略稱) 명기

공천제가 확립되지 못하고 자기의 소속을 임의로 기재하여 수많은 단체가 난립해 부득이 소속단체를 다음과 같이 약칭으로 기재했고 복수로 기재한 단체는 임의로 선택하여 기재했다.

대한독립촉성국민회는 독립촉성회, 대한독립노동총연맹은 노동총연맹, 대한독립촉성농민총연맹은 농민총연맹, 대한독립촉성국민총연맹은 국민총연맹, 조선민족청년단은 민족청년단, 여성단체총연합은 여성총연맹, 민주주의자주독립당은 자주독립당, 한국기독교연합회는 기독교연합, 대한독립청년단은 독립청년단, 독립촉성애국부인회는 독촉부인회, 조선건국청년회는 조선청년회, 조선여자국민당은 조선국민당, 청년조선총동맹은 청년총동맹, 한국독립정부수립대한협의회는 정부수립회, 대한독립서북협회는 서북협회, 조선예수교장로회는 조선장로회, 기독교청년회는 기독청년회, 이재민동포경북자치회는 이재민동포, 애국부인동지회는 부인동지회, 예수교장로회는 예수장로회, 민족통일본부는 민족통일부, 민주의원경제위원회는 경제위원회, 독립국민총연맹은 국민총연맹, 부산15구락부는 부산구락부, 민족통일건국전선은 건국전선, 조선불교중앙총무원은 불교총무원, 논산군교육협회는 논산교육회, 대한민국총동원본부는 총동원본부, 대한불교전북교구원은 전북교구원, 기독교청년회는 기독청년회, 기독교도연맹은 기독교연맹, 조선변호사회는 조선변호사로 명기했다.

그리고 제헌의원 선거에는 문중과 출신지역이 선거에 중대한 영향을 미쳐 거주한 면이나 읍 등을 표시하기도 했다.

2. 수도권 29개 지역구 불꽃 튀는 격전의 현장으로

서울특별시

〈중구〉 민주의원에서의 활동 경력을 내세워 일본대 유학파인 박정근, 황애덕, 강용희 후보들을 꺾어버린 윤치영

민주의원 비서국장 출신인 윤치영 후보가 한국민주당(한민당) 공천을 받고 지역구를 선점한 가운데, 의사 출신인 조선민주당(조민당) 성리경, 청년당의 백인제 후보들과 여자기독교청년회에서 활동한 여성단체총면맹 황애덕 후보들을 비롯한 12명의 후보들이 도전했다.

미국 아메리칸대 출신인 윤치영 후보에게 동경대 출신인 박정근, 조도전대 출신인 황애덕, 강용희 후보들이 도전한 셈이다.

중구 동연합회장인 박정근, 변호사로 활동하고 있는 이봉구, 의사 출신으로 독립운동에 열렬한 백인제, 이북통신사 사장인 이북, 사회사업가로 명성을 쌓은 함석훈 후보들이 선전했으나 도전에 머물렀다.

서대문구에 주소를 두고 있는 윤치영 후보가 널리 알려진 명성과 한민당 지지세를 결합시켜 대승을 거두었다.

□ 득표상황

후보자	정당	연령	주요 경력	득표 (%)
윤치영	한국민주당	51	민주의원비서국장	28,496 (43.5)
박정근	무소속	51	중구 동연합회 회장	8,594 (13.1)
백인제	무소속	51	병원장	5,688 (8.7)
이봉구	무소속	56	변호사	4,615 (7.0)
황애덕(여)	여성총연맹	56	여자기독청년회원	4,253 (6.5)
이 북	무소속	36	이북통신 사장	3,782 (5.8)
이중근	무소속	39	회사원	2,867 (4.4)
김 선(여)	무소속	39	출판사 사장	2,357 (3.6)
함석훈	무소속	49	사회사업가	1,679 (2.6)
박 송	무소속	39	속기사	935 (1.4)
백형석	청년당	44	회사원	767 (1.2)
석라경	조선민주당	36	의사	729 (1.1)
강용희	무소속	55	조도전대 졸	716 (1.1)

〈종로 갑〉 김성수 한국민주당 대표의 출전 포기와 추천으로 국회 등원에 성공한 조선민주당 이윤영

한민당을 이끌고 있는 인촌 김성수 후보가 평양에 머물고 있는 조만식 선생의 분신인 조민당 이윤영 후보의 당선을 위해 출마를 포기한 이 지역구는 조민당 수석 최고위원인 이윤영 후보의 독무대였다.

한민당 출신이 없는 가운데 부인신문사 사장이며 대한여자청년단 장인 박순천 후보가 독립촉성애국부인회 명의로 도전하여 쌍벽을 이뤘다.

변호사인 민주주의자주독립당 최진, 의사인 한국기독교연합회 박용래, 회사원인 대한독립청년단 서상천 후보들도 야멸차게 도전장을 내밀었으나 도전에 머물렀다.

□ 득표상황

후보자	정당	연령	주요 경력	득표 (%)
이윤영	조선민주당	59	조민당 최고위원	20,497 (56.1)
박순천(여)	독촉부인회	51	대한여자청년단장	5,518 (15.1)
서상천	독립청년단	46	회사원	4,456 (12.2)
최 진	자주독립당	73	변호사	1,510 (4.1)
박용래	기독교연합	46	의사	1,463 (4.0)
김대석	무소속	42	회사원	1,322 (3.6)
김은배	무소속	38	체육신문사장	1,085 (3.0)
오삼주	무소속	58	한의사	676 (1.9)

〈종로 을〉 입법의원의 활동을 내세워 당선된 장면 후보의 주미대사 발탁으로 보궐선거가 실시되어 법무부장관을 지낸 이인 후보가 승계

미국 맨하탄대 출신으로 동성고 교장을 거쳐 입법의원으로 활동한 장면 후보가 지역구를 선점한 가운데, 한민당과 대한독립촉성국민

회(독립촉성회) 출신은 출전하지 아니했지만, 조선건국청년회 오정방, 의학박사인 대한정의단 최성장 후보들이 출전했다.

저술가로 명성을 날린 무소속 최규설, 대한상공보 사장인 무소속 이명호 후보들이 선전했지만, 장면 후보의 적수가 되지는 못했다.

당선된 장면 후보는 초대 주미대사에 임명되어 보궐선거가 실시되었으며, 1949년 3월 30일 실시된 보궐선거에서 법무부장관을 지낸 무소속 이인 후보가 수도경찰청장을 지낸 무소속 장택상, 민주국민당 최고위원으로 선임된 백남훈 후보들을 꺾고 당선되어 의원직을 이어갔다.

□ 득표상황

후보자	정당	연령	주요 경력	득표 (%)
장 면	무소속	50	입법의원 의원	23,188 (57.1)
최규설	무소속	42	저술가	5,499 (13.5)
이명호	무소속	56	대한상공보 사장	3,528 (8.7)
최성장	대한정의단	44	의학박사	2,166 (5.3)
김윤근	무소속	40	회사원	2,071 (5.1)
오정방	조선청년회	42	청년운동	1,283 (3.2)
양재건	무소속	28	저술가	1,156 (2.8)
배용균	무소속	41	회사원	979 (2.4)
성헌경	무소속	43	한약약종상	769 (1.9)

〈동대문 갑〉 등록을 감행한 최능진 후보의 등록 무효로 무

투표 당선된 대한독립촉성국민회 총재인 이승만

미국 하버드대 출신으로 대한독립촉성국민회 총재인 이승만 박사가 등록하자, 군정청에서 경무수사부 부국장으로 활동했던 최능진 후보가 과감하게 등록했으나, 후보추천인의 불법성을 경찰이 찾아내어 고발함으로써 중앙선거위원회의 등록무효 결정으로 끝내 사퇴하여 이승만 후보의 무투표 당선 도우미로 전락했다.

이승만 박사는 이번 총선에서는 입후보 난립을 방지하고 건설적인 애국자를 선출하자고 호소했고, 후보자의 난립은 국권 회복에 지장을 초래하므로 후보자들은 자성하라고 거듭 경고했다.

또한 이승만 박사는 부녀자들의 출마도 무방하며 후보의 호양 없이는 민족진영이 자멸하게 되어있으며 우익진영 공선제(公選制)를 실시토록 제언했다.

이승만 의원의 대통령 취임으로 실시된 1948년 10월 30일 보궐선거에서는 보성전문 교수로서 한민당을 업고 나온 홍성하 후보가 독립운동으로 명성을 쌓아 입법의원을 지냈지만 지난 제헌의원 선거에서는 동대문을구에서 낙선한 무소속 장연송, 대동신문 사장인 무소속 이종영, 양조업으로 부를 축적한 국민회 전호엽 후보들을 꺾고 의원직을 이어갔다.

□ 득표상황

후보자	정당	연령	주요 경력	득표 (%)
이승만	독립촉성회	74	독립촉성회총재	무투표
최능진	무소속	51	군정청경무부국장	등록취소

〈동대문 을〉 병원장으로 인술을 베푼 명망으로 독립운동가
로 민주의원 의원인 장연송과 조선국민당의 황현숙 후보들을
꺾어버린 이영준

입법의원 의원으로 활동한 한국여자국민당 황현숙 후보와 무소속 장연송 후보가 자웅을 겨루고 있는 상황에서 세브란스 의전 출신인 이영준, 김동길 후보들이 출전하여 4각 편대를 이뤘다.

조선청년총동맹 오찬관, 회사원인 김규황 후보들은 등록 후 사퇴했다.

선거가 중반에 접어들면서 독립운동가로 민주의원인 장연송 후보와 세브란스 의전 교수로 인술을 베푼 이영준 후보의 쟁패장에 양조업으로 명성을 날린 전호엽 후보와 민주의원을 지낸 황현숙 후보들이 추격하는 양상으로 전개됐다.

병원을 개업하여 인술을 베풀어 지역 기반을 다진 이영준 후보가 독립운동, 민주의원으로 명성을 쌓은 장연송 후보를 3,689표차로 꺾고 제헌의원에 등록했다.

☐ 득표상황

후보자	정당	연령	주요 경력	득표 (%)
이영준	무소속	53	세브란스의전 교수	14,695 (37.2)
장연송	무소속	48	민주의원 의원	11,006 (27.9)

전호엽	무소속	48	회사원, 양조업	7,738 (19.6)
황현숙(여)	조선국민당	46	민주의원 의원	3,985 (10.1)
김동길	무소속	43	세브란스의전 졸	978 (2.5)
박원태	무소속	54	회사원	582 (1.5)
구기회	무소속	36	회사원	516 (1.3)
오찬관	청년총동맹	39	사회사업가	사퇴
김규황	무소속	37	회사원	사퇴

〈성동〉 청산리 전투에서 빛나는 항일독립운동의 전공과 명성으로 75% 득표율로 압승을 거둔 이청천(지청천)

일본 육군사관학교 출신으로 만주에서 항일독립투쟁을 주도했다가 귀국하여 대동청년단을 조직하여 단장으로 활동한 이청천 장군이 이 지역구에 일착하자, 조도전대 출신으로 민족운동을 펼쳐 명성을 날린 백남훈 후보가 도전하여 양강체제를 형성했다.

회사원인 최영식 후보는 중도에 사퇴했으나 성동구 동연합회 부회장인 유종남 후보는 두 후보의 결투를 끝까지 지켜봤다.

만주에서 신화(神話)처럼 들려온 독립투쟁의 전공과 명성을 발판 삼아 대동청년단원들의 맹활약으로 이청천 후보가 75%가 넘는 득표율로 당선의 영광을 차지했다.

☐ 득표상황

후보자	정당	연령	주요 경력	득표 (%)
이청천	독립촉성회	61	대동청년단장	41,532 (75.2)
백남훈	무소속	64	조도전대 졸	11,108 (20.1)
유종남	무소속	41	동연합회 부회장	2,576 (4.7)
최영식	무소속	42	회사원	사퇴

〈서대문〉 서울시 입법의원에 당선된 저력을 바탕으로 이화여대 총장인 김활란 후보를 꺾고 국회 등원에 성공한 김도연

이 지역구는 미국 아메리칸 대학에서 경제학 박사학위를 받고 연희전문 강사로 활동하며 입법의원에 당선된 김도연 후보와 미국 콜롬비아 대학 출신으로 이화여대 총장인 김활란 박사가 자웅을 겨룬 쟁패장이다.

독립운동으로 명성을 쌓아 입법의원에 선임된 안동원 후보가 등록해 3파전을 기대했고, 일본 조도전대 출신으로 한국마사회장으로 활동하고 있는 나명균, 회사원인 장양호와 이기성 후보들도 등록하여 6파전이 전개됐다.

서울시 입법의원에 선출된 기반을 활용한 김도연 후보가 한민당 당원들의 조직적인 지지에 힘입어 김활란 이화여대 총장과 안동원 입법의원에게 대승을 거두고 국회에 등원했다.

□ 득표상황

후보자	정당	연령	주요 경력	득표 (%)
김도연	무소속	55	입법의원 의원	31,181 (56.7)
김활란(여)	무소속	50	이화여대 총장	8,340 (15.2)
안동원	무소속	61	입법의원 의원	6,547 (11.9)
장양호	무소속	31	회사원	5,764 (10.5)
나명균	정부수립회	51	한국 마사회장	1,853 (3.4)
이기성	무소속	68	회사원	1,322 (2.4)

〈마포〉 일본 유학파 간의 혈전에서 청년운동, 사회사업을 벌인 유진산 후보에게 대승을 거둔 김상돈

이 지역구는 일본 유학파로 교화 사업을 벌인 카이젤 수염으로 유명한 김상돈 후보와 청년운동을 펼쳐 온 유진산 후보가 격전을 벌였다.

출판업자인 대한정의단 최순택, 민주의원 의원으로 활동한 여자국민당 김선, 목사로 중학교 교장인 조선민주당 백영엽, 회사원인 독립촉성회 지상민 후보들을 비롯하여 변호사인 심상필, 저술가인 오재균 후보 등 13명의 후보들이 난립됐다.

일본 명치대와 조도전대 간의 결투는 명치학원 출신으로 연장자인 김상돈 후보가 사회사업으로 기반을 쌓은 유진산 후보를 가볍게 제압하고 국회 등원에 성공했다.

□ 득표상황

후보자	정당	연령	주요 경력	득표 (%)
김상돈	무소속	48	교화사업가	20,056 (35.9)
유진산	무소속	45	사회사업가	10,497 (18.8)
오성환	무소속	44	회사원	7,159 (12.8)
이성근	무소속	47	토건업	6,268 (11.2)
김선(여)	여자국민당	53	민주의원 의원	2,476 (4.4)
강병학	무소속	34	회사원	2,228 (4.0)
최순택	대한정의단	40	출판업	2,154 (3.9)
심상필	무소속	47	변호사	1,703 (3.1)
지상민	독립촉성회	44	회사원	1,409 (2.5)
오재균	무소속	30	저술가	976 (1.8)
허 찬	무소속	56	대서사	869 (1.6)
전명진	무소속	58	사업가	사퇴
백영엽	조선민주당	57	목사, 중학교장	사퇴

<용산> 후암동에서 지역 기반을 쌓은 김동원 후보가 청파동의 남송학 후보를 꺾고 당선되어 국회부의장까지

올망졸망한 후보들 12명이 난립한 이 지역구는 입법의원으로 활동한 독립촉성애국부인회 박승호 후보가 돋보인 가운데 대한독립서북협회 고병남 후보도 출전했다.

인쇄업으로 청파동에서 발돋움한 남송학, 사업가로 후암동에 기반을 구축한 김동원 후보들도 지역 기반을 발판으로 당선권을 넘나들었다.

신문사 주필인 오종식, 회사원인 김성호 후보들도 추격전을 전개했으나 오윤환, 김후옥, 신현상, 김태현 후보들은 무더기로 사퇴 선풍을 일으켰다.

그동안 쌓아올린 지역적 기반을 활용한 김동원 후보가 남송학 후보를 꺾고 국회에 등원하여 국회 부의장으로 선임되는 영예를 차지했다.

□ 득표상황

후보자	정당	연령	주요 경력	득표 (%)
김동원	무소속	65	사업가	19,183 (31.4)
남송학	무소속	46	인쇄업	13,466 (22.1)
고병남	서북협회	54	회사원	8,325 (13.6)
김성호	무소속	49	회사원	5,825 (9.5)
박승호(여)	독촉부인회	32	입법의원 의원	5,680 (9.3)
오종식	무소속	44	신문사 주필	3,877 (6.4)
문무술	무소속	61	무직	3,595 (5.9)
문대우	무소속	30	대졸	1,071 (1.8)
오윤환	정부수립회	53	회사원	사퇴
김후옥	무소속	40	회사원	사퇴
신현상	무소속	52	대서사	사퇴
김태현	무소속	31	회사원	사퇴

〈영등포〉 조광섭, 유홍 후보들과 3파전을 전개하다가 이들을 2천여 표차로 따돌리고 승리를 만끽한 윤재욱

한강 이남에서 유일한 이 지역구는 정당·단체 후보가 없는 7명의 무소속 후보들이 경쟁을 벌였다.

무역상인 박창희 후보는 중도 사퇴하고 회사원인 조광섭, 의사 출신인 윤재욱, 국민회에서 활동을 펼친 유홍 후보가 선두권 경쟁 3파전을, 회사장인 김학수, 목사인 차광석, 회사원인 박한서 후보들이 하위권 3파전을 전개했다.

빈민가를 순회하며 인술을 베푼 윤재욱 후보가 조광섭, 유홍 후보들을 가까스로 물리치고 제헌의원의 금배지를 차지하는 영광을 누렸다.

□ 득표상황

후보자	정당	연령	주요 경력	득표 (%)
윤재욱	무소속	39	의사, 성경학원 졸	14,296 (28.2)
조광섭	무소속	38	회사원	11,887 (23.4)
유 홍	무소속	50	국민회, 공업	11,772 (23.2)
박한서	무소속	33	회사원	5,755 (11.4)
김학수	무소속	50	회사 이사장	3,693 (7.3)
차광석	무소속	52	목사	3,317 (6.5)
박창희	무소속	59	무역상	사퇴

경기도

〈인천 갑〉 대한청소년단 경기지회장을 발판으로 제헌의원에 당선되어 연승으로 국회의장까지 오른 곽상훈

인천 앞바다의 자월도등을 포함하여 갑구와 을구로 분구된 인천갑구에는 입법의원, 의사, 변호사, 신문기자, 교사 등 쟁쟁한 7명의 후보들이 출전했다.

예상을 뒤엎고 경성공고 2년 중퇴, 신문사 지국장 출신으로 대한청소년단 경기도연합회 위원장으로 활동한 곽상훈 후보가 경성법전 출신으로 입법의원을 지낸 양제박 후보를 큰 표차로 따돌리고 제헌의원에 당선됐다.

여교사인 이순선, 노동운동을 활발하게 펼친 김영주, 신문기자로 활동한 함효영, 고등 문관시험에 합격한 변호사인 윤무선, 의사인 윤병덕 후보들도 곽상훈 후보의 적수가 되지 못했다.

50%가 훨씬 넘는 득표율로 압승을 거둔 곽상훈 후보는 제헌의원에 당선된 저력을 발판삼아 민주당 최고위원을 거쳐 국회의장에 선임된 탄탄대로를 걷게 됐다.

□ 득표상황

후보자	정당	연령	주요 경력	득표 (%)
곽상훈	무소속	51	신문사 지국장	26,907 (56.8)

윤병덕	무소속	43	의사	5,397 (11.4)
함효영	무소속	44	회사 중역, 신문기자	4,986 (10.5)
양제박	무소속	63	입법의원 의원	4,071 (8.6)
김영주	무소속	30	노총 부위원장	3,067 (6.5)
윤무선	무소속	39	변호사	1,696 (3.6)
이순선(여)	독촉부인회	44	교사	1,240 (2.6)

〈인천 을〉 모스크바대 출신으로 조선공산당에서 활동하다가 전향하여 초대 농림부장관에 발탁된 조봉암

이 지역구는 모스크바 공산 대학을 수료하고 박헌영 등과 함께 조선공산당 활동을 펼치다가 박헌영과 메별(袂別)하고 전향한 조봉암 후보가 회사 중역으로 지역 기반을 구축한 김석기 후보를 1,793표차로 꺾고 국회 등원에 성공했다.

조선민족청년단 활동을 펼친 이성민 후보는 중도에 사퇴했고, 입법의원 의원으로 활동한 하상훈 후보와 인천시장을 역임한 신문사 사장인 임홍재 후보들은 예상을 뒤엎고 부진의 늪에서 헤어나지 못했다.

국회에 등원한 조봉암 후보는 초대 농림부장관에 발탁되는 행운을 딛고 1956년 제3대 대통령 선거에 출전하여 신익희 후보의 서거에 힘입어 2백만 표 이상을 득표했으나, 진보당 사건에 연루되어 형장(刑場)의 이슬로 사라졌다.

□ 득표상황

후보자	정당	연령	주요 경력	득표 (%)
조봉암	무소속	50	모스크바대 수료	17,620 (42.3)
김석기	무소속	50	회사 중역	15,827 (38.0)
하상훈	무소속	56	입법의원 의원	4,394 (10.6)
임홍재	무소속	48	인천시장	3,806 (9.1)
이성민	민족청년단	31	회사원	사퇴

〈개성〉 개성을 상징하는 인삼 경작으로 부를 축적하고 지역 기반을 구축한 이성득 후보가 대승을 거두고 국회 등원

경기도에서 서울,인천과 함께 일제시대부터 부(府)로 승격된 개성시는 입법의원으로 활동한 이종근 후보가 당선을 예약한 상황에서 교원인 김성찬 후보와 인삼 경작으로 부를 축적한 이성득 후보가 도전하여 당선권을 맴돌았다.

단민당 최고위원인 김낙영 후보도 출전했다.

오리무중이었던 선거전은 우리나라 인삼 유통을 쥐락펴락하며 오랫동안 인삼 경작으로 지역 기반을 공고하게 구축한 이성득 후보가 예상을 뒤엎고 의외의 승리를 거두고 국회에 등원했다.

□ 득표상황

후보자	정당	연령	주요 경력	득표 (%)

이성득	무소속	49	인삼 경작	14,328 (40.0)
김성찬	무소속	40	교원	10,188 (28.4)
이종근	무소속	53	입법의원 의원	9,841 (27.5)
김낙영	단민당	54	단민당 최고위원	1,461 (4.1)

<고양 갑> 서울에 거주하며 지역 기반을 구축한 서성달 후보가 의외의 승리를 거두고 국회에 등원

현재의 은평구 지역을 대부분 관할한 고양군을 동서로 구분하여 갑,을구로 분구한 고양갑구에는 올망졸망한 후보들이 9명이나 난립하여 서울에 거주하는 국민체육회 사무장인 유만금, 대동청년단 비서장인 선우기성, 무직으로 신상이 베일에 가린 서성달 후보들이 지역에 기반을 둔 후보들을 제치고 강세를 보였다.

의사로 인술을 베푼 김호철, 변호사인 곽명덕, 한민당 고양지부장인 김창수 후보들이 추격전을 전개하고 있는 가운데, 유치원장인 심현, 가축 농장을 경영하고 있는 이종삼 후보들도 출전했다.

선거의 막바지에는 서울 성동에 거주하는 선우기성 후보와 서울 성북에 거주하는 서성달 후보가 각축전을 전개하다가 독립촉성회원들의 지지를 받은 서성달 후보가 의외의 승리를 거머쥐었다.

□ 득표상황

| 후보자 | 정당 | 연령 | 주요 경력 | 득표 (%) |

서성달	독립촉성회	57	서울 성북 거주	8,762 (32.1)
선우기성	무소속	37	대동청년단 비서장	6,389 (23.4)
곽명덕	무소속	30	변호사	2,678 (9.8)
김호철	무소속	33	의사	2,507 (9.2)
유만금	무소속	32	국민체육회 사무장	2,214 (8.1)
이종삼	무소속	45	축산업	2,181 (8.0)
김창수	무소속	44	한민당 지부장	2,004 (7.3)
심 현	무소속	47	유치원장	538 (2.0)
이종창	무소속	44	농업	사퇴

〈고양 을〉 경향신문 사무처장의 명성을 활용한 최국현 후보가 청년운동으로 지역 기반을 구축한 이성주 후보를 제압

8명의 주자들이 2명의 선두주자와 3명의 추격자, 3명의 후발주자로 대별된 이 지역구는 조도전대 출신으로 경향신문 사무차장으로 활동하고 있는 최국현, 일본 유학파로 대동청년단 부단장으로 활약하고 있는 이성주 후보들이 선두권을 선점하고 있는 가운데, 오랫동안 교원 생활을 한 성낙진, 서울에 머물고 있는 이삼득, 의사로서 현대일보 지국장인 유홍종 후보들이 추격전을 전개했다.

언론계에 종사하며 명성을 쌓은 최국현 후보가 청년운동을 펼치며 지역 기반을 쌓은 이성주 후보를 1,309표차로 가까스로 제압하고 국회에 등원했다.

서울에 인접한 고양군은 서울에 거주하는 후보들로서 갑구에서는 서성달, 선우기성, 유만금 후보들이 을구에서는 이성주, 이삼득, 유홍종 후보들이 당선권을 넘나들었다.

□ 득표상황

후보자	정당	연령	주요 경력	득표 (%)
최국현	무소속	50	경향신문 사무차장	9,022 (26.7)
이성주	무소속	38	대동청년단 부단장	7,713 (22.8)
이삼득	무소속	44	실업가, 서울시	5,539 (16.4)
유홍종	무소속	57	현대일보 지국장	4,770 (14.1)
성낙진	무소속	38	회사원, 벽제면	3,078 (9.1)
원창식	무소속	48	회사원, 김포군	1,410 (4.2)
오인환	무소속	50	농업인, 중면	1,207 (3.6)
정태후	무소속	61	농업인, 원당면	1,072 (3.1)

〈광주〉 일본 조도전대 출신으로 상해임시정부 내무부장의 경력을 바탕삼아 무투표 당선된 신익희

일본 조도전대 출신으로 3.1 만세운동에도 참가했고 상해임시정부 내무부장으로 활동하다가 김구 주석을 비롯한 임정요인들과 함께 귀국하여 입법위원에 선임됐고, 자유신문을 창간하여 사장으로 활동하고 있는 신익희 후보가 무투표 당선의 영광을 차지했다.

신익희 후보는 제헌의회에서 국회 부의장으로 선임됐다가 이승만

의장의 대통령 취임에 따른 보궐선거에서 국회의장에 당선됐다.

□ 득표상황

후보자	정당	연령	주요 경력	득표 (%)
신익희	무소속	57	입법의원 의장	무투표

〈양주 갑〉 주내면장 출신으로 주내면과 의정부읍의 지역대결에서 승리하고 국회에 등원한 김덕열

양주군은 의정부읍을 중심으로 주내면,백석면,광적면,장흥면,은현면 등 북쪽은 갑구로, 구리면,화도면,진전면,별내면,진접면,퇴계원면 등 남쪽은 을구로 분구됐으며, 갑구에는 목사인 신공숙, 군수물자 조달회사를 경영하고 있는 유남수, 주내면장을 지낸 김덕열, 병원장으로 인술을 베푼 김형태, 청년운동을 펼친 정동호 후보들이 나름대로 당선권을 향해 질주했다.

의정부읍과 주내면의 지역대결이 펼쳐진 선거전은 의정부읍의 표는 정동호, 신공숙 후보들로 분산되었지만 주내면 표는 김덕열 후보에게 단결, 집중되어 김덕열 후보에게 승리를 안겨줬다.

□ 득표상황

후보자	정당	연령	주요 경력	득표 (%)
김덕열	무소속	39	면장, 주내면	11,215 (38.1)
정동호	무소속	52	청년운동, 의정부읍	9,569 (32.5)

신공숙	무소속	66	목사, 의정부읍	4,124 (14.0)
유남수	무소속	44	군수산업 사장	2,486 (8.5)
김형태	무소속	45	병원장	1,521 (5.2)
최영태	무소속	40	양조회사 사장	505 (1.7)

〈양주 을〉 서울약학대 이사장인 이진수 후보가 한민당 청년부장 김산, 극동기업 사장인 남궁련 후보들을 제압

서울에 인접한 이 지역구는 서울에서 명성과 부를 쌓은 후보들과 지역에서 기반을 구축한 후보들의 대결이 펼쳐졌다.

한민당 청년부장으로 활동하고 있는 김산, 극동기업 사장으로 굴지의 회사를 경영하고 있는 남궁련, 서울약학대 이사장인 이진수 후보들이 서울에 기반을 두었다면 구리면장을 지낸 안홍근, 경성도기 대표인 신형식, 조선민족청년단장으로 활동한 구중서, 농장을 경영하고 있는 곽행서 후보들은 지역에 뿌리를 두고 있다.

풍부한 자금을 활용한 이진수 후보가 한민당의 뿌리를 찾아 표를 거둬들인 김산 후보를 1,293표차로 꺾고 국회에 등원했다.

  □ 득표상황

후보자	정당	연령	주요 경력	득표 (%)
이진수	무소속	49	서울약학대 이사장	7,800 (26.2)
김 산	무소속	51	한민당 청년부장	6,507 (21.9)

남궁련	무소속	33	극동기업 사장		6,129 (20.6)
안흥근	무소속	53	면장, 구리면		4,034 (13.6)
구중서	민족청년단	35	농업인		2,034 (6.8)
신형식	무소속	50	경성도기 대표		1,876 (6.3)
곽행서	무소속	42	농업인		1,350 (4.6)

＜포천＞ 독립운동가라는 명성으로 경찰관인 이해진, 가산면장인 이희종 후보들을 누르고 국회에 등원한 서정희

산정호수와 일동 막걸리로 유명한 이 지역구는 다양한 경력과 직업을 가진 후보들이 출전했다.

독립운동가로 포천을 상징하는 서정희, 입법의원으로 활동한 문진교, 가산면장으로 재직하고 교육자로 명성을 쌓은 이희종, 포천면장으로 활동한 윤주순, 한의사로 인술을 베푼 이동백, 경찰관 출신으로 평화일보 포천지국장인 이해우, 독립촉성애국부인회에서 활동한 이기정 후보들이 출전했다.

포천면 출신인 이해진, 윤주순, 이동백 후보들의 포천면민표의 잠식과 70세가 넘는 고령에도 불구하고 독립운동가라는 명성으로 서정희 후보가 경찰관인 이해진, 가산면장인 이희종 후보들을 제압하고 백발을 휘날리며 국회에 등원했다.

□ 득표상황

후보자	정당	연령	주요 경력	득표 (%)
서정희	무소속	72	독립운동, 포천면	8,270 (31.1)
이해진	무소속	43	평화일보 지국장	7,864 (29.6)
이희종	조선법학회	45	면장, 가산면	5,938 (22.3)
윤주순	무소속	47	면장, 포천면	2,141 (8.1)
문진교	무소속	36	입법의원 의원	1,051 (4.0)
이동백	무소속	45	한의사, 포천면	713 (2.7)
이기정(여)	독촉부인회	40	중졸	610 (2.3)

〈가평〉 국회의원의 역할에 대한 홍보 부족 등으로 후보 등록자가 없어 30대 후보에게 무투표 당선 영광이

강원도와 연접되어 있고 북한강 수역인 청평에 댐을 건설하여 수력발전소를 가동한 이 지역구는 경성제대출신으로 30대의 약관인 홍익표 후보가 무투표 당선됐다.

□ 득표상황

후보자	정당	연령	주요 경력	득표 (%)
홍익표	무소속	32	경성제대 졸	무투표

〈양평〉 6개 면의 대표주자들이 혼전을 전개하여 입법의원의

관록, 문화 유씨 문중의 결집으로 당선된 유래완

남한강의 동쪽을 관할하고 있는 이 지역구는 올망졸망한 10명의 후보들이 난립하고 있으며 양평면, 옥천면, 서종면, 용문면, 지제면, 양주면의 대표주자들이 나름대로 당선을 향해 질주했다.

양평면장 출신인 이장섭과 유래완 후보들이 용호상박 혈전을 전개하고 있는 와중에 용문면의 대표주자인 양남환, 의사 출신인 구필회, 조도전대 출신으로 해군 문관인 이준용, 조도전대 중퇴생으로 옥천면 평의원인 정행진 후보들이 난타전을 전개했다.

10명의 주자들이 당선권을 넘나들던 선거전은 한문수학의 학벌이지만 양평면장 출신으로 입법의원을 지낸 유래완 후보가 입법의원으로서의 관록과 문화 유씨 문중 표의 결집으로 가까스로 당선을 일궈냈다.

군청소재지인 양평면에서 이장섭, 구필회, 유래완 후보들이 난립했지만, 유권자가 많은 이점을 활용하여 용문면의 대표주자인 양남환 후보를 꺾고 승리의 월계관을 차지할 수 있었다.

□ 득표상황

후보자	정당	연령	주요 경력	득표 (%)
유래완	무소속	60	입법의원 의원, 면장	6,658 (20.4)
양남환	무소속	37	운전수, 용문면	4,842 (14.8)
이장섭	무소속	42	면장, 양평면	3,943 (12.1)
구필회	무소속	34	의사, 양평면	3,550 (10.9)

방종천	무소속	32	상업, 지평면	3,027 (9.3)
이준용	무소속	39	조도전대, 해군문관	2,741 (8.4)
이 경	무소속	47	농업, 양주면	2,676 (8.2)
장세환	조선장로회	55	목사, 옥천면	2,171 (6.6)
이중세	무소속	51	광업, 양평면	1,930 (5.9)
정행진	무소속	48	조도전대, 옥천면	1,114 (3.4)

〈여주〉 당선권을 넘나들던 구종일 후보의 사퇴로, 70세가 넘는 고령이지만 기독교인들의 결집으로 당선을 일궈낸 원용한

신륵사와 도자기로 유명한 이 지역구는 요리업을 영위하고 있는 조용택, 도자기업을 영위하며 대한독립청년단의 조직을 활용하고 있는 구종일, 목사로 활약하고 있는 원용한 후보들이 3파전을 전개했다.

당선권을 육박하던 구종일 후보의 돌연한 사퇴로 70세가 넘는 고령이지만 노익장을 과시하며 기독교인들의 표를 결집시킨 원용한 후보가 대승을 거두었다.

□ 득표상황

후보자	정당	연령	주요 경력	득표 (%)
원용한	무소속	71	목사, 여주읍	21,967 (66.7)
조용택	무소속	58	요리업, 농업	10,991 (33.3)

| 구종일 | 독립청년단 | 53 | 도자기업 | | 사퇴 |

<이천> 이천읍과 장호원읍 출신들의 난투극을 즐기며 호법면민들의 지원으로 여유롭게 국회에 등원한 송창식

이 지역구의 선거전은 이천읍과 장호원읍 후보들이 이천투구를 벌리자, 호법면 출신인 송창식 후보가 어부지리를 차지하여 당선의 열매를 가져갔다.

군청 소재지인 이천읍에서는 기독교 청년들의 도움을 기대한 장기린, 소방대장으로 활약한 여동수, 지역에서 명망이 높은 박성훈 후보들이 3파전을 전개했고, 이천읍과 대치하고 있는 장호원읍에서도 병원장으로 명성을 드높인 권영직, 장호원에서 사업가로 알려진 박준호 후보들이 쌍벽을 이루며 난타전을 전개했다.

이천읍과 장호원읍 후보들의 난타전을 즐긴 호법면장 출신인 송창식 후보가 호법면민들의 절대적인 지원와 독립촉성회원들의 적극적인 지지로 의외의 승리를 거두었고, 소졸이 대부분인 후보 중 세브란스 의전 출신으로 병원장인 권영직 후보의 득표력은 보잘 것 없었으며 더욱이 최하위를 기록했다.

□ 득표상황

후보자	정당	연령	주요 경력	득표 (%)
송창식	독립촉성회	49	면장, 호법면	10,383 (32.5)

박성훈	무소속	52	농업, 이천읍	5,057 (15.8)
박준호	무소속	46	상업, 장호원읍	5,693 (17.8)
여동수	무소속	49	소방대장, 이천읍	4,777 (14.9)
장기린	기독청년회	42	농업, 이천읍	3,405 (10.6)
권영직	무소속	61	의사, 장호원읍	2,670 (8.4)

〈용인〉 용인면 마평리 같은 마을 20대와 40대의 대결과 유씨와 민씨의 씨족 대결에서 승리를 낚아챈 민경식

이 지역구는 양조장으로 부를 축적한 60대의 박영조, 교원과 회사원을 지내며 조선잠사회 이사로 활동하고 있는 40대의 유기수, 일본 중앙대 출신인 20대의 민경식 후보가 3파전을 벌였다.

용인면 마평리 같은 마을 출신인 유기수와 민경식 후보들의 대결은 문화 유씨와 여흥 민씨의 씨족 대결로 번져 20대의 여흥 민씨 후보의 승리로 귀착됐다.

☐ 득표상황

후보자	정당	연령	주요 경력	득표 (%)
민경식	무소속	29	일본중앙대, 용인면	22,468 (60.5)
유기수	무소속	41	교원, 용인면	12,870 (34.7)
박영조	무소속	65	양조업, 구성면	1,793 (4.8)

<안성> 경기도지사 출신이라는 명망으로 독주체제를 갖추고 추격 후보들을 멀리 따돌린 김영기

유기(鍮器)가 유명하여 안성맞춤으로 널리 알려진 이 지역구는 경기도지사 출신인 김영기 후보가 당선을 예약한 가운데, 금융조합 서기로 활동한 김노묵, 오랫동안 공무원 생활을 한 이인섭 후보들이 추격전을 전개했으나 경력에서나 명성에서나 너무나 뒤져 따라잡을 수가 없었다.

농업인인 박주병 후보도 등록했으나, 등록 자체에서 의미를 찾아야만 했다.

□ 득표상황

후보자	정당	연령	주요 경력	득표 (%)
김영기	무소속	41	경기도지사	23,467 (59.1)
김노묵	무소속	51	금융조합, 안성읍	8,994 (22.7)
이인섭	무소속	47	공무원, 미양면	6,583 (16.6)
박주병	무소속	52	농업, 안성읍	645 (1.6)

<평택> 포승면장 출신인 장석화 후보가 평택군수 출신인 최명환 후보를 780표차로 꺾은 이변을 연출히고 등원에 성공

경기 남부 평야지대인 이 지역구는 평택읍 출신 후보 3명과 포승

면 출신 2명의 후보들이 혼전을 전개했다.

포목상 출신으로.평택수리조합장을 지낸 황경수, 중학교장과 평택군수 출신으로 입법의원을 지낸 최명환, 평택읍 서기와 소방대장으로 활동한 김준석 후보들은 평택읍 출신이고, 포승면장 출신인 장석화, 중졸 출신 농업인인 이민홍 후보들은 포승면의 대표주자들이다.

누구도 예단할 수 없는 오리무중(五里霧中)인 선거전은 광산으로 부를 축적한 보성전문대 출신인 장석화 후보가 평택군수 출신으로 입법의원을 지낸 최명환 후보를 780표차로 꺾은 이변을 연출하고 국회에 등원했다.

□ 득표상황

후보자	정당	연령	주요 경력	득표 (%)
장석화	무소속	37	면장, 포승면	10,979 (29.6)
최명환	무소속	65	입법의원 의원, 군수	10,192 (27.4)
황경수	무소속	43	평택 수리조합장	8,053 (21.7)
이민홍	무소속	48	농업인, 포승면	5,450 (14.7)
김준석	무소속	43	소방대장, 평택읍	2,465 (6.6)

〈수원 갑〉 음악전문학교 출신으로 청년운동 전개를 바탕으로 병원장 출신인 권태동 후보를 가볍게 제압한 홍길선

일제 시대에는 경기도에는 서울부을 제외하고 인천부와 개성부만 있었고, 해방 이후 시로 승격된 수원군는 이번 선거에서는 갑구와 을구로 분구됐다.

수원읍을 비롯하여 동턴면,비봉면, 봉담면등은 갑구로, 오산면,정남면,서탄면,향남면, 장안면등은 을구로 분구했다.

갑구에서는 음악전문학교 출신이지만 대한청년단에서 활약한 홍길선 후보가 독주 체제를 갖추고 선거전에 뛰어들자, 교원 출신으로 대한독립촉성 애국부인회에서 활동한 김숙현, 경성의전출신으로 병원장인 권태동, 경성법전 출신으로 회사원인 김구배 후보들이 도전했다.

청년운동을 펼친 홍길선 후보가 대동청년단원들의 활발한 지원에 힘입어, 의사로서 명망은 얻었지만 상대적으로 노령화된 권태동 후보를 큰 표차로 따돌리고 의정 단상에 올랐다.

□ 득표상황

후보자	정당	연령	주요 경력	득표 (%)
홍길선	대동청년단	43	한청 수원지단장	22,520 (52.0)
권태동	무소속	66	의사,경성의전 졸	12,742 (29.4)
김구배	무소속	44	회사원,경성법전 졸	4,514 (10.4)
김숙현(여)	독촉부인회	42	교원	3,570 (8.2)

〈수원 을〉 풍부한 선거자금과 안용면민들의 전폭적인 지원으로 남양 홍씨 옹벽(擁壁)을 무너뜨린 김웅진

수원의 서남부지역을 관할하는 이 지역구는 숙명여대 사무처장을 지낸 구자혁, 토건업으로 기반을 구축한 김웅진, 군인 출신으로 대한청년단 활동을 펼쳐온 홍수환 후보들이 3파전을 전개했다.

남양 홍씨 문중 표를 업은 홍수환 후보의 당선이 예상됐으나, 여유로운 선거자금의 살포와 안용면민들의 전폭적인 지원으로 김웅진 후보가 의외의 승리를 거두고 국회에 등원했다.

□ 득표상황

후보자	정당	연령	주요 경력	득표 (%)
김웅진	무소속	42	토건업, 안용면	17,848 (42.0)
홍수환	무소속	42	한청, 수원시	15,149 (35.7)
구자혁	무소속	62	숙명여대 서무처장	9,485 (22.3)

〈시흥〉 풍부한 자금과 광대한 인주 이씨 씨족 기반으로 승리를 낚아챈 일본 유학파 출신인 이재형

한강 이남 지역을 관할하며 영등포를 서울에 할양했던 이 지역구는 안양읍에 군청 소재지를 두고 과천·군포·안산 등을 거느리는 농촌 지역으로 신동면장 출신인 이영섭 후보와 수암면 출신인 유지연 후보들이 지역 기반을 발판으로 뛰고 있고, 조선방직 안양 공장장 출신으로 한민당 출신인 장배근, 일본 유학파로 금융조합

이사로 활동하며 남면을 주축으로 인주 이씨 씨족 기반을 중심으로 표밭을 일구고 있는 이재형 후보가 4파전을 전개했다.

풍부한 자금을 활용하며 인주 이씨 문중 표를 규합한 이재형 후보가 신동면을 주축으로 추격전을 전개한 이영섭 후보를 큰 표차로 따돌리고 국회에 등원했다.

□ 득표상황

후보자	정당	연령	주요 경력	득표 (%)
이재형	무소속	33	금융조합이사, 남면	13,528 (39.4)
이영섭	무소속	50	면장, 신동면	10,589 (30.8)
유지연	무소속	43	면장, 수암면	6,259 (18.2)
장배근	한국민주당	40	조선방직 공장장	3,986 (11.6)

〈부천〉 사업가로 여유로운 자금을 활용하여 약종상 전종남, 과수원을 갖고 있는 김영호 후보들을 가볍게 제압한 이유선

소사읍에 군청을 두고 인천 부평구는 물론 덕적도 등 도서 지역을 관할했던 이 지역구는 군청 소재지인 소사읍 출신들인 약종상인 전종남, 사업가인 이유선, 과수원을 경영하고 있는 김순호 후보들이 출전하여 각축전을 전개했다.

소사읍 출신이 아닌 영흥면 출신인 임윤배, 소래면 출신인 남경우, 덕적면 출신인 김현호 후보들은 지역적 한계로 들러리 후보로 전

락됐다.

중졸이지만 사업가로 여유로운 자금을 활용하여 독립촉성회원들을 주축으로 활발하게 선거 운동을 펼친 이유선 후보가 약종상으로 지역 기반을 구축한 전종남, 한민당을 발판으로 표밭을 누빈 김순호 후보들을 가볍게 제압했다.

□ 득표상황

후보자	정당	연령	주요 경력	득표 (%)
이유선	독립촉성회	46	상업인, 소사읍	14,238 (44.8)
전종남	무소속	40	약종상, 소사읍	9,052 (28.5)
김순호	한국민주당	61	과수업, 소사읍	3,119 (9.8)
남경우	무소속	64	농업인, 소래면	2,857 (9.0)
임윤배	무소속	58	농업인, 영흥면	1,464 (4.6)
홍성철	무소속	39	농업인	1,058 (3.3)
김현호	무소속	65	목사, 덕적면	사퇴

〈김포〉 전국기독청년연합회 총무로서 기독교인들의 전폭적인 지지로 당선을 일궈낸 정준

서울 양천구와 강서구를 관할했던 이 지역구는 대한청년단장을 지낸 이장화, 조선민족청년단장을 지낸 정장해, 전국기독청년연합회 총무로 활약하고 있는 정준 후보들이 3파전을 전개했다.

회사원인 오봉환, 양촌면서기를 지낸 임성구 후보들도 뛰어들었다.

군청 소재지인 김포면 출신들인 이장화, 정장해, 정준 후보들의 각축전은 기독교인들의 전폭적인 지원을 받은 정준 후보가 대승을 거두고 국회 등원에 성공했다.

□ 득표상황

후보자	정당	연령	주요 경력	득표 (%)
정 준	무소속	34	기독청년회 총무	13,002 (42.3)
이장화	무소속	47	한청단장, 김포면	8,874 (28.9)
정장해	민족청년단	34	상업인, 김포면	4,779 (15.5)
임성구	무소속	55	면서기, 양촌면	3,215 (10.5)
오봉환	무소속	50	회사원, 하성면	885 (2.8)

〈강화〉 화도면장 출신으로 파평 윤씨 문중 표를 결집시켜 군정청 물가계획국장을 지낸 박장순 후보를 대파한 윤재근

서울에 주소를 둔 군정청 기획처 물가계획국장을 지낸 박장순, 연세대 신학과 교수로 목사인 장석영 후보들이 지역 기반을 가진 화도면장 출신인 윤재근, 하점면장 출신인 심상태 후보들과 힘겨운 각축전을 전개했다.

일본 명치대 출신으로 직물조합장을 지낸 송은경, 경성부청서기를 지내고 방직공장을 운영하고 있는 이종면, 국민학교 교장을 22년

간 지낸 유병규, 대한독립촉성국민회 강화지부장으로 활약한 김훈태, 사업가인 이정희 후보들도 출전하며 9명의 후보들이 난립했다.

화도면 유권자들을 결집시키고 파평 윤씨 문중 표를 쓸어 담은 윤재근 후보가 군정청 국장을 지낸 명성으로 지역에 뿌리를 내리고자 분투한 박장순 후보를 대파하고 국회 등원에 성공했다.

□ 득표상황

후보자	정당	연령	주요 경력	득표 (%)
윤재근	무소속	39	면장, 화도면	15,761 (38.2)
박장순	무소속	60	군정청 기획처 국장	7,114 (17.2)
송은경	무소속	43	직물조합장, 강화면	4,791 (11.6)
유병규	무소속	61	국민학교장, 길상면	4,247 (10.3)
장석영	무소속	55	연세대 교수	2,745 (6.7)
김훈태	무소속	54	국민회 강화지부장	2,568 (6.2)
심상태	무소속	47	면장, 하점면	1,761 (4.3)
이종면	무소속	42	경성부청 서기	1,748 (4.2)
이정희	무소속	44	농업인	521 (1.3)

〈파주〉 대한독립만세를 부르짖은 독립운동가의 명성을 되살려 한청 파주군 단장을 가볍게 제압한 김웅권

김포와 마주하며 한강과 서해 바다가 만나는 북쪽 연안을 관할하

고 있는 이 지역구는 조리면장을 지낸 김동규, 아동면 서기를 지낸 우종봉 후보들이 지역을 휘젓고 있고, 도정업으로 기반을 잡은 노규창, 3.1운동을 전개하다가 상해로 망명한 독립운동가인 김웅권, 대한청년단 파주군단장인 원용득 후보들도 출전했다.

독립운동을 펼쳤던 명성을 발판삼아 광탄면에 진지를 구축한 김웅권 후보가 한청 파주군단장으로 임진면의 유권자들을 휘어잡은 원용득 후보를 5천여 표차로 따돌리고 국회 등원에 성공했다.

□ 득표상황

후보자	정당	연령	주요 경력	득표 (%)
김웅권	무소속	51	독립운동, 광탄면	15,059 (40.7)
원용득	무소속	33	한청, 임진면	9,658 (25.8)
김동규	무소속	44	면장, 조리면	5,827 (15.7)
우종봉	무소속	35	면서기, 진동면	4,425 (12.0)
노규창	무소속	49	정미업, 진동면	2,141 (5.8)

〈장단〉 임진강 북쪽의 북한 지역으로 올망졸망 후보들을 제치고 채광업으로 부를 축적하여 국회에 등원한 조중현

임진강을 사이에 두고 파주와 연접해 있는 이 지역구는 13명의 주자들이 난립되어 혼전을 전개하다가 남상필 후보가 중도 사퇴하여 12명의 주자들이 결투를 전개했다.

12명의 주자들은 선두권, 중위권, 하위권으로 3분되어 혼전을 전개했다.

농업인인 김정권, 의사인 윤만중, 채광업을 영위한 조중현, 사업가인 변종식 후보들이 선두권을 형성했고, 도정업자인 이경구, 대한독립촉성국민회에서 활동한 한장열, 장단군 농민회장으로 활약한 안병세, 사법서사인 김연학 후보들이 추격전을 전개했다.

이진영, 전면규, 황준, 조현종 후보들은 하위권을 맴돌았다.

광산을 경영하여 부를 축적한 조중현 후보가 풍부한 선거자금을 활용하여 올망졸망한 후보들을 제치고 17%에도 미달한 낮은 득표율로 당선을 일궈냈다.

□ 득표상황

후보자	정당	연령	주요 경력	득표 (%)
조중현	무소속	54	채광업, 농업	2,792 (16.7)
윤만중	무소속	37	의사	2,253 (13.5)
변종식	무소속	35	상업인	2,185 (13.1)
김치권	무소속	40	농업인	2,124 (12.7)
김연학	무소속	39	사법서사	1,440 (8.6)
한장열	무소속	38	국민회 강사	1,404 (8.4)
안병세	무소속	49	농민회 장단군회장	1,391 (7.1)
이경구	무소속	36	정미업	1,104 (6.6)
황 준	무소속	54	농업인	610 (3.6)
이진영	무소속	33	농업인	578 (3.5)
전면규	무소속	39	농업인	536 (3.2)

| 조현종 | 무소속 | 33 | 무직 | 315 (1.9) |
| 남상필 | 무소속 | 46 | 농업인 | 사퇴 |

<개풍> 개풍군수를 역임한 지명도와 관록을 내세워 국회 등원에 성공한 신광균

개성시 주위를 관할하고 있는 이 지역구는 농촌지역으로 개풍군수를 역임한 신광균 후보가 농업을 영위하고 있는 장세희, 김두권, 유래환 후보들을 제치고 국회 등원에 성공했다.

□ 득표상황

후보자	정당	연령	주요 경력	득표 (%)
신광균	무소속	52	개풍군수	15,106 (45.5)
장세희	무소속	35	농업인	8,087 (24.4)
유래환	무소속	55	농업인	5,657 (17.0)
김두권	무소속	48	양묘업	4,358 (13.1)

<연백 갑> 수리조합장으로서의 명성과 조직을 활용하여 언론인과 저술인으로 명성을 쌓은 함상훈 후보를 꺾고 국회에 등원한 김경배

황해남도 연안군과 배천군이 병합되어 연백 평야지대인 연백군은 갑구와 을구로 나뉘어 2명의 국회의원을 배출했다.

갑구에서는 연백군 수리조합장을 지낸 김경배 후보가 저술가로 동아일보에 기고하여 명성을 쌓고 한민당 출신임을 내세운 함상훈 후보를 큰 표차로 따돌리고 국회 등원에 성공했다.

낙선한 함상훈 후보는 전국을 누비며 보궐선거 등 여러 선거에 출전했으나 번번이 실패했고, 신익희-조소앙 뉴델리 밀담설을 발설하여 세간의 이목을 집중시켰다.

□ 득표상황

후보자	정당	연령	주요 경력	득표 (%)
김경배	무소속	53	연백수리조합장	34,818 (68.1)
함상훈	한국민주당	44	저술업	16,286 (31.9)

〈연백 을〉 미국 유학파로서 한민당 중앙상무집행위원의 기반을 딛고 대승을 거두고 국회 등원에 성공한 신현모

미국 뉴저지주 라이터대 출신으로 한민당 중앙상무집행위원으로 선임된 신현모 후보가 한민당로 등록하여 학력과 조직을 가동하여 대승을 거두고 국회에 등원했다.

약종상으로 지역기반을 구축한 김태희, 농업인인 송창섭, 도정업으로 재력을 확보한 방치현, 사업가로 알려진 박창빈 후보들이 추

격전을 전개했으나 무위에 그쳤다.

광산업을 영위한 최재석, 농업인인 차연홍 후보들도 출전했다.

□ 득표상황

후보자	정당	연령	주요 경력	득표 (%)
신현모	한국민주당	59	한민당 중앙위원	17,111 (36.6)
김태희	무소속	49	약종상	7,751 (16.6)
박창빈	무소속	59	상업인	6,651 (14.2)
송창섭	무소속	57	농업인	6,204 (13.3)
방치현	무소속	54	정미업	4,608 (9.8)
차연홍	무소속	36	농업인	3,419 (7.3)
최재석	무소속	32	광업인	1,044 (2.2)

〈옹진 갑〉 평양신학교를 졸업한 목사로서 기독교인들의 전폭적인 도움으로 한국독립당 후보로 유일하게 당선된 오택관

옹진반도를 관할하는 옹진군은 갑구와 을구로 나누어 갑구에서는 약종상인 황병춘, 광산업자인 서범석, 청년운동가인 표화영, 목사로 한독당을 고수한 오택관, 농업인으로 지역 기반을 닦은 오경섭 후보들이 난형난제 형상을 만들며 혼전을 전개했다.

예측불허의 난타전을 전개한 선거전은 목사로서 기독교 신자들의 전폭적인 지지를 받은 오택관 후보가 중국 북경대를 중퇴한 서범

석 후보를 1,738표차로 꺾고 국회 등원에 성공하여 유일한 한독당 의원이 됐다.

낙선한 서범석 후보는 고향을 떠나 서울 성북에 터전을 마련하여 2대 총선에서는 낙선했지만 3대 총선때부터 연승을 이어가며 터주대감으로 자리잡았다.

□ 득표상황

후보자	정당	연령	주요 경력	득표 (%)
오택관	한국독립당	60	목사	8,683 (27.2)
서범석	무소속	46	북경대 중퇴	6,945 (21.8)
오경섭	무소속	39	농업인	5,806 (18.2)
표화영	무소속	29	무직	5,631 (17.6)
황병춘	무소속	41	약종상	4,851 (15.2)

〈옹진 을〉 대동청년단의 조직을 활용하여 당선 기반을 구축하여 추격하는 후보들을 가볍게 따돌린 김인식

일본 조도전대 출신으로 대동청년단 서북지부 사무처장으로 활동한 김인식 후보가 대동청년단의 조직과 명성을 활용하여 당선 기반을 구축한 가운데, 도정업자인 오의관과 김병윤, 운수업자인 심상익, 수산업자인 김덕규, 신문사를 경영하고 있는 이운 후보들이 도전했으나 허무하게 무너졌다.

풍요로운 선거자금과 해주 오씨 문중 표를 규합한 오의관 후보가 견고한 한국독립당 당원의 지지를 기대한 심상익 후보를 꺾고 차점으로 낙선했다.

☐ 득표상황

후보자	정당	연령	주요 경력	득표 (%)
김인식	대동청년단	35	대동청년단 사무처장	10,743 (33.4)
오의관	무소속	41	정미업	7,258 (22.6)
심상익	한국독립당	31	운수업	5,702 (17.7)
이 운	무소속	57	신문업	4,797 (14.9)
김덕규	무소속	51	수산업	2,499 (7.8)
김병윤	무소속	36	정미업	1,139 (3.6)

제2장 영남권 : 독립촉성국민회가 한민당을 압도

1. 영남권은 64개 지역구로 전국의 32% 점유

2. 영남권 64개지역구 불꽃 튀는 격전의 현장으로

1. 영남권은 64개 지역구로 전국의 32% 점유

(1) 경북 33개구, 경남 31개구로 영남권의 선거구는 64개구

경북의 인구는 3,178,750명이고 경남의 인구는 3,178,750명으로 경남의 인구수가 경북을 능가하지만, 선거구는 경북이 2개구가 많은 것은 시·군 수에서 경북이 보다 많기 때문이다.

경북의 선거구별 평균 인구수는 96,325명인 반면, 경남의 선거구별 평균 인구수는 10만 2,768명으로 경북보다 훨씬 많은 편이다.

영남권의 인구는 636만 4,582명으로 전국 인구의 33.2%를 차지하고 있으며 선거구는 64개구로 32%를 점유하고 있다.

제헌의원 선거에서 당선자 64명의 소속단체는 대한독립촉성국민회가 17명이고 한국민주당 7명, 조선민족청년단 3명, 대동청년단 2명, 기타 단체 소속은 6명이며 무소속 당선자는 29명이다.

대한독립촉성국민회 소속은 권병로(의성을), 김익기(안동갑), 오택열(영덕), 김철(경주갑), 이석(경주을), 정도영(영천갑), 이범교(영천을), 박종환(청도), 장병만(칠곡), 육홍균(선산), 한암회(상주갑), 이주형(밀양갑), 김태수(창원갑), 김경도(함양), 표현태(거창), 이원홍(합천갑), 김효석(합천을) 후보 등이고, 한국민주당 소속은 최운동(대구갑), 서상일(대구을), 백남채(대구병), 조헌영(영양), 박상영(예천), 허정(부산을), 김재학(통영갑) 후보 등이다.

조선민족청년단 소속은 문시환(부산갑), 안준상(의령), 강욱중(함안) 후보이고, 대동청년단 소속은 최석홍(영주), 배중혁(봉화) 후보 등이다.

기타 단체 소속 후보는 전도회 김우식(달성), 교육협회 김봉조(청송), 민족통일본부 김상덕(고령), 조선공화당 김약수(동래), 노동총연맹 전진한(상주을), 부산15구락부 강달수(하동) 후보 등 6명이다.

이번 총선에서 아쉽게 낙선한 유명인사로는 국회부의장에 선임된 조경규(대구갑), 주일대사에 임명된 유태하(안동을), 동양나일론 회장인 이원만(영일갑), 재선의원으로 발돋움한 김철안(김천갑), 3.15 부정선거에 개입한 정문흠(봉화), 문교부장관에 임명된 김법린(동래), 민주당 시절 실세였던 정헌주(사천), 반민특위 조사부장인 이병홍(산청), 농림부장관에 임명된 신중목(거창) 후보 등을 들 수 있다.

(2) 무투표 당선은 경북에서만 5명이나 배출

영남 지역에서 무투표 당선은 한민당 조헌영(영양), 한국독립촉성국민회 오택열(영덕), 정도영(영천갑), 이범교(영천을), 무소속 이병관(김천을) 후보 등 5명으로 모두 경북지역이다.

최고득표율은 울릉의 서이환 후보로 75.9%이고, 최저득표율은 고성의 이귀수 후보로 23.8%이다.

60%가 넘는 득표율로 당선된 후보들은 이호석(성주), 전진한(상주을), 문시환(부산갑), 김약수(동래) 후보 등이고, 20%대 득표율로

당선된 후보들은 권병로(의성을), 정우일(의성갑), 박순석(영일갑), 조병한(문경), 최석홍(영주), 한석범(부산병), 이강우(진주), 안준상(의령), 강욱중(함안), 신상학(김해갑), 김태수(창원갑), 김효석(합천을) 후보 등이다.

또한 백남채(대구병), 박준(군위), 권병로(의성갑), 정우일(의성을), 서이환(울릉), 이강우(진주), 안준상(의령), 김태수(창원갑), 김효석(합천을) 후보들은 1만 표 미만을 득표하고도 당선됐고, 서이환 당선자의 득표수는 3,538표였다.

일본에 유학한 유학파로는 박준(군위), 김익기(안동갑), 정현모(안동을), 박종환(청도), 한암회(상주갑), 서이환(울릉), 구중회(창녕), 박해극(밀양을), 정진근(양산), 서순영(통영을), 박윤원(남해) 후보 등 11명이며, 미국 유학파는 박찬현(부산정), 모스크바대 출신은 문시환(부산갑), 중국 육사 출신은 최윤동(대구갑) 후보이다.

중졸 출신은 김우식(달성), 정도영(영천갑), 이범교(영천을), 최석홍(영주), 배중혁(봉화), 황윤호(진양), 안준상(의령), 김약수(동래), 김태수(창원갑), 주기용(창원을), 김재학(통영갑), 표현태(거창) 후보 등 11명이고, 소졸은 정우일(의성갑), 오택열(영덕), 김익로(영일을), 강욱중(함안), 최봉식(울산갑), 신상학(김해갑) 후보 등 6명이며, 한문수학은 조규갑(김해을), 강달수(하동) 후보 등 2명이다.

입법의원 출신은 서상일(대구을), 백남채(대구병), 김상덕(고령), 이주형(밀양갑) 후보 등 4명이고, 변호사 출신은 강욱중(함안), 박해극(밀양을), 서순영(통영을), 이원홍(합천갑) 후보 등 4명이다. 반면 읍·면장 출신은 정우일(의성), 김익기(안동갑), 이병관(김천을), 황윤호(진양), 최봉식(울산갑), 조규갑(김해을), 주기용(창원을), 표현태(거창) 등 9명에 달한다.

의사 출신은 권병로(의성을), 목사 출신은 박순석(영일갑) 후보 등을 들 수 있다.

2. 영남권 64개지역구 불꽃 튀는 격전의 현장으로

경상북도

〈대구 갑〉 중국 육사 출신으로 광복 운동을 활발하게 펼친 최윤동 후보가 병원장 출신으로 대동청년단 디딤돌을 딛고 추격한 조경규 후보를 따돌려

대구의 중심지역을 관할하고 있는 이 지역구는 중국 육사 출신으로 광복회 회장을 맡아 활동하고 있는 최윤동 후보가 한국민주당 간판을 달고 지역구를 선점하자, 3명의 의사 출신들이 도전장을 내밀고 각축전을 전개했다.

세브란스 의전 출신으로 순천당병원장인 한국민주당 김성국과 대동청년단을 발판으로 대구의 심장부를 겨냥한 조경규 후보들과 일본 동경여전 출신인 김선인 여의사가 무소속으로 야멸차게 출전했다.

명치대 출신으로 동북수신 사장인 김영호, 제피사를 경영하고 있는 이팔수 후보들도 출전했다가 이팔수 후보는 중도 사퇴했다.

광복회 회장이라는 직함을 이용하여 독립운동가임을 홍보한 최윤동 후보가 경남 함안 출신으로 대동청년단 조직을 활용하여 추격전을 전개한 조경규 후보를 큰 표차로 따돌리고 국회에 등원했다.

□ 득표상황

후보자	정당	연령	주요 경력	득표 (%)
최윤동	한국민주당	52	광복회 회장	8,577 (38.5)
조경규	대동청년단	45	병원장	4,333 (19.5)
김영호	무소속	33	동북수신 사장	3,565 (16.0)
김성국	한국민주당	58	순천당 병원장	2,913 (13.1)
김선인(여)	무소속	40	의사	2,875 (12.9)
이팔수	무소속	36	제피사 사장	사퇴

##〈대구 을〉 진보 진영의 거두로 성장한 서상일 후보가 한민당 조직을 디딤돌 삼아 대승을 거두고 국회 등원

입법의원 경북도 대표 출신으로 한민당 결성준비위원으로 활약한 서상일 후보가 의사 출신으로 지역 기반을 다진 무소속 손인식 후보와 대구 상공인협회장으로 상공인들의 지지를 모은 불교정무원 박성하 후보들을 가볍게 제압했다.

서상일 의원은 신익희 의원과 함께 민주국민당을 결성하여 내각책임제 개헌을 추진했으나 이승만 대통령의 방해로 개헌의 결실을 맺지 못했다.

보성전문 법과 출신인 서상일 후보는 조봉암 의원과 진보당 결성과 더불어 진보운동을 벌였으나, 조봉암 의원과 대립과 메별을 거듭하면서 우리나라 혁신계의 거물로 성장했다.

□ 득표상황

후보자	정당	연령	주요 경력	득표 (%)
서상일	한국민주당	63	입법의원 의원	11,777 (43.8)
손인식	무소속	55	의사	8,890 (33.0)
박성하	불교정무원	41	상공인협회장	6,256 (23.2)

〈대구 병〉 입법의원 출신인 백남채 후보가 혼전 끝에 승리하여 대구시는 한민당 천하임을 선포

이 지역구도 한민당 출신으로 중학교장과 입법의원을 지낸 백남채 후보가 대구시의원 출신으로 이재민(罹災民)동포 경북자치회장으로 활약한 이우줄 후보와 오랫동안 교사 생활로 교육계의 지지를 받은 무소속 김용한 후보들을 제압하고 당선됐다.

이리하여 대구의 3개구는 한민당 출신들이 독차지하게 됐으며, 대구에서는 다른 지역과 달리 한민당의 독무대임을 알려왔다.

□ 득표상황

후보자	정당	연령	주요 경력	득표 (%)
박남채	한국민주당	63	중학교장	9,896 (46.5)
이우줄	이재민동포	36	대구시 의원	7,493 (35.2)
김용한	무소속	39	교사	3,908 (18.3)

〈달성〉 예상을 뒤엎고 일본 명치대 출신으로 호국단 부사령관인 무소속 권오훈 후보를 꺾고 당선된 전도회 김우식 후보

대구의 서쪽을 관할하고 있는 이 지역구는 5명의 후보들이 난타전을 전개하다가 신문기자 출신인 유도회 김진학 후보가 중도에 사퇴하여 4명의 주자들이 당선권을 넘나들며 완주했다.

유도회 경북도위원장을 지낸 전도회 김우식 후보가 예상을 뒤엎고 일본 명치대 출신으로 호국단 부사령관을 지낸 무소속 권오훈 후보를 935표차로 꺾고 당선됐다.

약종상인 무소속 김태주 후보와 회사중역인 유도회 박노익 후보들도 선전했다.

지역도 놀라고 본인도 놀란 채 당선된 김우식 후보는 전국에서 유일한 전도회 소속 당선자가 됐다.

권오훈 후보는 옥포면, 김태주 후보는 구지면, 박노익 후보는 하빈면, 김진학 후보는 현풍면 출신으로 면 대표로 출전들의 경쟁에서 구지면의 승리로 귀착됐다.

□ 득표상황

후보자	정당	연령	주요 경력	득표 (%)
김우식	전도회	59	유도회, 구지면	11,804 (31.7)
권오훈	무소속	36	호국단, 옥포면	10,869 (29.2)
박노익	유도회	60	회사 중역, 하빈면	7,556 (20.3)

| 김태주 | 무소속 | 39 | 약종상, 구지면 | 6,966 (18.7) |
| 김진학 | 유도회 | 43 | 신문기자, 현풍면 | 사퇴 |

〈군위〉 무소속 박준 후보가 한민당과 국민회를 발판으로 지역 기반을 구축한 후보들을 가볍게 제압하고 등원에 성공

인구가 2만 5천명에도 달하지 못한 이 지역구는 대한독립촉성국민회 소속 후보 3명과 무소속 후보 2명, 한국민주당 소속 후보 1명이 혼전을 전개하다가 군위면장 출신인 무소속 김남수 후보가 중도 사퇴했다.

일본대 출신으로 통신사 사장을 거쳐 서울 소비조합 이사장을 지낸 무소속 박준 후보가 풍요로운 재력을 활용하여 지역에서 토대를 마련한 한민당과 국민회 소속 후보들을 제압했다.

양조업으로 지역 기반을 다진 배인재, 일본 명치대 출신인 이상택, 회사원인 서상혁 후보들은 대한독립촉성국민회 소속으로 이전투구를 벌였고, 한민당을 발판삼아 선거전을 이끌어 간 박두인 후보는 차점 낙선했다.

이상택 후보와 서상혁 후보들은 김남수 후보의 사퇴에도 불구하고 군위면민들의 표를 양분하다보니 당선권에서 밀려나 서울에 거주하고 있는 박준 후보에게 당선증을 헌납했다.

☐ 득표상황

후보자	정당	연령	주요 경력	득표 (%)
박 준	무소속	44	통신사 사장	6,952 (33.3)
박두인	한국민주당	59	농업인, 우보면	4,753 (22.8)
배인재	독립촉성회	41	양조업, 산성면	3,994 (19.1)
이상택	독립촉성회	41	명치대, 군위면	3,100 (14.9)
서상혁	독립촉성회	56	회사원, 군위면	2,068 (9.9)
김남수	무소속	57	군위면장	사퇴

〈의성 갑〉 입법의원 출신과 의성읍장 출신 간의 혈투는 기독교인들의 응집으로 의성읍장 출신인 정우일 후보가 승리

의성군은 의성읍을 중심으로 동쪽인 점곡면, 단촌면, 옥산면등은 갑구로, 서쪽인 신평면, 비안면, 안계면, 다인면 등을 을구로 나뉘었다.

의성 갑구에는 금융조합 서기로 근무하다가 동아일보 지국장을 지낸 오윤근 후보가 대동청년단 소속으로 출전했고, 입법의원을 지낸 김돈, 중국 상해 화북대 교수로 활약했던 이순, 일본 경도에서 부의회 의원으로 활동했던 구입본, 기독교 장로로 의성읍장을 지낸 정우일, 사곡면 농민회장을 지낸 박범상 후보들은 무소속으로 등록했다.

입법의원인 김돈과 의성읍장인 정우일 후보가 당선을 예상하며 혈투를 전개했고, 기독교 장로로 기독교인 표를 결집시키고 지역 주민들과 보다 밀착된 정우일 후보가 김돈 후보를 1,843표차로 꺾고 국회에 등원했다.

청년운동을 펼친 오윤근 후보는 의성읍 표가 정우일, 구입본 후보와 3분 되어 소기의 성과를 거두지 못했다.

□ 득표상황

후보자	정당	연령	주요 경력	득표 (%)
정우일	무소속	50	의성읍장, 장로	9,304 (28.8)
김 돈	무소속	60	입법의원 의원	7,461 (23.1)
이 순	무소속	49	상해 화북대 교수	5,877 (18.2)
오윤근	대동청년단	43	신문지국장	4,285 (13.2)
박범상	무소속	56	사곡면 농민회장	2,891 (8.9)
구입본	무소속	48	경도부의회 의원	2,535 (7.8)

〈의성 을〉 지역 기반이 두텁고 견고한 세 후보가 임계면 표를 분산하여 다인면의 권병로 후보에게 금 배지를 헌납

의성군은 의성읍, 금성면 등을 갑구로 비안면, 안계면, 다인면 등을 을구로 나누었다.

을구에서는 대한독립촉성국민회 소속 5명의 후보들이 각축전을 전개했다.

고등문관시험에 합격한 박갑년, 의사로서 인술을 베푼 권병로, 회사중역으로 사업가인 김상봉, 상주 농잠고 출신으로 안계면장을

지낸 박영교, 도정업자로 의성금융조합장으로 활약한 허호일 후보들이 당선권을 넘나들며 용호상박(龍虎相搏) 혈투를 전개했다.

지역기반이 견고한 김상봉, 박영교, 허호일 후보들의 기반이 모두 안계면으로 안계면의 표를 3분(三分)하다보니 다인면 출신인 권병로 후보에게 금 배지를 헌납하게 됐다.

□ 득표상황

후보자	정당	연령	주요 경력	득표 (%)
권병로	독립촉성회	46	의사, 다인면	9,258 (29.2)
박영교	독립촉성회	43	면장, 안계면	7,141 (22.5)
김상봉	독립촉성회	49	회사중역, 안계면	6,631 (20.9)
박갑년	독립촉성회	52	보문합격, 비안면	4,810 (15.2)
허호일	독립촉성회	52	금융조합장, 안계면	3,853 (12.2)

〈안동 갑〉 일본 유학파와 국민회 지부장이 용호상박 혈투를 전개했으나, 안동읍장의 경력으로 대승을 거둔 김익기

안동군은 안동읍의 서쪽인 풍산읍, 북후면, 서후면, 일직면 등을 갑구로, 동쪽인 임동면, 임하면, 예안면, 길안면등을 을구로 분구했다.

안동 갑구에는 안동읍 출신인 여섯 후보가 한판 승부를 벌인 이 지역구는 의사 출신인 무소속 권영찬, 치과의사 출신인 애국부인동지회 최금봉 후보가 이색적인 대결을 펼쳤다.

일본 명치대 출신인 권중순 후보가 3년간이나 국민회 안동지부장으로 활동하여 당선을 예약했으나, 안동읍장을 지낸 김익기 후보가 대한독립촉성회 소속을 밝히며 출전하여 쌍벽을 이뤘다.

대구 남산여고 재단이사장을 지낸 김중학 후보는 권중순, 김익기 후보들과 함께 일본 유학파 출신으로 중학교 재단이사장인 유시영 후보가 무소속으로 출전하여 이사장 출신이라는 빛이 발했다.

예측불허의 선거전은 안동읍장을 지낸 경력과 경북 지방에 불어닥친 대한독립촉성회에 대한 우호적인 바람에 힘입어 김익기 후보가 3천여 표차로 추격전을 전개한 권중순 후보를 따돌리고 국회에 등원했다.

□ 득표상황

후보자	정당	연령	주요 경력	득표 (%)
김익기	독립촉성회	33	안동읍장, 일본대	14,088 (36.4)
권중순	무소속	49	국민회 지부장	10,463 (27.0)
유시영	무소속	48	중학교 재단이사장	5,436 (14.0)
권영찬	무소속	63	의사	3,613 (9.3)
김중학	무소속	46	남산학교 재단이사장	2,740 (7.1)
최금봉(여)	부인동지회	53	치과의사	2,382 (6.2)

〈안동 을〉 정현모 후보의 경북지사 영전에 따른 보궐선거에서 상공부장관인 임영신 후보가 장택상 후보을 꺾고 당선

안동군 풍천면을 중심으로 분구된 이 지역구는 일본 명치대 출신으로 조선총독부에서 근무했던 김중희, 일본 조도전대 출신으로 회사 중역인 정현모, 일본대 법학과 출신으로 대한독립촉성국민회 소속으로 출전한 유태하 후보가 출전했다.

안동 김씨와 풍산 유씨의 문중대결을 뚫고 인물의 출중함을 내세운 정현모 후보가 김중희와 독립촉성회 유태하 후보들을 꺾고 국회에 등원했다.

정현모 후보의 경북도지사 영전에 따라 실시된 보궐선거에서는 상공부 장관인 임영신 후보가 수도경찰청장을 거쳐 초대 외무부장관을 지낸 장택상, 지난 총선에서 안동 갑구에서 차점 낙선한 권중순 등 토착 후보들을 꺾고 뒤늦게 국회 등원에 성공했다.

□ 득표상황

후보자	정당	연령	주요 경력	득표 (%)
정현모	무소속	55	회사중역, 조도전대	19,787 (55.9)
유태하	독립촉성회	39	일본대, 풍천면	13,023 (36.8)
김중희	무소속	53	사법서사, 명치대	2,604 (7.3)

〈청송〉 교육계, 청송면, 파천면 지지자들의 3각 대결에서 승리를 거둔 경북도 학무과장 출신인 김봉조

경북 북부의 산간 오지인 이 지역구는 경북도 학무과장을 지낸 교육협회 김봉조, 대동청년단 청송군단장을 지낸 윤용구, 대한독립

촉성회 청송지부장을 지낸 심운섭 후보들이 3파전을 전개했다.

경북도 학무과장을 지낸 인연으로 교원들의 적극적인 지지를 받은 김봉조 후보가 청송면민들의 지지를 받은 윤용구, 파천면민들의 전폭적인 지지를 받은 심운섭 후보들을 큰 표차로 따돌리고 국회에 등원했다.

□ 득표상황

후보자	정당	연령	주요 경력	득표 (%)
김봉조	교육협회	44	경북도 학무과장	13,283 (58.0)
윤용구	대동청년단	33	청년운동, 청송면	5,441 (23.8)
심운섭	독립촉성회	46	농업인, 파천면	4,184 (18.2)

〈영양〉 경북도 북부 산간 오지(奧地)에서 한국민주당 소속으로 등록하여 무투표 당선을 이뤄낸 조헌영

한약 약종상으로 한민당 지방부장 출신인 조헌영 후보가 등록하자 아무도 등록하지 않아 조헌영 후보가 무투표 당선됐다.

□ 득표상황

후보자	정당	연령	주요 경력	득표 (%)
조헌영	한국민주당	47	한약종상	무투표

⟨영덕⟩ 경상북도 북부의 오지(奧地) 지역으로 연접한 영양과 함께 무투표 당선자를 배출한 영덕

포항과 울진의 중간 해안 지역을 관할하고 영양과 청송에 연접한 이 지역구는 광산업자로서 소학교 출신이지만 대한청년단 영덕군 회장으로 활동하고, 대한독립촉성국민회 영덕지회장으로 활동한 오택열 후보가 단독 입후보하여 무투표 당선했다.

☐ 득표상황

후보자	정당	연령	주요 경력	득표 (%)
오택열	독립촉성회	45	광업	무투표

⟨영일 갑⟩ 흥해읍민들과 기독교인들의 전폭적인 지원으로 쟁쟁한 후보들을 꺾고 의정 단상에 오른 박순석

영일군은 포항읍을 중심으로 북쪽인 흥해읍, 청하면, 남정면, 신광면, 송라면, 기계면 등을 갑구로, 남쪽인 구룡포읍, 오천읍, 장기면, 호미곶면 등을 을구로 나뉘었다.

영일 갑구에는 다양한 소속의 후보들 여섯 명이 등록했으며, 회사 중역으로 동양나일론을 창건한 이원만 후보는 한국민주당으로, 포항읍 사무소에 오랫동안 근무했던 최이봉 후보는 대동청년단으로, 김기석 후보는 노동총연맹으로 출전했고, 포항읍 서기 출신으로 영일군수를 지낸 최원수 후보는 대한독립촉성국민회 소속으로 출전했다.

대한장로회 소속 목사인 박순석 후보와 동해중학 재단이사장인 최태능 후보들은 무소속으로 출전했다.

포항읍민들의 표를 3분하던 김기석 후보는 중도 사퇴했지만, 5명 후보들의 혈투는 당선 예측을 오리무중으로 몰아갔다.

포항읍 서기 출신들로 포항읍민 표를 양분한 최이봉과 최원수 후보들은 하위권으로 밀려났고, 유권자가 많은 흥해읍에서 집중지원과 기독교인들의 몰표로 박순석 후보가 풍부한 재력을 활용하여 당선권을 넘나들은 이원만 후보와 최태능 후보를 어렵게 따돌리고 국회에 등원했다.

경주 최씨 문중표를 최원수, 최이봉 후보들과 3분한 최태능 후보는 당선권에서 멀어져 3위로 주저앉았다.

□ 득표상황

후보자	정당	연령	주요 경력	득표 (%)
박순석	무소속	45	목사, 흥해읍	10,485 (27.2)
이원만	한국민주당	45	회사중역, 신광면	9,119 (23.7)
최태능	무소속	40	재단이사장, 의창면	8,208 (21.3)
최원수	독립촉성회	37	영일군수, 포항읍	5,879 (15.3)
최이봉	대동청년단	31	서기, 포항읍	4,837 (12.5)
김기석	노동총연맹	49	서기, 포항읍	사퇴

〈영일 을〉 일본 입명관대 출신인 하태환 후보의 사퇴로 소졸 출신이지만 신문지국장으로 당선을 일궈낸 김익로

이 지역구는 중학교장 출신인 하태환, 신문지국장 출신인 김익로, 청년운동을 펼쳤던 김판석, 공무원 출신인 박동주 후보들이 4파전을 전개했다.

일본 입명관대 출신으로 최고학부를 자랑한 하태환 후보가 석연치 않은 사유로 중도 사퇴하여 연일면들의 전폭적인 지지를 받은 무소속 김익로 후보가 소학교 출신이라는 약점을 극복하고 대동청년단원들의 조직표를 활용한 김판석 후보를 꺾은 이변 속에 당선을 일궈냈다.

대한독립촉성국민회 회원들의 지지속에 공무원들의 지지를 기대한 박동주 후보는 예상 밖의 부진으로 당선권에서 멀어졌다.

☐ 득표상황

후보자	정당	연령	주요 경력	득표 (%)
김익로	무소속	44	신문지국장, 연일면	13,545 (42.0)
김판석	대동청년단	30	청년운동, 포항읍	10,325 (32.0)
박동주	독립촉성회	49	공무원, 포항읍	8,361 (26.0)
하태환	무소속	33	중학교장, 포항읍	사퇴

〈경주 갑〉 제자들의 적극적인 도움으로 기독교인들을 응집

시킨 이춘중 후보를 어렵게 따돌린 교사 출신인 김철

경주군은 경주읍을 중심으로 남쪽인 감포읍, 외동읍, 양북면, 양남면 등은 갑구로, 북쪽인 안강읍, 서면, 현곡면, 강동면 등은 을구로 분구됐다.

경주 갑구에는 대한독립촉성국민회 출신들로 신문지국장 출신인 우용근, 목사 출신인 이춘중, 교사와 신문기자 생활을 한 김철 후보들이 3파전을 전개했다.

사업가인 이상희, 경주읍장을 지낸 최병량 후보들도 무소속으로 등록했다가 최병량 후보는 중도에 사퇴했다.

대한독립촉성국민회원 간의 혈투를 전개한 선거전은 제자들의 적극적인 지원을 받은 김철 후보가 기독교인들의 전폭적인 지지를 받은 이춘중 후보를 큰 표차로 따돌렸다.

이는 중졸과 대졸의 학벌 간의 격차가 유권자의 표심을 동요시킨 결과가 아닌가 싶기도 하다.

□ 득표상황

후보자	정당	연령	주요 경력	득표 (%)
김 철	독립촉성회	53	신문기자, 경주읍	15,333 (40.1)
이춘중	독립촉성회	52	목사, 강서면	9,460 (24.7)
이상희	무소속	36	상업인, 외동면	9,234 (24.2)
우용근	독립촉성회	51	신문지국장, 경주읍	4,199 (11.0)
최병량	무소속	51	경주읍장	사퇴

〈경주 을〉 서면과 강서면 출신들의 대결에서 젊은 패기를 내세워 승리를 낚아 챈 강서면 출신인 이석

강서면 출신들과 서면 출신들이 각축전을 전개한 이 지역구는 신문사를 경영했던 이석, 회사원인 정진구 후보는 강서면 출신이고, 사업가인 한상진 후보와 사법서사인 이대곤 후보는 서면 출신이다. 대동청년단에서 활동한 허금룡 후보도 참전했다.

대한독립촉성국민회 회원 간에 혈투를 전개한 선거전은 40대의 강서면 출신인 이석 후보가 50대의 서면 출신인 한상진 후보를 3,141표차로 꺾고 당선됐다.

□ 득표상황

후보자	정당	연령	주요 경력	득표 (%)
이 석	독립촉성회	42	신문사 경영, 강서면	15,765 (34.3)
한상진	독립촉성회	53	상업인, 서면	12,624 (27.5)
허금룡	대동청년단	35	상업인, 경주읍	10,936 (23.8)
정진구	독립촉성회	41	회사원, 강서면	6,658 (14.5)
이대곤	무소속	50	사법서사, 서면	사퇴

〈영천 갑〉 대한독립촉성국민회 영천지회장인 정도영 후보의

등록에 다른 후보들이 포기하여 엉겁결에 무투표 당선

영천군은 영천읍을 중심으로 서쪽인 금호읍, 청통면, 신녕면등을 갑구로, 동쪽인 화북면, 자양면, 임고면, 고경면등은 을구로 분구됐다.

영천 갑구는 중졸로서 대한독립촉성국민회 영천군회장으로 활약한 정도영 후보가 무투표 당선의 영광을 차지했다.

□ 득표상황

후보자	정당	연령	주요 경력	득표 (%)
정도영	독립촉성회	46	국민회 영천군회장	무투표

〈영천 을〉 중졸이지만 의사 면허를 받은 이범교 후보가 대한독립촉성국민회원들의 지원으로 무투표 당선

이 지역구도 갑구와 같이 중학교 졸업 출신이지만 대한독립촉성회 영천군 부회장으로 활약한 이범교 후보가 무투표 당선됐다.

일제 시대에는 의전이나 의대를 졸업하지 아니해도 의사 면허를 받을 수 있는 제도에 힘입어 이범교 후보는 의사로서 인술도 베풀었다.

□ 득표상황

후보자	정당	연령	주요 경력	득표 (%)
이범교	독립촉성회	51	의사, 중학교장	무투표

〈경산〉 경찰서장 출신으로 경산군수인 김용규, 고산면장 출신인 장용환 후보들을 큰 표차로 따돌린 박해정

이 지역구는 경찰서장 출신인 박해정, 경산군수 출신인 김용규, 고산면장 출신인 장용환 후보들이 3파전을 전개했다.

회사원인 박철수, 경산소방대장으로 활약한 신옥산 후보들도 출전하여 파수꾼 역할을 했다.

일본 중앙대 출신인 박해정 후보가 중졸로 고산면장 출신인 장용환, 신학교를 졸업했지만 경산군수를 지낸 김용규 후보를 큰 표차로 따돌리고 당선됐다.

김용규 후보는 대한독립촉성국민회 회원들과 기독교인들의 표를 기대했지만 소기의 성과를 거두지 못하고, 고산면민들의 전폭적인 지지를 받은 장용환 후보에게 은메달마저 헌납했다.

□ 득표상황

후보자	정당	연령	주요 경력	득표 (%)
박해정	무소속	33	총경, 경찰서장	17,599 (38.7)
장용환	무소속	40	면장, 고산면	12,862 (28.3)
김용규	독립촉성회	56	군수, 경산면	9,698 (21.3)

| 신옥산 | 무소속 | 36 | 소방대장, 경산면 | 3,694 (8.1) |
| 박철수 | 독립촉성회 | 53 | 회사원, 하양면 | 1,612 (3.5) |

<청도> 일본대와 조도전대 대결, 경주 최씨와 밀양 박씨 문중 대결에서 승리한 인사처 고시과장을 지낸 박종환

조도전대 출신과 일본대 출신의 결투장에 보성전문 법과 출신으로 한민당을 업은 박종림 후보가 파수꾼 역할을 했다.

금융연합회 회장과 군정청 물가행정처장을 지낸 최태욱 후보와 군정청 중앙인사처 고시과장을 지낸 박종환 후보의 대결은 경주 최씨와 밀양 박씨의 문중 대결로 번졌으며, 상주 박씨 등 범박씨들의 집중 지원과 대한독립촉성국민회의 간접 지원을 받은 박종환 후보가 최태욱 후보를 4,594표차로 꺾고 국회에 등원했다.

□ 득표상황

후보자	정당	연령	주요 경력	득표 (%)
박종환	독립촉성회	40	인사처 고시과장	20,565 (51.6)
최태욱	무소속	57	중앙물가행정처장	15,971 (40.1)
박종림	한국민주당	48	농업인, 청도면	3,338 (8.4)

<고령> 입법의원인 김상덕 후보가 장로회 목사인 김상근, 우

곡면장인 곽태진 후보들을 큰 표차로 따돌리고 등원

대구광역시의 서쪽으로 경남 합천군과 연접한 이 지역구는 목사인 김상근, 중학교장 출신으로 입법의원을 지낸 김상덕, 우곡면장을 지낸 곽태진 후보가 3파전을 전개했다.

민족통일본부 소속인 김상덕 후보가 제자들의 적극적인 지지로 한국민주당원들의 전폭적인 지지에 고무된 곽태진 후보와 기독교인들의 지지를 기대한 김상근 후보들을 큰 표차로 따돌리고 국회 등원에 성공했다.

□ 득표상황

후보자	정당	연령	주요 경력	득표 (%)
김상덕	민족통일부	56	중학교장, 입법의원	13,049 (54.5)
곽태진	한국민주당	32	우곡면장	7,555 (31.6)
김상근	예수장로회	43	목사, 고령면	3,338 (13.9)

###〈성주〉 대동청년단과 기독교인 지지를 업고 나온 이영균 후보를 지역에서 얻은 명망으로 큰 표차로 꺾어버린 이호석

대구와 김천의 중간 지역으로 가야산 국립공원에 포함된 이 지역구는 농장을 경영하고 있는 무소속 이호석 후보가 대동청년단을 업고 전도사로서 기독교인들의 지지를 기대한 이영균 후보를 큰 표차로 따돌리고 국회에 등원했다.

초전면을 기반으로 한 이동화 후보도 출전하여 두 후보의 격전을 지켜봤다.

초전면, 월항면, 대가면의 면 대항전에서 월항면인들의 승리였다.

□ 득표상황

후보자	정당	연령	주요 경력	득표 (%)
이호석	무소속	34	농업인, 월항면	24,400 (63.1)
이영균	대동청년단	43	전도사, 대가면	12,823 (33.2)
이동화	무소속	36	농업인, 초전면	1,422 (3.7)

〈칠곡〉 인동 장씨 문중의 거중조정으로 장병태 후보의 사퇴에 힘입어 가까스로 당선된 왜관면 출신인 장병만

수도경찰청장, 외무부 장관을 역임한 장택상의 고향인 이 지역구는 농장을 경영하고 있는 장병만, 군수 출신인 박석규, 목사인 박주현 후보들이 3파전을 전개했다.

인동 장씨 문중의 거중조정으로 장병태 후보의 사퇴로 인동 장씨 문중 표를 결집시킨 장병만 후보가 3파전에서 가까스로 승리했다. 군수 출신인 박석규 후보와의 표차는 1,216표였고, 목사인 박주현 후보와의 표차는 1,412표였다.

박석규 후보의 거주지는 칠곡군이 아닌 대구시 남산동이 패인의

일익이었다.

☐ 득표상황

후보자	정당	연령	주요 경력	득표 (%)
장병만	독립촉성회	49	농업인, 왜관면	10,779 (36.2)
박석규	무소속	44	군수, 대구시	9,593 (32.3)
박주현	독립촉성회	51	목사, 왜관면	9,367 (31.6)
장병태	무소속	41	농업인, 약목면	사퇴

〈김천 갑〉 김천읍장 출신인 박완 후보의 사망으로 중학교장 출신으로 금 배지를 주워담은 권태희

추풍령 고개의 남쪽인 김천군은 김천읍을 중심으로 동쪽인 아포면, 공성면, 개령면, 감문면등을 갑구로, 서쪽인 봉산면, 어모면, 대항면 등을 을구로 나뉘었다.

김천 갑구에는 양조업으로 기반을 닦은 대한독립촉성국민회 김은배 후보와 신학교 출신으로 중학교장을 지낸 권태희 후보가 건곤일척 한판 승부를 벌였다.

사업가인 무소속 신효무, 공무원 출신인 강병철, 보모 출신인 애국부인회 김철안 후보들도 출전했으며, 김천읍장을 지낸 박완 후보는 선거 도중 사망하여 등록이 말소됐다.

기독교인들과 제자들의 도움을 받은 권태희 후보가 풍부한 자금과 독립촉성국민회 조직을 활용한 김은배 후보를 3천여 표차로 꺾고 국회 등원에 성공했다.

□ 득표상황

후보자	정당	연령	주요 경력	득표 (%)
권태희	무소속	42	중학교장, 김천읍	14,703 (40.9)
김은배	독립촉성회	48	양조업, 김천읍	11,071 (30.8)
김철안(여)	애국부인회	37	보모, 김천읍	4,943 (13.8)
신효무	무소속	43	상업인, 아포면	3,959 (11.0)
강병철	무소속	49	공무원, 김천읍	1,235 (3.4)
박 완	무소속	62	김천읍장	사망

〈김천 을〉 출전이 예상된 후보들이 뜻밖에 모두 출전을 포기하여 엉겁결에 무투표 당선된 봉산면장 출신인 이병관

봉산면장 출신인 이병관 후보가 설왕설래하던 후보들이 모두 출전을 포기하여 뜻밖의 무투표 당선이라는 행운을 거머쥘 수 있었다.

□ 득표상황

후보자	정당	연령	주요 경력	득표 (%)
이병관	무소속	41	봉산면장	무투표

<선산> 당선권을 넘나들은 대동청년단 김성묵 후보의 사퇴에 힘입어 독촉국민회원들의 전폭적인 지지로 당선된 육홍균

경찰서장 출신으로 구미면 대표주자인 권영호, 일본대 출신으로 목사로서 항일투쟁 경력을 내세운 최재혁, 수원농고 출신으로 선산면 대표주자인 육홍균 후보가 3파전을 전개했다.

양조장을 경영하며 금융조합에서 활동하고 대동청년단을 발판으로 당선권을 넘나들던 김성묵 후보의 사퇴에 힘입어 대한독립촉성국민회 선산군지부장인 육홍균 후보가 경찰들의 전폭적인 지원을 받은 권영호, 목사로 부산에 주거지를 둔 최재혁 후보들을 꺾고 국회에 등원했다.

□ 득표상황

후보자	정당	연령	주요 경력	득표 (%)
육홍균	독립촉성회	49	국민회 부장, 선산면	15,903 (45.5)
권영호	무소속	49	경찰서장, 구미면	9,738 (27.9)
최재혁	무소속	56	목사, 항일투쟁	9,312 (26.6)
김성묵	대동청년단	32	주류제조업, 옥성면	사퇴

<상주 갑> 상주군수 출신이지만 고령인 박정현, 국민학교 교장 출신인 김대칠 후보들을 꺾어버린 독립촉성회 한암회

상주군은 상주읍을 중심으로 동쪽인 사벌면, 공검면, 낙동면 들은 갑구로, 서쪽인 은척면, 화서면, 청리면, 외서면, 화남면, 함창면 들을 을구로 분구했다.

상주읍 출신들의 각축장이 된 상주 갑구는 일본 구주제대 출신으로 신문지국장인 한암회 후보와 상주농잠고 출신으로 상주군 농민회 산업기수인 박성우 후보가 건곤일척 한판 승부를 벌였다.

문경고보 출신으로 학교장을 지낸 김대칠 후보와 상주군수를 지낸 박정현 후보도 출전하여 표밭을 일구었다.

일본 유학파로 회사를 경영하고 있는 한암회 후보가 대한독립촉성국민회원들의 전폭적인 지지에 힘입어 상주군 농민회 산업기수인 박성우 후보를 817표차로 꺾은 아찔한 승리를 거두었다.

상주군수를 역임했지만 상대적으로 고령인 박정현 후보는 선거 초반부터 당선권에서 멀어졌다.

□ 득표상황

후보자	정당	연령	주요 경력	득표 (%)
한암회	독립촉성회	49	신문지국장, 상주읍	15,384 (36.8)
박성우	무소속	38	산업기수, 상주읍	14,567 (34.8)
박정현	무소속	67	군수, 상주읍	6,864 (16.4)
김대칠	무소속	51	국민학교장, 상주읍	4,998 (12.0)

〈상주 을〉 오랫동안 사법서사로 지역 기반을 닦은 백남식

후보를 꺾고 당선되어 사회부 장관까지 오른 전진한

이 지역구는 상주군 함창면 구향리 같은 마을 출신인 무소속 백남식 후보와 대한독립노동총연맹 전진한 후보가 한판 승부를 벌였다.

노동총연맹 위원장인 전진한 후보가 지명도를 활용하여 사법서사 출신으로 지역 기반을 구축한 백남식 후보를 큰 표차로 꺾고 등원하여 초대 사회부 장관에 임명되는 영예까지 차지했다.

☐ 득표상황

후보자	정당	연령	주요 경력	득표 (%)
전진한	노동총연맹	48	노동총연맹위원장	31,518 (75.4)
백남식	무소속	49	사법서사, 함창면	10,257 (24.6)

〈문경〉 일곱 명의 면 대표주자 가운데 유일한 대졸인 조병한 후보가 예상을 뒤엎고 대승을 거두고 제헌의원으로 등원

문경새재(조령)와 문경 탄광으로 유명한 이 지역구는 문경면, 산북면, 호서남면, 마성면, 농암면의 대표주자인 7명의 후보들이 난립했다.

중학교장과 금룡사 주지로 활약하고서 불교회로 출전한 곽기종, 대서업을 영위하다가 회사장으로 변신하여 무소속으로 출전한 김훈, 대한독립촉성국민회 문경지부장으로 활약하다가 노동총연맹으로 출전한 임영학, 소방대장 출신으로 대동청년단 소속으로 출전한 황봉석, 신학교 출신으로 교원청년단장으로 활약하고서 노동총연맹 소속으로 출전한 김은석, 가축진흥사 감사인 무소속 조병한, 소학교를 졸업한 농업인 무소속 임근호 후보들이 그들이다.

7명의 후보 중 유일하게 대학을 졸업한 마성면 대표주자인 무소속 조병한 후보가 금룡사 주지인 곽기종, 국민회 지부장을 지낸 임영학 후보들을 예상을 뒤엎고 큰 표차로 꺾고서 국회에 등원했다.

□ 득표상황

후보자	정당	연령	주요 경력	득표 (%)
조병한	무소속	47	회사원, 마성면	11,203 (28.6)
곽기종	불교	59	금룡사 주지, 산북면	7,564 (19.3)
임영학	노동총연맹	56	국민회장, 호서남면	6,173 (15.8)
김은석	노동총연맹	46	청년단장, 문경면	5,866 (15.0)
황봉석	대동청년단	48	소방대장, 호서남면	4,485 (11.5)
김 훈	무소속	46	대서업, 회사장	2,377 (6.1)
임근호	무소속	44	농업인, 농암면	1,419 (3.7)

〈예천〉 한국민주당과 대동청년단의 용호상박 혈전은 한국민주당 박상영 후보에게 승리의 월계관이 씌워져

문경과 영주 사이의 산간 지역을 관할하고 있는 이 지역구는 대동청년단 예천군단장인 이호근, 중학교사 출신으로 한국민주당의 지원을 받은 박상영 후보가 건곤일척 한판 승부를 벌였고, 군정시절

경찰관을 지낸 무소속 장성국 후보가 3파전을 향하여 진군했다.

예측불허의 난타전을 전개한 선거전은 한국민주당 박상영 후보가 대동청년단 이호근 후보를 103표차로 꺾고 아찔한 승리를 거뒀다.

□ 득표상황

후보자	정당	연령	주요 경력	득표 (%)
박상영	한국민주당	31	중학교사, 예천읍	17,773 (37.8)
이호근	대동청년단	34	청년운동, 예천읍	17,670 (37.6)
장성국	무소속	35	군정시절 경찰관	11,562 (24.6)

〈영주〉 대한독립촉성국민회가 세 후보에게 분산된 틈새를 비집고, 대동청년단 단원들의 지원으로 승리한 최석홍

소백산 자락인 이 지역구는 4명의 영주읍 출신 후보들과 장수면, 이산면 대표주자 후보들이 난타전을 전개했다.

대한독립촉성국민회 김준훈, 이운형, 송영우 후보들과 대동청년단의 최석홍, 무소속의 김식영, 김정식 후보들이 각축전을 전개하다가 후생회 이사장인 김정식 후보는 중도에 사퇴했다.

대동청년단 영주군단장인 최석홍 후보가 대한독립촉성국민회가 세 후보에게 분산된 틈새를 비집고 들어가 어려운 승리를 이끌었다.

최석홍 후보와 목사로 독립촉성국민회와 기독교인들의 지지를 받은 이운형 후보와의 표차는 1,529표차에 불과했다.

□ 득표상황

후보자	정당	연령	주요 경력	득표 (%)
최석홍	대동청년단	46	청년단장, 영주읍	10,718 (27.9)
이운형	독립촉성회	40	목사, 영주읍	9,189 (24.0)
송영우	독립촉성회	46	장수면 국민회장	7,313 (19.1)
김식영	무소속	41	농업인, 이산면	6,098 (15.9)
김준훈	독립촉성회	40	국민회장, 영주읍	5,046 (13.1)
김정식	무소속	34	후생회 이사장	사퇴

〈봉화〉 28세의 대동청년단 배중혁 후보와 57세의 농민총연맹 정문흠 후보가 혈전을 전개하여 배중혁 후보가 신승

경북 최북단의 산간 오지로 금강송으로 유명한 이 지역구는 춘양면 서기 출신으로 대한독립촉성 농민총연맹 소속의 정문흠 후보와 대동청년단 경북도단 경리국장 출신인 배중혁 후보가 혈전을 전개했다.

내성면장 출신인 무소속 김정수 후보와 목재업을 영위한 대한독립촉성국민회 장중창 후보들도 출전했다.

혼전을 전개한 선거전은 28세의 대동청년단 배중혁 후보가 57세의 농민총연맹 정문흠 후보를 1,310표차로 꺾고 국회에 등원했다.

□ 득표상황

후보자	정당	연령	주요 경력	득표 (%)
배중혁	대동청년단	28	청년운동, 내성면	11,741 (40.4)
정문흠	농민총연맹	57	면서기, 춘양면	10,431 (35.9)
김정수	무소속	48	면장, 내성면	4,269 (14.7)
장중창	독립촉성회	45	목재업, 법전면	2,602 (9.0)

〈울릉〉 일본 조도전대 출신으로 울릉도 도사(島司)를 지낸 서이환 후보가 대승을 거두고 울릉도의 대표로 피선

유권자가 5천명에 불과한 이 지역구는 일본 조도전대 출신으로 울릉도 도사(島司)를 지낸 서이환 후보가 농업인인 무소속 김석규에게 대승을 거두고 재헌의원 반열에 올랐다.

☐ 득표상황

후보자	정당	연령	주요 경력	득표 (%)
서이환	무소속	54	울릉도 도사	3,538 (75.9)
김석규	무소속	54	농업인, 남면	1,121 (24.1)

경상남도

<부산 갑> 경남도지사를 지낸 양성봉 후보의 사퇴로 대승을 거둔 모스크바대 출신인 조선민족청년단 문시환

이 지역구는 소련 모스크바대 출신으로 경남도 상공국장을 지낸 조선민족청년단 문시환 후보와 부산부윤, 경남도지사와 농림부장관을 지낸 무소속 양성봉 후보의 한판 승부가 예상됐다.

그러나 석연치 아니한 이유로 양성봉 후보가 사퇴하여 싱거워진 선거전에서 문시환 후보가 회사장인 무소속 김형덕 후보에게 대승을 거두었다.

일본 명치대 출신으로 동대신동장을 지낸 대한독립노동총연맹 김춘광 후보의 부진은 이해할 수 없었다.

문시환 후보의 경남도지사 영전으로 실시된 보궐선거에서는 일본대 출신으로 대학장을 지낸 허영호 후보가 농민회 중앙회 이사로 활약한 박수일 후보를 가볍게 제치고 뒤늦게 국회에 등원했다.

□ 득표상황

후보자	정당	연령	주요 경력	득표 (%)
문시환	민족청년단	50	경남도 상공국장	26,377 (69.6)
김형덕	무소속	34	회사장, 공업	10,332 (27.3)
김춘광	노동총연맹	42	동대신동장	1,203 (3.1)
양성봉	무소속	50	도지사, 농림부장관	사퇴

〈부산 을〉 한국민주당의 허정 후보가 경찰국장과 입법의원을 지낸 김국태 후보에게 671표차로 승리

이 지역구는 한국민주당 지원을 받은 허정 후보가 일본대 출신으로 경찰국장과 입법의원 의원을 지낸 무소속 김국태 후보를 671표차로 꺾고 당선됐다.

김경환 후보가 대한독립청년단 소속으로 출전하여 두 후보의 격전을 지켜봤다.

□ 득표상황

후보자	정당	연령	주요 경력	득표 (%)
허 정	한국민주당	53	보성전문 졸	21,390 (47.9)
김국태	무소속	64	경찰국장, 입법의원	20,719 (46.4)
김경환	독립청년단	49	중졸	2,504 (5.6)

〈부산 병〉 한국민주당의 바람을 타고 일본대 출신으로 대학교수인 박성수 후보를 무너뜨린 한석범

이 지역구는 신문사 사장인 김환선, 일본대 출신으로 대학교수인 박성수, 한국민주당 소속으로 출전한 한석범 후보들이 3파전을 전개했다.

부평동에서 농업을 영위한 최찬수, 신문사 사장으로 청년운동을

펼친 조선민족청년단 최명구 후보들도 출전하여 추격전을 전개했다.

한민당의 인기에 편승한 한석범 후보가 대학교수인 무소속 박성수 후보를 1,159표차로 따돌리고 국회에 등원했다.

□ 득표상황

후보자	정당	연령	주요 경력	득표 (%)
한석범	한국민주당	51	공업인	11,012 (28.9)
박성수	무소속	39	교원, 대학교수	9,853 (25.9)
김환선	무소속	37	신문사 사장	9,551 (25.1)
최명구	민족청년단	43	신문사 사장	5,517 (14.5)
최찬수	무소속	49	농업인	2,163 (5.7)

〈부산 정〉 경남경찰국 보안과장 출신으로 충남도 경찰국장인 이시환, 입법의원인 오이상 후보들을 꺾어버린 박찬현

이 지역구는 장유(醬油) 공장을 경영하며 입법의원 출신으로 한민당의 지원을 받은 오이상 후보가 당선을 예약한 가운데, 미국 미주리대 출신으로 경남도 경찰국 보안과장을 지낸 박찬현, 충남도 경찰국장 출신으로 조선민족청년단 경남도단장으로 활약한 이시환 후보들이 도전하여 3파전이 전개됐다.

평양의전 출신으로 병원장인 조칠봉, 청년운동을 전개했던 조선민주당 왕초산과 대동청년단의 한종욱, 신문사 사장으로 노동총연맹으로 출전한 김억조, 경남도 장학사와 적십자사 과장을 지낸 김필

애 후보들도 나름대로 표밭을 가꾸었다.

미국 유학파를 내세우며 젊은 패기를 자랑한 무소속 박찬현 후보가 조선민족청년단의 경남도 단장인 이시환, 한국민주당 오이상 후보 등 쟁쟁한 후보들을 예상을 뒤엎고 큰 표차로 따돌렸다.

□ 득표상황

후보자	정당	연령	주요 경력	득표 (%)
박찬현	무소속	32	경남경찰국 과장	12,023 (30.5)
이시환	민족청년단	29	충남도 경찰국장	6,427 (16.3)
오이상	한국민주당	44	입법의원 의원	6,107 (15.5)
김필애(여)	무소속	51	적십자사 과장	4,209 (10.7)
김억조	노동총연맹	40	신문사 사장	3,923 (9.9)
한종욱	대동청년단	35	무직	3,889 (9.9)
왕초산	조선민주당	35	청년운동	1,768 (4.5)
조칠봉	무소속	37	의사	1,092 (2.7)

〈마산〉 치과재료상으로 마산토박이임을 내세워 입법의원 출신인 손문기 후보를 무너뜨린 무소속 권태욱

대한모방회장 출신으로 입법의원을 지낸 손문기, 군정청 기획처 경제계획국장을 지낸 손봉조, 치과재료상을 하고있는 권태욱 후보들이 3파전을 전개했다.

치과재료상으로 지역 기반을 닦은 권태욱 후보가 마산의 토박이임

을 내세우고 안동 권씨 문중 표를 결집시켜, 다채로운 경력을 자랑하며 손씨 문중 표를 양분한 손문기, 손봉조 후보들을 큰 표차로 따돌리는 이변을 연출했다.

□ 득표상황

후보자	정당	연령	주요 경력	득표 (%)
권태욱	무소속	36	치과재료상	13,160 (44.6)
손문기	무소속	53	입법의원 의원	8,552 (29.0)
손봉조	경제위원회	48	기획처 경제국장	7,769 (26.4)

〈진주〉 예상을 뒤엎고 진양군수를 지낸 유덕천, 입법의원인 하만복, 국민회 진주지부장인 문해술 후보들을 꺾어버린 교사 출신인 이강우

이 지역구는 입법의원 출신인 하만복, 대한독립촉성국민회 진주지부장 출신인 문해술 후보가 양강 체제를 구축한 가운데, 교원 생활을 했던 이강우, 진양군수를 지낸 유덕천 후보들이 혜성처럼 출전하여 4파전을 전개했다.

사업가인 무소속 김성순, 농업인인 독립국민총연맹 최상석, 변호사인 조병래 후보들도 출전했다.

선거구민들의 예상을 뒤엎고 농장을 경영하고 있는 이강우 후보가 진양군수를 지낸 유덕천 후보를 862표차로 꺾고 국회에 등원했다.

□ 득표상황

후보자	정당	연령	주요 경력	득표 (%)
이강우	무소속	59	교원, 농업인	7,313 (26.2)
유덕천	무소속	45	진양군수, 교원	6,451 (23.1)
문해술	독립촉성회	41	공업인	5,266 (18.9)
하만복	무소속	35	입법의원 의원	4,895 (17.5)
조병래	무소속	37	변호사	2,888 (10.3)
최상석	국민총연맹	35	농업인, 대졸	746 (2.7)
김성순	무소속	31	상업인	369 (1.3)

〈진양〉 정촌면장 출신인 황윤호 후보가 서울에서 변호사로 활동하고 있는 최병석 후보를 간발의 차로 제압

진주시를 둘러싸고 있는 이 지역구는 정촌면장 출신인 황윤호 후보와 변호사로서 명성을 쌓은 최병석 후보가 한판 승부를 벌였다.

공무원 출신으로 종묘업을 하고있는 무소속 정순종, 농장을 경영하고 있는 유도회 이현우와 대동청년단 유한구 후보들도 출전했다.

무소속 황윤호 후보가 장수 황씨 문중 표와 토박이 표를 결집시켜 서울에서 활동하고 있는 무소속 최병석 후보를 1,528표차로 꺾고 국회에 등원했다.

□ 득표상황

후보자	정당	연령	주요 경력	득표 (%)
황윤호	무소속	35	면장, 정촌면	18,027 (36.0)
최병석	무소속	52	변호사, 서울시	16,499 (32.9)
정순종	무소속	43	공무원, 부산시	8,524 (17.0)
이현우	유도회	65	농업경영, 진주시	4,418 (8.8)
유한구	대동청년단	30	농업인, 진주시	2,669 (5.3)

〈의령〉 중졸 출신이지만 명치대 출신인 이시목 후보를 1,052표차로 꺾어버린 민족청년단 안준상

경남의 중심부에 있는 이 지역구는 대한독립촉성회, 대동청년단, 조선민족청년단의 3 후보들이 소속단체의 명예를 걸고 한판 승부를 벌였다.

한약종상을 하고 있는 전임순, 중졸로 농업인인 윤병용, 일본 명치대 출신인 이시목 후보들은 대한독립촉성국민회 소속이고, 대한청년단 의령단장을 지낸 최주홍 후보는 대동청년단, 중졸로 농업인인 안준상 후보는 조선민족청년단 소속이다.

의령면민들의 표가 최주홍, 이시목 후보로 분산되고, 국민회 지지자들이 이시목, 전임순, 윤병용 후보들로 분산된 틈새를 헤집고, 민족청년단 안준상 후보가 부림면 표를 결집시켜 승리함으로써 중졸이 명치대 출신을 꺾는 이변을 만들어냈다.

□ 득표상황

후보자	정당	연령	주요 경력	득표 (%)
안준상	민족청년단	50	농업인, 부림면	9,939 (27.4)
이시목	독립촉성회	49	명치대, 의령면	8,887 (24.5)
최주홍	대동청년단	44	한청단장, 의령면	6,736 (18.5)
전임순	독립촉성회	64	한약종상, 칠곡면	6,659 (18.3)
윤병용	독립촉성회	45	농업인, 가례면	4,119 (11.3)

〈함안〉 함안 조씨 문중 표가 양분되고 독립촉성국민회가 세 갈래로 나뉜 틈새를 비집고 승리한 민족청년단 강욱중

함안 조씨 본거지인 이 지역구는 토건업자인 한국독립당 조억제 후보가 문중 표를 규합시키고 있는 가운데, 함안 수리조합장 출신으로 대한독립촉성국민회 이중섭, 변호사로서 지역 기반을 구축한 조선민족청년단 강욱중 후보들이 3파전을 기대했다.

경찰 공무원인 박노일, 대한청년단 함안군단장을 지낸 조용옥 후보들도 대한독립촉성국민회 후보임을 내세우고 출전했다.

변호사로서 명성을 쌓은 강욱중 후보가 함안 조씨 문중 표가 조억제와 조용옥 후보로 양분되고, 대한독립촉성국민회가 이중섭, 조용옥, 박노일 후보로 3분(三分)되는 틈새를 비집고, 이중섭 후보에게 505표차의 아찔한 승리를 엮어냈다.

☐ 득표상황

후보자	정당	연령	주요 경력	득표 (%)
강욱중	민족청년단	40	변호사, 서울시	10,807 (24.2)
이중섭	독립촉성회	38	수리조합장, 가야면	10,302 (23.1)
조억제	한국독립당	41	토건업, 산인면	10,007 (22.4)
조용옥	독립촉성회	42	국민회, 가야면	9,731 (21.8)
박노일	독립촉성회	55	경부보, 여항면	3,827 (8.6)

〈창녕〉 일본 조도전대 출신으로 중학교장의 오랜 경력을 내세워 김희찬과 하기석 후보들에게 대승을 거둔 구중회

경북도와 인접하여 부산보다 대구의 생활권에 근접한 이 지역구는 산업조합 이사인 무소속 조영환, 국민학교와 중학교 교장을 지낸 독립촉성국민회 김해권, 일본 명치대 출신인 청우당 하기석, 서울시 공무원 출신으로 역장을 지낸 국민회 김희찬, 일본 조도전대 출신으로 중학교장을 지낸 구중회 후보들이 5파전을 전개했다.

독립촉성회 김해권 후보와 중학교장 간의 혈투, 청우당 하기석 후보와 일본 명치대와 조도전대의 대결에서 승리한 구중회 후보가 압승을 거두고 국회에 등원했다.

□ 득표상황

후보자	정당	연령	주요 경력	득표 (%)
구중회	무소속	51	중학교장, 마산시	19,430 (38.1)

김희찬	독립촉성회	61	면장, 창녕면	9,778 (19.2)
하기석	청우당	41	명치대, 창녕면	8,760 (17.2)
김해권	독립촉성회	32	중학교장, 남지면	7,436 (14.6)
조영환	무소속	49	산업조합, 창녕면	5,561 (10.9)

〈밀양 갑〉 중학교 교장, 입법의원, 대한독립촉성국민회 밀양 지회장을 기반으로 대승을 거둔 이주형

밀양군은 밍양읍을 중심으로 동쪽인 삼랑진읍, 상동면, 산외면, 단장면 등을 갑구로, 서쪽인 초동면, 무안면, 청도면 등을 을구로 분구됐다.

밀양 갑구는 중학교장으로 입법의원을 지낸 대한독립촉성국민회 이주형 후보가 당선을 예약한 가운데, 국민회 밀양지부장으로 활동했던 박일현, 경남도 양정국장을 지낸 손영순, 양조업으로 지역 기반을 닦은 염차준 후보들이 야멸차게 도전했다.

독립촉성국민회의 분산 틈새를 비집고 공무원 경력을 내세우며 손영순 후보가 이주형 후보의 턱 밑까지 추격전을 전개했으나 뒷심이 부족하여 2,545표차로 무릎을 꿇었다.

□ 득표상황

후보자	정당	연령	주요 경력	득표 (%)
이주형	독립촉성회	43	중학교장, 입법의원	12,436 (36.9)

손영순	무소속	60	경남도 양정국장	9,891 (29.4)
박일현	독립촉성회	38	국민회장, 밀양읍	6,585 (19.5)
염차준	무소속	42	양조업, 부북면	4,779 (14.2)

〈밀양 을〉 일본 명치대와 조도전대의 혈투는 밀양 박씨 문중 표를 결집시킨 박해극 후보의 승리로 귀착

이 지역구는 일본 조도전대 출신으로 대동청년단 밀양단장으로 활약한 최성권 후보와 일본 명치대 출신으로 변호사로 활약한 박해극 후보가 자웅을 겨뤘다.

밀양군 부북면에서 덕망을 쌓은 이기원 후보가 출전하여 파수꾼 역할을 했다.

예측불허 난타전을 전개한 선거전은 대구에서 변호사로 활동하면서 밀양 박씨 문중 표를 휘어잡은 박해극 후보가 대승을 거두고 국회에 등원했다.

□ 득표상황

후보자	정당	연령	주요 경력	득표 (%)
박해극	무소속	66	변호사, 명치대	19,636 (53.4)
최성권	대동청년단	28	조도전대, 밀양읍	13,388 (36.4)
이기원	무소속	59	한문수학, 부북면	3,741 (10.2)

〈양산〉 일본 유학파 출신이라는 덕망 하나로 양산군수, 국민회 양산지부장 출신인 지영진 후보를 꺾어버린 정진근

이 지역구는 양산군수 출신으로 대한독립촉성국민회 양산지부장으로 활약하고 있는 지영진 후보와 일본 조도전대 중퇴생으로 상북면에서 덕망을 쌓아올린 정진근 후보의 대결로 좁혀졌다.

일본 명치대 출신인 배태성, 교원 출신으로 도정업자인 박임신 후보도 출전했지만 유권자들로부터 주목을 받지 못했다.

지영진, 배태성, 박임신 등 양산면 출신 후보들이 난립한 틈새를 비집고 들어간 상북면 출신인 정진근 후보가 예상을 뒤엎고 대승을 거두었다.

□ 득표상황

후보자	정당	연령	주요 경력	득표 (%)
정진근	무소속	40	조도전대, 상북면	12,184 (54.7)
지영진	독립촉성회	51	군수, 양산면	9,052 (40.6)
배태성	무소속	41	명치대, 양산면	688 (3.1)
박임신	무소속	47	정미업, 양산면	361 (1.6)

〈울산 갑〉 박곤수 대현면장과 최봉식 온양면장의 대결에서 온양면민들의 결집에 힘입어 승리한 최봉식

울산군은 울산읍을 중심으로 북쪽인 언양면, 범서면, 두서면, 상북면등을 갑구로, 남쪽인 서생면, 온양면, 온산면, 청량면 등을 을구로 나뉘었다.

울산 갑구는 독립운동가로 알려진 한민당 변동조, 오랫동안 대현면장으로 봉직한 무소속 박곤수, 온양면장을 지낸 무소속 최봉식 후보들이 3파전을 전개했다.

금융조합장을 지낸 김완한 후보는 무소속으로, 교원으로 터전을 잡은 최정선, 20대의 젊음을 내세운 이정숙 후보들은 대한독립촉성 애국부인회 소속으로 출전했다.

신문기자 출신인 조선민족청년단 김태근 후보는 중도에 사퇴했다.

울산읍의 변동조와 김태근, 대현면의 박곤수와 온양면의 최봉식 후보들의 소지역대결은 울산읍 표의 분산에 힘입어 온양면민들의 결집에 기댄 최봉식 후보의 승리로 귀결됐다.

□ 득표상황

후보자	정당	연령	주요 경력	득표 (%)
최봉식	무소속	56	면장, 온양면	13,311 (37.2)
변동조	한국민주당	47	독립운동, 울산읍	8,543 (23.8)
박곤수	무소속	51	면장, 대현면	7,940 (22.2)
김완한	무소속	55	청양면 금융조합장	2,794 (7.8)
최정선(여)	애국부인회	44	교원, 울산읍	1,621 (4.5)
이정숙(여)	애국부인회	27	고교중퇴, 방어진읍	1,612 (4.5)

| 김태근 | 민족청년단 | 28 | 신문기자, 울산읍 | 사퇴 |

〈울산 을〉 당선권을 육박했던 후보의 사망으로 교원 출신으로 서울에서 출판업자로 성장한 김수선 후보가 당선

대한독립촉성국민회 울산지부장으로 활약하여 당선권에 육박했던 김호한 후보의 선거 도중 사망으로 무소속 후보들의 대결이 펼쳐진 이 지역구는 경남도청에 근무했던 이완수, 회사 중역으로 활약했던 문창준, 사업가인 정인목, 교원 출신으로 출판업자인 김수선 후보들의 대결로 좁혀졌다.

지역에서 기반을 구축한 후보는 한 명도 없이, 서울과 부산에서 활약한 네 후보의 대결은 서울에서 출판업으로 재력을 쌓아올린 김수선 후보가 부산에 주소를 둔 세 후보를 압도적인 표차로 제압하고 국회에 등원했다.

□ 득표상황

후보자	정당	연령	주요 경력	득표 (%)
김수선	무소속	38	출판업, 서울시	18,753 (50.6)
이완수	무소속	47	공무원, 부산시	8,335 (22.5)
정인목	무소속	46	상업인, 부산시	5,124 (13.8)
문창준	무소속	33	회사 중역, 부산시	4,827 (13.0)
김호한	독립촉성회	58	농업인, 상북면	사망

〈동래〉 독립운동가라는 명성으로 입법의원 출신으로 당선이 예상된 김법린 후보를 꺾어버린 조선공화당 김약수

부산과 연접한 이 지역구는 독립운동가로 알려진 조선공화당 김약수 후보가 기장면민들의 전폭적인 지지로 프랑스 파리대 출신으로 입법의원을 지내 당선이 예상된 조선불교원 김법린 후보를 8,576 표차로 대파하고 국회에 등원했다.

당선된 김약수 후보는 국회 프락치 사건으로 영어의 신세로 전락했고, 낙선한 김법린 후보는 문교부 장관으로 발탁되어 희비가 엇갈렸다.

□ 득표상황

후보자	정당	연령	주요 경력	득표 (%)
김약수	조선공화당	59	항일투쟁, 기장면	17,455 (66.3)
김법린	조선불교원	50	입법의원, 서울시	8,879 (33.7)

〈김해 갑〉 독립촉성국민회 지지자들의 분산과 당선에 부푼 방심으로 164표차로 신상학 후보에게 분루를 삼킨 최원호

김해군은 김해읍을 중심을 동쪽인 대동면, 상동면, 생림면, 대저면 등을 갑구로, 진영읍, 주촌면, 진례면, 장유면 등을 을구로 분

구됐다.

김해 갑구는 경북도 상공국장을 지낸 대한독립촉성국민회 최원호 후보와 청년운동을 펼친 무소속 신상학 후보가 양강구도를 형성하며 선거전을 이끌어갔다.

김해면장 출신인 인동철, 회사원인 임대천, 농업인인 고덕봉 후보들도 출전했고, 조도전대 출신으로 해양소년단 본부장을 지낸 박재홍 후보는 실격되어 선거전에서 퇴장했다.

독립촉성국민회 지지자들의 분산과 당선에 자신을 갖고 방심한 최원호 후보가 소졸 출신으로 무명인 신상학 후보에게 의외의 일격을 맞고 164표차로 무릎을 꿇었다.

□ 득표상황

후보자	정당	연령	주요 경력	득표 (%)
신상학	무소속	35	청년운동, 부산시	10,399 (28.6)
최원호	독립촉성회	51	경북도 상공국장	10,235 (28.1)
인동철	독립촉성회	57	면장, 김해읍	5,400 (14.8)
고덕봉	무소속	58	농업인, 대저면	5,348 (14.7)
임대천	무소속	46	회사원, 서울시	5,002 (13.8)
박재홍	무소속	46	해양소년단, 김해읍	실격

〈김해 을〉 김상규, 김봉훈, 최신시 등 진영읍 출신들의 이전 투구 틈새를 비집고 승리한 녹산면장 출신인 조규갑

6명의 후보들의 혼전을 벌인 이 지역구는 의사 출신인 김봉훈, 진영 과수조합장과 양돈조합장을 지낸 최신시, 녹산면장을 지낸 조규갑, 주촌면에서 기반을 닦은 노재건 후보들이 당선권을 넘나들었고, 청년운동을 펼친 조선민족청년단 김상규, 김해면장을 지낸 배종진 후보들은 하위권을 맴돌았다.

진영읍 출신들인 김상규, 김봉훈, 최신시 후보들이 이전투구(泥田鬪狗)를 벌인 틈새를 비집고, 녹산면민들의 전폭적인 지지를 받은 조규갑 후보가 대승을 거두었다.

□ 득표상황

후보자	정당	연령	주요 경력	득표 (%)
조규갑	무소속	45	면장, 녹산면	10,605 (33.1)
노재건	무소속	35	회사원, 주촌면	7,142 (22.3)
최신시	무소속	45	과수조합장, 진영읍	5,775 (18.0)
김봉훈	무소속	38	의사, 진영읍	5,148 (16.1)
배종진	무소속	44	면장, 김해읍	1,738 (5.4)
김상규	민족청년단	38	청년운동, 진영읍	1,619 (5.1)

〈창원 갑〉 진해읍 출신과 동면 출신의 대결장에서 대한독립촉성국민회 지원을 받아 승리한 진해읍 출신 김태수

창원군은 마산시를 가운데 두고 남쪽인 구산면, 진동면, 진북면 등을 갑구로, 북쪽인 북면, 내서면, 동면 등을 을구로 나뉘었다.

진해읍, 동면, 대산면 출신들이 각축전을 전개한 이 지역구는 동면 출신인 엄상섭과 김용희 후보와 진해읍 출신인 김태수와 김병진 후보들이 혼전을 전개했다.

대산면 출신인 문윤상 후보와 토목업자인 현재만 후보들도 출전했지만 하위권을 맴돌았다.

공무원 출신으로 대한독립촉성국민회 활동이 돋보인 김태수 후보가 대동청년단을 업고 분전한 김병진 후보와 동면의 대표주자인 엄상섭 후보들을 가까스로 따돌렸다.

□ 득표상황

후보자	정당	연령	주요 경력	득표 (%)
김태수	독립촉성회	44	공무원, 진해읍	9,596 (25.0)
엄상섭	무소속	44	농업인, 동면	8,681 (22.7)
김병진	대동청년단	37	상업인, 진해읍	8,098 (21.1)
김용희	무소속	61	농업인, 동면	6,458 (16.9)
문윤상	독립촉성회	43	농업인, 대산면	2,754 (7.2)
현재만	무소속	44	토목업, 진해읍	2,727 (7.1)

〈창원 을〉 진해읍장을 지낸 경력을 내세워 지역 기반을 구축한 후보들을 꺾어버린 주기용

진동면, 웅천면, 웅남면, 내서면 등을 관할하고 있는 이 지역구는 진해읍장을 지낸 주기용 후보가 진동면에서 도정업으로 기반을 구축한 이기섭 후보를 2천여 표차로 따돌리고 국회에 등원했다.

신문기자 출신인 무소속 노기수, 회사장인 고려진보당 김인형, 대한독립촉성국민회 창원지부장인 전성진 후보들도 참전했지만 득표력은 미미했다.

□ 득표상황

후보자	정당	연령	주요 경력	득표 (%)
주기용	무소속	51	진해읍장, 웅천면	15,684 (39.3)
이기섭	무소속	53	정미업, 진동면	13,133 (32.9)
김인형	고려진보당	32	회사장, 웅남면	5,539 (13.9)
노기수	무소속	55	신문기자, 내서면	3,050 (7.6)
전성진	독립촉성회	51	농업인, 내서면	2,515 (6.3)

〈통영 갑〉 대한공업협회 이사인 김재학과 경남은행 전무인 서상호 후보들은 63표차로 승패가 엇갈려

통영군은 통영읍을 포함한 용남면, 도산면, 광도면, 한산면등을 갑구로, 장승포읍을 포함하여 거제면, 연초면, 장목면, 일운면등을 을구로 분구되어 거제군의 분군을 일찍부터 예정됐다.

통영 갑구는 회사장으로 대한공업협회와 서울 성동중앙시장 이사로 활약한 한국민주당 김재학 후보와 경남은행 전무로 지역 기반을 다진 서상호 후보가 한치앞을 내다 볼 수 없는 격전을 벌여, 지역에 뿌리가 깊은 서상호 후보를 김재학 후보가 한국민주당 당원들의 지지에 힘입어 63표차로 꺾고 국회 등원에 성공했다.

일본 동경대 출신으로 경남일보 총무국장을 지낸 노기만, 통영읍장을 지낸 지두호 후보들도 출전했지만, 관록과 학력에 걸맞지 아니한 득표력을 보여줬다.

□ 득표상황

후보자	정당	연령	주요 경력	득표 (%)
김재학	한국민주당	51	회사장, 서울시	17,414 (43.5)
서상호	무소속	61	경남은행 전무	17,351 (43.4)
지두호	무소속	45	통영읍장, 광산업	3,455 (8.6)
노기만	독립촉성회	41	경남일보 총무국장	1,796 (4.5)

〈통영 을〉 일본대 출신으로 조선변호사시험에 합격한 경력을 내세워 진홍기, 반성환 후보들에게 힘겹게 승리한 서순영

거제도를 관할하고 있는 이 지역구는 수산업자인 대한독립촉성국민회 진홍기, 회사원인 26세의 대동청년단 반성환, 고등문관시험과 조선변호사시험에 합격한 무소속 서순영 후보가 3파전을 전개했다.

일본 관서고 출신인 진홍기, 일본대 전문부 출신인 반성환, 일본대 법과 출신인 서순영 후보의 대결에서 법관으로서 경력을 내세운 서순영 후보가 반성환, 진홍기 후보들을 어렵게 따돌리고 승리의 개가를 올렸다.

□ 득표상황

후보자	정당	연령	주요 경력	득표 (%)
서순영	무소속	49	법관, 변호사	16,288 (37.9)
반성환	대동청년단	26	회사원, 일본대	13,828 (32.0)
진홍기	독립촉성회	60	수산업, 장승포읍	13,053 (30.3)

〈고성〉 신문기자 출신인 이귀수 후보가 지역에 깊게 뿌리를 내린 한민당 허재기, 무소속 최갑환 후보들을 따돌리고 당선

통영을 사이에 두고 동서로 나뉜 이 지역구는 한민당 소속의 허재기, 공업신문 사장인 무소속 최갑환, 신문기자 출신인 무소속 이귀수, 오랫동안 공무원 생활을 한 무소속 최낙봉, 오랫동안 교원으로 봉직한 대동청년단 백석기 후보들이 선두권을 유지했다.

동해면 유지인 무소속 정수영, 장류면에서 터전을 마련한 이진홍, 고성읍에서 청년운동을 펼친 대동청년단 김성포 후보들도 출전했고, 무소속 박한수 후보는 실격으로 중도 하차했다.

지역의 대표주자들이 각축전을 전개한 선거전은 신문기자 출신인 이귀수 후보가 지역에 뿌리를 내린 한민당 허재기와 무소속 최갑환 후보들을 큰 표차로 따돌리고 등원에 성공했다.

박한수, 김성포 후보들은 고성읍, 정수영 후보는 동해면, 허재기 후보는 구만면, 이진홍 후보는 장류면, 최갑환 후보는 하일면, 최낙봉 후보는 상리면에 주소를 두어 읍·면대결이 펼쳐졌다.

□ 득표상황

후보자	정당	연령	주요 경력	득표 (%)
이귀수	무소속	36	신문기자, 서울시	11,321 (23.8)
허재기	한국민주당	62	한문 수학, 구만면	8,710 (18.3)
최갑환	무소속	40	신문사 사장, 하일면	7,676 (16.1)
백석기	대동청년단	38	교원, 서울시	6,103 (12.8)
최낙봉	무소속	39	공무원, 상리면	5,786 (12.2)
김성포	대동청년단	38	농업인, 고성읍	3,626 (7.6)
이진홍	무소속	61	한문수학, 거류면	2,406 (5.1)
정수영	무소속	38	농업인, 동해면	1,963 (4.1)
박한수	무소속	45	중졸, 고성읍	실격

〈사천〉 삼천포읍 유권자가 정갑주와 유학열 후보들에게, 대한독립촉성국민회 지지자들이 정헌주와 유학열 후보들에게 양분되어 틈새를 비집고 승리를 낚아챈 무소속 최범술

삼천포항을 관할하고 있는 이 지역구는 곤명면 출신으로 대학 이사장인 무소속 최범술 후보가 남양면 출신으로 대한독립촉성국민

회 지원을 받은 정헌주 후보를 5천여 표차로 꺾고 국회 등원에 성공했다.

공무원 출신인 무소속 정갑주 후보와 약종상 출신인 대동청년단 이쾌문 후보들은 선전했으나, 운수업으로 지역 기반을 다진 독립촉성국민회 유학열 후보의 득표력은 신통치 아니했다.

유권자가 가장 많은 삼천포읍민 표를 유학열, 정갑주 후보들이 양분하고, 독립촉성국민회 지지표를 정헌주, 유학열 후보들이 양분하여 곤명면민들의 전폭적인 지지를 받은 무소속 최범술 후보에게 당선증을 헌납했다.

□ 득표상황

후보자	정당	연령	주요 경력	득표 (%)
최범술	무소속	44	대학이사장, 곤명면	16,685 (35.0)
정헌주	독립촉성회	33	회사원, 곤양면	11,301 (23.7)
정갑주	무소속	42	공무원, 삼천포읍	8,201 (17.2)
이쾌문	대동청년단	40	약종상, 사천면	7,921 (16.6)
유학열	독립촉성회	35	운수업, 삼천포읍	3,614 (7.6)

〈남해〉 오랫동안 군청소재지인 남해면에서 지역 기반을 다진 박윤원 후보가 16년간 검사로 활약한 정재환 후보를 꺾고 등원에 성공

일본 입명관대 출신으로 16년간 검사로 활약한 무소속 정재환 후

보와 만주 대동대 출신으로 오랫동안 기사 생활을 한 무소속 박윤원 후보의 결투는 남해면에서 오랫동안 지역 기반을 다진 박윤원 후보의 승리로 마감됐다.

부산에서 판검사로 활동한 정재환 후보가 남해군청에 근무하며 지역기반을 다진 박윤원 후보에게 무너진 것이다.

일본 명치대 출신으로 도정업으로 기반을 다지고 대한독립촉성국민회 남해지부장으로 활약한 최용근 후보와 토목업자로 기반을 다지고 대동청년단 남해군단장으로 활동한 최용선 후보들도 출전하여 선전했다.

□ 득표상황

후보자	정당	연령	주요 경력	득표 (%)
박윤원	무소속	40	토목기사, 남해읍	16,260 (36.8)
정재환	무소속	45	검사, 대학이사장	14,710 (33.3)
최용근	독립촉성회	41	정미업, 명치대	9,987 (22.6)
최용선	대동청년단	50	토목업, 청년단장	3,270 (7.4)

〈하동〉 진교면 출신으로 하동읍민들의 표가 고종철, 이상경, 황학성 후보로 나뉜 틈새를 공략하여 성공한 강달수

하동수리조합 이사로 대한독립촉성국민회 하동지부장 이상경 후보와 독립촉성국민회 하동지부장을 지내고 대동청년단 소속으로 출

전한 고종철 후보의 이전투구 틈새를 진교중학교장으로 진교면민들의 집중적인 지원을 받은 부산 15구락부 강달수 후보가 비집고 들어가 이상경 후보를 512표차로 꺾고 승리를 낚아챘다.

하동읍장을 지낸 황학성 후보가 무소속으로 출전하여 하동읍민들의 표를 분산시킨 것이 곤명면 출신 강달수 후보에게 당선증을 헌납한 결과를 만들어냈다.

□ 득표상황

후보자	정당	연령	주요 경력	득표 (%)
강달수	부산구락부	44	중학교장, 진교면	17,014 (35.4)
이상경	독립촉성회	47	국민회장, 하동읍	16,502 (34.4)
황학성	무소속	53	하동읍장	9,564 (19.9)
고종철	대동청년단	38	하동읍장	4,950 (10.3)

〈산청〉 대한건설 사장인 강기문 후보가 재력을 앞세워 임정요인 출신인 이병홍 후보를 무너뜨려

동의보감 허준의 출생지로 알려진 이 지역구는 임정요인으로 반민특위 조사부장인 이병홍 후보와 대한건설 사장인 강기문 후보가 명성과 재력 싸움을 벌였다.

대한독립촉성국민회 간판을 내걸고 단성중학교 교장을 지낸 최윤석과 산청면장을 지낸 오성주, 신문출판업을 영위한 정도화 후보들이 출전하여 지역 표를 두고 골육상쟁을 벌여 스스로 무너졌다.

재력을 앞세우고 대졸 출신임을 내세운 강기문 후보가 독립운동을 내세운 이병홍 후보를 큰 표차로 따돌리고 국회 등원에 성공했다.

이병홍 후보와 최윤석 후보는 단성면 출신으로 단성면민들의 표는 양분됐다.

□ 득표상황

후보자	정당	연령	주요 경력	득표 (%)
강기문	무소속	39	대한건설 사장, 서울	17,766 (44.0)
이병홍	무소속	57	임정요인, 단성면	11,560 (28.6)
오성주	독립촉성회	52	면장, 산청면	4,711 (11.7)
최윤석	독립촉성회	45	중학교장, 단성면	3,958 (9.8)
정도화	독립촉성회	38	출판업, 서울시	2,380 (5.9)

〈함양〉 함양면 출신임을 내세워 안경면 출신인 윤길현, 서하면 출신인 김영상 후보들을 꺾어버린 김경도

지리산 산자락을 끼고 있는 이 지역구는 국민학교 교원 출신으로 함양면장을 지낸 김경도 후보가 경작조합장과 대한독립촉성국민회 함양지부장을 지낸 김영상 후보를 함양면 출신이며 대한독립촉성국민회 소속임을 내세워 5천여 표차로 꺾고 제헌의원이 됐다.

일본 조도전대 출신으로 새한건설 사장인 윤길현 후보가 안경면민

들의 전폭적인 지지를 받아 추격전을 전개했으나 역부족이었다.

□ 득표상황

후보자	정당	연령	주요 경력	득표 (%)
김경도	독립촉성회	45	함양면장, 교원	18,533 (45.6)
김영상	독립촉성회	43	경작조합장, 서하면	13,159 (32.4)
윤길현	무소속	49	건설사 사장, 안의면	8,937 (22.0)

〈거창〉 월천면장과 거창고 교장을 지낸 표현태 후보가 거창군수와 입법의원을 지낸 신중목 후보를 꺾은 이변을 연출

자유당 시절 거창 양민학살사건으로 널리 알려진 이 지역구는 한약 약종상으로 기독교 장로 출신인 김상수 후보와 만주에서 항일 독립운동을 펼친 승려 출신인 박달준 후보가 이색적인 종교 전쟁을 벌였다.

월천면장과 거창고교 교장을 지낸 표현태 후보와 회사장, 거창군수, 입법의원 등 다채로운 경력을 내세운 신중목 후보는 대한독립촉성국민회 후보임을 내세워 용쟁호투를 벌었다.

거창고교 제자들과 위천면민들의 전폭적인 지지를 받은 표현태 후보가 거창읍 출신으로 거창군수, 입법의원을 지낸 신중목 후보를 1,400표차로 꺾는 이변을 연출했다.

□ 득표상황

후보자	정당	연령	주요 경력	득표 (%)
표현태	독립촉성회	45	면장, 위천면	17,143 (38.3)
신중목	독립촉성회	47	입법의원, 거창군수	15,743 (35.1)
박달준	불교	55	승려, 항일투쟁	9,716 (21.7)
김상수	예수교	57	약종상, 교회장로	2,197 (4.9)

〈합천 갑〉 같은 독립촉성국민회 소속으로 변호사와 합천군수, 초계면과 대양면의 대결에서 대승을 거둔 이원홍

합천군은 합천읍을 중심으로 동쪽인 대양면, 청덕면, 초계면, 율곡면등을 갑구로 서쪽인 삼가면, 용주면, 가회면 등을 을구로 분구됐다.

팔만대장경을 보관하고 있는 해인사로 유명한 이 지역구는 변호사로 널리 알려진 이원홍 후보와 합천군수를 지낸 박운표 후보가 대한독립촉성국민회 간판을 내걸고 한판 승부를 벌였다.

묘산면 대표주자인 윤복주 후보와 학교장으로 기반을 다진 이경진 후보들도 무소속으로 출전하여 4각 구도를 형성했다.

초계면과 대양면의 지역대결까지 펼친 선거전은 보성전문대 출신으로 변호사로서 기반을 닦은 이원홍 후보의 승리로 선거전이 막을 내렸다.

□ 득표상황

후보자	정당	연령	주요 경력	득표 (%)
이원홍	독립촉성회	46	변호사, 초계면	14,867 (48.2)
박운표	독립촉성회	55	합천군수, 대양면	8,881 (28.8)
이경진	무소속	48	학교장, 합천면	5,244 (17.0)
윤복주	무소속	61	농업인, 묘산면	1,855 (6.0)

〈합천 을〉 4명의 후보들이 오리무중인 치열한 선거전에서 승리한 김효석 후보는 내무부차관으로 영전하여 보궐선거가 실시되어 4위로 낙선한 최창섭 후보가 기사회생

이 지역구는 갑구와 같이 대한독립촉성국민회 김효석, 김명수 후보와 무소속 최창섭, 이봉영 후보가 출전하여 예측불허 난타전을 전개했다.

독립촉성국민회 중앙회에서 활동한 김효석 후보가 오랫동안 용주면장을 지낸 김명수 후보를 1,452표차로 꺾고 당선됐다.

일본대 출신으로 신문기자인 최창섭, 쌍길면민들의 전폭적인 지지를 받은 이봉영 후보들도 20%가 넘는 득표율을 올리며 선전했다.

김효석 의원의 내무부차관 취임으로 실시된 보궐선거에서는 제헌의원 선거에서 4위로 낙선한 동아일보 기자 출신인 최창섭 후보가 2위로 낙선한 용주면장 출신인 김명수 후보를 비롯하여 합천군수를 지낸 한찬석, 경찰서장 출신인 노기용 후보 등을 꺾고 뒤늦게 의정 단상에 올랐다.

□ 득표상황

후보자	정당	연령	주요 경력	득표 (%)
김효석	독립촉성회	54	농업인, 초계면	9,589(29.5)
김명수	독립촉성회	43	면장, 용추면	9,137(25.0)
이봉영	무소속	62	농업인, 쌍길면	7,642(23.5)
최창섭	무소속	50	신문기자, 삼가면	7,152(22.0)

제3장 강원·충청권 : 독립촉성국민회의 텃밭

1. 강원·충청권의 의석 점유율은 21.5%

2. 강원·충청권 43개 지역구 격전의 현장으로

1. 강원·충청권의 의석점유율은 21.5%

(1) 강원 12개구, 충청권 31개구로 총 43개 지역구

강원·충청권은 강원도가 12개구, 충북도가 12개구, 충남도가 19개구로 총 43개 지역구로 전국 200개 선거구에서 21.5%를 차지하고 있다.

선거구당 평균인구수는 강원도는 9,369명, 충북도는 9,274명, 충남도는 10,049명으로 충남도가 높은 편이다. 이 지역의 총인구는 413만 9,135명으로 전체 인구의 21.6%를 점유하고 있다.

이 지역 당선자 43명의 소속단체는 대한독립촉성국민회가 17명, 대동청년단 3명, 한국민주당 1명이고 절반이 넘는 22명은 무소속으로 당선됐다.

최규옥(춘천), 이종순(춘성), 원용균(횡성), 황호현(평창), 최헌길(강릉을), 김진구(삼척), 정구삼(옥천), 이의상(음성), 성낙서(대전), 송진백(대덕), 김헌식(연기), 유진홍(논산갑), 남궁현(부여갑), 김이수(부여을), 이종근(청양), 손재학(홍성), 이병국(천안) 후보들은 독립촉성국민회 소속으로, 임석규(보령), 김기철(충주), 원장길(강릉갑) 후보들은 대동청년단 소속으로, 송필만(진천) 후보는 유일한 한민당 소속 후보이다.

이번 총선에서 낙선한 저명 인사들은 유정회 의장을 지낸 태완선

(영월), 다선의원으로 활약한 진형하(대전), 다선의원에 등극한 박충식(공주갑), 민주당 시절 실세였던 이상철(청양), 대통령에 당선된 윤보선(아산), 국민당 총재에 오른 김종철(천안) 후보등을 들 수 있다.

(2) 20%대 득표율로 8명이나 당선

무투표 당선이 없는 이 지역에서는 이종순(춘성) 후보가 80.9%의 득표율로 최고득표율을 자랑했고, 송진백(대덕) 후보가 21.4% 최소득표율로 당선됐다.

원용균(횡성), 송필만(진천), 연병호(괴산), 이의상(유성), 유홍열(제천) 후보들은 60%가 넘는 득표율로 당선됐으나 김광준(울진), 박우경(영동), 진헌식(연기), 신방현(공주을), 유진홍(논산갑), 윤병구(예산), 서용길(아산) 후보들은 20%대 득표율로 당선됐다.

또한 최태규(정선), 박기운(청주), 조종승(단양), 송진백(대덕), 진헌식(연기), 신방현(공주을) 후보들은 1만 표 미만의 득표로 당선을 일궈냈다.

일본 유학파는 홍범희(원주), 진헌식(연기), 이훈구(서천) 후보들이 있는가 하면 원장길(강릉갑), 황호현(평창), 이의상(음성), 김기철(충주), 유홍열(제천), 신방현(공주을), 남궁현(부여갑), 임석규(보령), 윤병구(예산), 김용재(당진) 후보들은 중졸이고, 원용균(횡성), 이종순(춘성), 최헌길(강릉을), 박기운(청주), 정구삼(옥천), 박우경(영동), 조종승(단양), 송진백(대덕), 김명동(공주갑), 최운교(논산을), 이종근(청양), 손재학(홍성) 후보들은 소학교를 졸업했다. 더구나 홍순옥(청원), 이종린(서산갑), 이병국(천안) 후보들은 한문수학이라고 밝혔다.

군정시절 농림부 장관을 지낸 이훈구(서천), 충남도지사를 지낸 성낙서(대전) 후보들이 있는가 하면 면장 출신들도 원용균(횡성), 유홍열(제천), 신방현(공주을) 후보 등 3명이 있다.

최규옥(춘천), 홍순옥(청원갑) 후보들은 의사 출신이고, 김광준(울진) 후보는 변호사이다.

서용길(아산) 후보는 대학교수인 반면, 이종린(서산을) 후보는 천도교 장로이고, 이종근(청양) 후보는 대서업이 직업인가 하면 김명동(공주갑) 후보는 서당 선생이다.

2. 강원·충청권 43개 지역구 격전의 현장으로

| 강원도 |

〈춘천〉 병원장으로 인술을 베푼 것이 디딤돌이 되어 총선에서 대승을 거두고 제헌의회에 등원한 최규옥

병원장으로 덕망을 쌓은 대한독립촉성국민회 최규옥 후보가 당선권을 향해 달려가자 교원 출신으로 대동청년단 춘천지단장을 맡아 활동한 박승하 후보가 제동을 걸고 나섰다.

미국 웨스리안대 출신으로 조선약품공사 사장인 박태화 후보와 사회사업을 펼쳐온 부녀회 박인순 후보도 참전했다.

인술로 유명한 지명도를 활용한 최규옥 후보가 독립촉성국민회 지원까지 받아 대승을 거두었다.

□ 득표상황

후보자	정당	연령	주요 경력	득표 (%)
최규옥	독립촉성회	48	의사	13,628 (63.7)
박승하	대동청년단	36	교원	5,253 (24.6)
박태화	무소속	52	연희전문대 강사	1,611 (7.5)
박인순(여)	부녀회	41	사회사업가	905 (4.2)

〈춘성〉 대동청년단 조직부장 이종식 후보의 중도 사퇴에 힘입어 같은 마을 출신인 유연국 후보를 대파한 이종순

춘천시와 춘천호를 둘러싸고 있는 이 지역구는 토건업으로 지역 기반을 닦은 이종순 후보가 독립촉성국민회 지원까지 받아 당선권을 향해 질주했다.

이에 신북면 천전리 같은 마을 출신으로 조선농촌연구소 소장으로 활약했던 유연국 후보가 도전장을 내밀었다.

금융조합 서기 출신으로 대동청년단 강원도단 조직부장을 지낸 이종식 후보가 출전했다가 독립촉성국민회의 결집을 위해 중도 사퇴함으로써 이종순 후보의 압승을 지원했다.

□ 득표상황

후보자	정당	연령	주요 경력	득표 (%)
이종순	독립촉성회	58	토목사업, 신북면	26,404 (80.9)
유연국	무소속	36	회사원, 신북면	6,219 (19.1)
이종식	대동청년단	32	금융조합, 신북면	사퇴

〈홍천〉 홍천군수와 강원도지사 대리를 지낸 경력으로 맺어왔던 인연을 되살려 대승을 거둔 이재학

경성제대 출신으로 홍천군수와 강원도지사 대리를 역임한 이재학 후보가 지역 민심을 훑고 있는 가운데 대한청년단 홍천군 부단장으로 활약한 유을남, 명치대 출신으로 국민회 지원을 받은 정종기 후보들이 도전했다.

홍천군수를 지낸 경력과 인연을 활용한 이재학 후보가 60%에 근접한 득표율로 대승을 거두었다.

□ 득표상황

후보자	정당	연령	주요 경력	득표 (%)
이재학	무소속	45	군수, 도지사 대리	35,130 (59.9)
유을남	대동청년단	30	청년운동, 홍천면	18,832 (32.1)
정종기	독립촉성회	45	농업인, 내촌면	4,715 (8.0)

〈횡성〉 대한독립촉성국민회의 적극적인 지지와 우천면민들의 전폭적인 지원으로 대승을 거둔 원용균

홍천과 원주의 중간 지역을 관할하고 있는 이 지역구는 사세국 부국장을 지낸 무소속 조수준 후보와 우천면장 출신으로 독립촉성국민회 소속인 원용균 후보가 자웅을 겨룬 진검승부를 펼쳤다.

독립촉성국민회의 대대적인 지원과 우천면민들의 전폭적인 지지에 힘입은 원용균 후보가 대승을 거두고 국회에 등원했다.

□ 득표상황

후보자	정당	연령	주요 경력	득표 (%)
원용균	독립촉성회	57	면장, 우천면	24,543 (65.9)
조수준	무소속	38	사세국장, 횡성면	12,709 (34.1)

〈원주〉 대한독립촉성국민회 지지자들의 분산에 힘입어 30대 패기로 사회사업가임을 내세워 승리한 홍범희

원주시와 원성군이 분할되지 아니한 이 지역구는 일본 중앙대 출신으로 사립중학교를 설립하는 등 사회사업을 펼쳐 명망가로 자리잡은 홍범희 후보가 당선을 예약한 가운데, 입법의원 출신으로 독립촉성국민회 원주군 지부장을 지낸 조진구 후보가 야멸차게 도전했다.

오랫동안 교원생활로 터전을 마련한 이정호 후보가 독립촉성국민회 소속으로 출전하여 조진구 후보의 뒷덜미를 잡아당겼고, 일본 중앙대 출신으로 연희전문 교수, 사회사업가로 알려진 원달호 후보가 무소속으로 출전하여 홍범희 후보의 명성을 깎아내리는 데 급급했다.

일본 중앙대 24년 선배이며 연희전문 교수인 원달호 후보를 30대의 패기를 앞세운 홍범희 후보가 대파(大破)하고 유유히 제헌의회에 등원했다.

이정호 후보와 조진구 후보는 같은 독립촉성국민회 소속이며, 같은 원주읍 출신으로 지지자들의 분산이 불가피했다.

□ 득표상황

후보자	정당	연령	주요 경력	득표 (%)
홍범희	무소속	32	사회사업가, 흥업면	24,001 (56.2)
이정호	독립촉성회	44	교원, 원주읍	8,386 (19.6)
조진구	독립촉성회	53	입법의원, 원주읍	5,246 (12.3)
원달호	무소속	56	연희대 교수, 지정면	5,080 (11.9)

〈영월〉 미국 생활을 하고 귀국하여, 광산업으로 기반을 닦고 독립촉성국민회 지지를 받은 박규상 후보를 무너뜨린 장기영

단종의 유배지로 알려진 이 지역구는 오랫동안 미국에서 생활한 장기영 후보가 귀국하여 주천면 서기 출신으로 광산업으로 기반을 다진 독립촉성국민회 정규상 후보를 1,560표차로 꺾고 당선됐다.

의사로서 청년운동을 전개한 장원진 후보는 같은 대동청년단 소속으로 송순철 후보가 동반 출전하여 지지표의 분산이 불가피했고, 은행원 출신인 태완선 후보가 풍부한 재력을 바탕으로 도전하여 동메달을 차지했다.

□ 득표상황

후보자	정당	연령	주요 경력	득표 (%)
장기영	무소속	46	미국유학, 영월면	12,375 (31.7)
정규상	독립촉성회	39	광업, 주천면	10,815 (27.7)
태완선	무소속	34	은행원, 영월면	9,759 (25.0)

| 장원진 | 대동청년단 | 36 | 의사, 영월면 | 4,845 (12.4) |
| 송순철 | 대동청년단 | 43 | 농업인, 하동면 | 1,296 (3.3) |

〈평창〉 중졸 출신으로 보통문관시험에 합격한 황호현 후보가 소졸 출신인 세 후들을 가볍게 꺾고 당선되어 등원

이효석의 메밀꽃 필 무렵의 배경지로 알려진 이 지역구는 중졸 출신으로 보통문관시험에 합격한 황호현 후보가 소졸 출신으로 평창면장을 지낸 정완기 후보와 대화면장을 지낸 최영규 후보, 사업가인 이영연 후보들을 가볍게 제압하고 등원했다.

최영규 후보를 제외하고 정완기, 황호현, 이영연 후보 모두 독립촉성국민회 소속이다.

□ 득표상황

후보자	정당	연령	주요 경력	득표 (%)
황호현	독립촉성회	38	고문 합격, 평창면	20,938 (58.3)
정완기	독립촉성회	47	면장, 평창면	6,266 (17.5)
최영규	무소속	51	면장, 대화면	4,868 (13.6)
이영연	독립촉성회	40	상업인, 대화면	3,820 (10.6)

〈정선〉 대동신문 기자인 무소속 최태규 후보가 독립촉성국

민회 소속 네 후보의 난전을 비집고 승리를 쟁취

탄광지대인 이 지역구는 대동신문 기자 출신인 무소속 최태규 후보가 독립촉성국민회 소속으로 출전한 네 후보의 틈새를 비집고 승리했다.

소졸이지만 의사 출신인 정연식, 북면에서 지역 기반을 다진 전상요, 신문기자 출신이지만 광산업으로 기반을 닦은 원석산, 임계면장을 지낸 이병두 후보들이 독립촉성국민회 소속으로 출전하여 난전을 벌이다 모두 공멸했다.

□ 득표상황

후보자	정당	연령	주요 경력	득표 (%)
최태규	무소속	29	신문기자, 동면	7,757 (31.8)
전상요	독립촉성회	66	농업인, 북면	6,095 (25.0)
정연식	독립촉성회	38	의사, 정선면	5,231 (21.5)
원석산	독립촉성회	49	신문기자, 광업	4,437 (18.2)
이병두	독립촉성회	53	면장, 임계면	858 (3.5)

〈강릉 갑〉 강릉읍민표가 최두집과 임병철 후보들에게 분산되어 묵호읍민들의 지지로 승리의 개가를 올린 원장길

강릉군은 강릉읍을 중심으로 동남쪽인 묵호읍, 옥계면, 강동면을

갑구로, 서북쪽인 주문진읍, 시천면, 성산면, 연곡면 등을 을구로 분구했다.

강릉읍의 남쪽인 묵호읍을 관할하고 있는 이 지역구는 독립촉성국민회 강릉지부장 출신인 최두집, 공무원 출신으로 민족통일 건국전선 소속인 임병철, 대동청년단 강릉군단장인 원장길 후보들이 3파전을 전개했다.

강릉읍민들의 표가 최두집과 임병철 후보로 분산되는 틈새를 30대의 젊음과 패기, 단결된 묵호읍민들의 지지로 원장길 후보가 승리를 만끽했다.

□ 득표상황

후보자	정당	연령	주요 경력	득표 (%)
원장길	대동청년단	37	조선업, 묵호읍	13,441 (42.7)
최두집	독립촉성회	53	국민회부장, 강릉읍	12,120 (38.5)
임병철	건국전선	50	공무원, 강릉읍	5,909 (18.8)

〈강릉 을〉 독립촉성국민회 최헌길 후보가 주문진 출신임을 내세워 대동청년단 최준용 후보를 2,316표차로 격파

강릉읍의 북쪽인 주문진읍을 관할하고 있는 이 지역구는 교원 출신으로 강릉읍민들과 대동청년단 지지를 받은 최병용 후보와 국민회 강릉지부장 출신으로 주문진 읍민들의 지지를 받은 최헌길 후보가 건곤일척 한판 승부를 벌였다.

강릉 최씨 문중 표가 양분되어 대동청년단과 독립촉성국민회의 대결로 압축된 선거전은 주문진읍민들의 전폭적인 지지를 받은 최헌길 후보가 대동청년단 최병용 후보에게 2,316표차로 대승을 거두고 국회에 등원했다.

☐ 득표상황

후보자	정당	연령	주요 경력	득표 (%)
최헌길	독립촉성회	48	국민회장, 주문진읍	19,196 (53.2)
최병용	대동청년단	39	교원, 묵호읍	16,880 (46.8)

〈삼척〉 삼척읍민들이 김중열과 임용순 후보에게 분산된 틈새를 북평면민들과 삼척 김씨 문중의 결집을 발판으로 비집고 들어가 승리한 김진구

농장을 경영하고 있는 독립촉성국민회 김진구, 대한노총 삼척군위원장으로 활약한 대한독립노동총연맹 김중열, 경찰과 면서기 출신으로 청년운동을 펼친 대동청년단 임용순, 삼척탄광회사를 경영하는 무소속 노의근 후보들이 4파전을 전개했다.

삼척읍민들의 지지세가 김중열, 임용순 후보에게 균등하게 분산된 틈새를 비집고 북평면민들의 전폭적인 지지를 받은 김진구 후보가 삼척 김씨 문중 표까지 결집시켜 3천여 표차로 대승을 거두었다.

☐ 득표상황

후보자	정당	연령	주요 경력	득표 (%)
김진구	독립촉성회	43	농장경영, 북평면	19,024 (33.2)
김중열	노동총연맹	45	노총지부장, 삼척읍	15,432 (26.1)
임용순	대동청년단	43	면서기, 삼척읍	15,026 (26.2)
노의근	무소속	50	탄광 이사장, 상장면	7,803 (13.6)

〈울진〉 대한독립촉성국민회 전영직과 김수근 후보는 20,252표를 득표하여 당선자 김광준 후보보다 9,028표가 많아

군사정부에서 경상북도에 편입된 이 지역구는 고등문관시험에 합격하여 경찰서장을 지낸 김광준 후보가 민족운동을 펼쳐 명망을 얻은 전영직, 금융조합 서기 출신으로 양조업으로 기반을 잡은 대동청년단 장홍구, 약종상 출신이지만 삼척군수를 지낸 김수근 후보들을 꺾고 당선됐다.

독립촉성국민회 전영직 후보와 김수근 후보의 득표력은 20,252표로 당선자 김광준 후보보다 9,028표가 앞서 독립촉성국민회에서 단일 후보를 내세웠더라면 승패는 엇갈렸을 것이다.

□ 득표상황

후보자	정당	연령	주요 경력	득표 (%)
김광준	무소속	33	경찰서장, 변호사	11,224 (29.9)
전영직	독립촉성회	60	민족운동, 울진면	10,761 (28.6)

| 김수근 | 독립촉성회 | 58 | 군수, 온정면 | 9,491 (25.2) |
| 장흥구 | 대동청년단 | 36 | 금융조합, 울진면 | 6,120 (16.3) |

충청북도

〈청주〉 30대의 젊음과 패기를 앞세운 박기운 후보가 청주부윤 경력과 여흥 민씨 문중표를 결집시킨 민영복 후보를 격파

충북의 정치, 경제의 중심지로 충북도에서 유일한 시(市)인 이 지역구는 청주부윤, 신문기자, 경찰관, 면서기, 교사, 회사장 등 다양한 후보들이 출전하여 혼전을 전개했다.

선거전이 막바지에 접어들면서 청주부윤을 지낸 60대의 대동청년단 민영복 후보와 경찰관 출신으로 30대의 박기운 후보로 압축됐고, 교사 출신으로 목사로 활약하고 있는 구연직 후보가 추격전을 전개했다.

신문기자 출신인 홍원길, 면서기 출신으로 독립촉성국민회의 지지를 기대한 최병덕, 사업가로 기반을 구축한 서병돈 후보들은 하위권을 맴돌았다.

예측불허의 난타전을 전개한 선거전은 30대의 패기를 앞세운 박기운 후보가 예상을 뒤엎고, 여흥 민씨 문중 표를 등에 업은 민영복 후보를 1,545표차로 꺾었다.

□ 득표상황

후보자	정당	연령	주요 경력	득표 (%)
박기운	무소속	37	경찰관	7,693 (35.2)
민영복	대동청년단	64	청주 부윤(府尹)	6,148 (28.2)
구연직	무소속	58	목사, 교사	3,473 (16.0)
서병돈	무소속	41	공업인	1,818 (8.3)
홍원길	무소속	34	신문기자	1,637 (7.5)
최병덕	독립촉성회	48	면서기	1,067 (4.9)

〈청원 갑〉 의사로 지역 기반을 구축한 홍순옥 후보가 올망졸망한 세 후보들을 꺾고 제헌의원에 당선

청원군은 청주시를 중심으로 북쪽인 북이면, 내수면, 오창면 등을 갑구로 하고, 남쪽인 문의면, 가덕면, 남일면 등을 을구로 나눴다.

청원 갑구는 의사로 인술을 베풀어 덕망을 쌓은 홍순옥 후보가 양조업으로 기반을 닦은 대동청년단 이희준, 금융조합 이사로서 사업으로 성공한 신승휴, 농업인인 오희룡 후보들을 가볍게 제압하고 제헌의원이 됐다.

□ 득표상황

후보자	정당	연령	주요 경력	득표 (%)
홍순옥	무소속	54	의사, 미원면	14,455 (41.3)

오희룡	무소속	66	회사 감사, 현도면	7,290 (20.9)
이희준	대동청년단	65	양조업, 청주시	7,281 (20.8)
신승휴	무소속	61	금융조합, 청주시	5,932 (17.0)

〈청원 을〉 청원군수를 지낸 한정구 후보의 사퇴에 힘입어 독립촉성국민회 지지세를 3 등분한 3 후보를 가볍게 제압한 무소속 이만근

경찰청 부청장을 지낸 이만근 후보가 청원군수를 지낸 한정구 후보의 사퇴에 힘입어 대동청년단, 독립촉성국민회 소속 세 후보들을 가볍게 제압했다.

청년운동을 펼친 대동청년단 박정래, 독립촉성국민회 지회장으로 활동한 민병두, 청원군 평의원을 지낸 김인영 후보들은 독립촉성국민회 지지세를 3 등분하여 당선권에서 멀어졌다.

□ 득표상황

후보자	정당	연령	주요 경력	득표 (%)
이만근	무소속	36	경찰부청장, 청주시	14,926 (46.8)
민병두	독립촉성회	50	독촉위원장, 북이면	7,089 (22.2)
김인영	독립촉성회	44	군평의원, 강외면	6,241 (19.6)
박정래	대동청년단	32	독촉위원장, 서울시	3,621 (11.4)
한정구	무소속	39	군수, 남이면	사퇴

〈보은〉 중학교장 출신으로 덕망(德望)과 보은면민들의 지원으로 제헌의원에 당선된 김교현

속리산 법주사로 알려진 이 지역구는 중학교장을 지낸 김교현 후보와 삼승면에서 명망을 얻은 최면수 후보가 선두권을 선점했다.

신문기자 출신인 독립촉성국민회 조용국, 학병출신인 무소속 박인수, 약종상으로 청년운동을 펼친 대동청년단 황노관 후보들은 하위권을 맴돌았다.

보은면과 삼승면의 지역대결은 유권자가 많은 보은면의 승리가 되어 김교현 후보의 등원을 지원했다.

□ 득표상황

후보자	정당	연령	주요 경력	득표 (%)
김교현	무소속	60	중학교장, 보은면	13,384 (40.0)
최면수	무소속	62	농업인, 삼승면	10,766 (32.2)
조용국	독립촉성회	47	신문기자, 보은면	4,202 (12.6)
박인수	무소속	38	학도병, 회북면	3,896 (11.7)
황노관	대동청년단	52	양종업, 내북면	1,178 (3.5)

〈옥천〉 이세영 무소속 후보의 사퇴로 국민회 소속 다섯 후

보의 각축전에서 승리한 정구삼

유일한 전문학교 출신으로 농민회장으로 활동한 이세영 후보가 사퇴하여 2명의 중졸 후보와 3명의 소졸 후보들이 대결을 펼쳤다.

5명의 후보 모두 독립촉성국민회 소속 후보로서 강면회 후보만 이원면 출신이고 이병면, 최기만, 정구삼, 이천종 후보 모두 옥천읍 출신들이다.

무명이지만 연장자인 정구삼 후보가 의사로 활약하고 있는 이병면, 공무원 출신인 금기만과 이천종, 농업인인 강면회 후보들을 꺾고 제헌의회에 등원했다.

□ 득표상황

후보자	정당	연령	주요 경력	득표 (%)
정구삼	독립촉성회	56	농업인, 옥천읍	11,561 (33.4)
이천종	독립촉성회	32	면서기, 옥천읍	6,743 (19.5)
강면회	독립촉성회	49	농업인, 이원면	6,647 (19.2)
이병면	독립촉성회	53	의사, 옥천읍	5,932 (17.2)
금기만	독립촉성회	46	공무원, 옥천읍	3,689 (10.7)
이세영	무소속	55	농민회장, 청산면	사퇴

〈영동〉 영동읍민들이 세 갈래로 나뉜 틈새를 황금면민들의 지지를 업고 비집고 들어가 승리한 공무원 출신인 박우경

경북과 전북도에 연접한 이 지역구는 회사원인 이형주 후보가 사퇴하여 대동청년단 정용식, 신문기자 출신으로 독립촉성국민회 이준태 후보의 대결로 좁혀졌다.

그러나 영동읍민 표가 대동청년단 정용식, 무소속 손경식, 독립촉성국민회 이준태 후보로 나뉜 틈새를 황간면민들의 전폭적인 지지로 비집고 들어간 박우경 후보가 승리의 월계관을 차지했다.

무소속 박우경 후보와 국민회 이준태 후보의 표차는 418표였다.

☐ 득표상황

후보자	정당	연령	주요 경력	득표 (%)
박우경	무소속	54	공무원, 황간면	10,419 (27.8)
이준태	독립촉성회	34	신문기자, 영동읍	10,001 (26.7)
정용식	대동청년단	29	농업인, 영동읍	6,939 (18.5)
손경식	무소속	62	회사원, 영동읍	6,931 (18.5)
조관구	무소속	56	측량업, 이리시	3,204 (8.5)
이형주	무소속	42	회사원, 영동읍	사퇴

〈진천〉 일찍부터 지역 기반을 다지고 덕망을 쌓은 한국민주당 송필만 후보가 신문기자 출신인 박찬희, 무소속 박노열 후보들을 가볍게 제압하고 등원에 성공

한국민주당 송필만 후보와 박찬희, 무소속 박노열과 김봉식 후보들이 4파전을 전개한 선거전은 김봉식 후보의 사퇴로 3파전으로 좁혀졌다.

일찍부터 지역 기반을 다지고 덕망을 쌓은 송필만 후보가 신문기자 출신으로 한민당 소속임을 내세운 박찬희, 사업가로 기반을 닦은 무소속 박노열 후보들을 가볍게 제압했다.

박찬희, 박노열 후보들은 서울에서 활동하여 지역 기반의 뿌리가 미약한 취약점을 극복하지 못했다.

□ 득표상황

후보자	정당	연령	주요 경력	득표 (%)
송필만	한국민주당	58	농업인, 이월면	17,676 (68.4)
박찬희	한국민주당	51	신문기자, 서울시	4,925 (19.1)
박노열	무소속	35	상업인, 서울시	3,228 (12.5)
김봉식	무소속	51	상공회의소, 진천면	사퇴

<괴산> 독립운동가로서 명망과 괴산읍민들의 절대적인 지지로 대승을 거둔 연병호

당선이 유력했던 입법의원 출신인 김영규 후보의 돌연사와 금융조합 이사로 대동청년단 괴산군단장을 지낸 차균택 후보의 돌연한 사퇴로 선거전은 임정요인 출신인 무소속 연병호 후보와 증평읍에

서 병원을 운영하고 있는 독립촉성국민회 정승화 후보의 대결로 압축됐다.

독립운동가라는 명망과 괴산읍과 증평읍의 대결에서의 증평 출신에 대한 유권자들의 외면으로 연병호 후보가 대승을 거두었다.

□ 득표상황

후보자	정당	연령	주요 경력	득표 (%)
연병호	무소속	54	임정요인, 도안면	40,319 (77.5)
정승화	독립촉성회	48	의사, 증평읍	11,676 (22.5)
차균택	대동청년단	28	금융조합, 불정면	사퇴
김영규	무소속	58	입법의원, 괴산면	사망

〈음성〉 음성읍에서의 지역 기반과 독립촉성국민회의 열기를 받아 대승을 거둔 이의상

이 지역구는 천도교 접주로서 천도교도의 전폭적인 지지를 기대한 무소속 김세권 후보와 독립촉성국민회 음성지부장으로 활동한 국민회 이의상 후보가 진검승부를 벌였다.

음성읍에서 지역 기반을 닦고 국민회의 열기를 업은 이의상 후보가 80%에 근접한 득표율로 대승을 거두었다.

□ 득표상황

후보자	정당	연령	주요 경력	득표 (%)

이의상	독립촉성회	58	농업인, 음성읍	29,966 (79.7)
김세권	무소속	46	천도교인, 서울시	7,634 (20.3)

〈충주〉 충주읍 유권자들의 단결력과 청년운동 조직을 활용하여 대승을 거둔 대동청년단 김기철

충주시와 중원군이 분리되지 아니한 이 지역구는 부녀운동을 펼친 독립촉성국민회 이춘자, 청년운동을 펼친 대동청년단 김기철, 공무원 출신인 무소속 이희승, 금왕면 부면장을 지낸 무소속 윤길섭, 국민운동을 전개한 독립촉성국민회 이병택 후보들이 5파전을 전개했다.

충주읍을 중심으로 지역 기반을 다진 김기철 후보가 청년회 조직을 활용하여 서울에서 공무원 생활을 한 이희승 후보를 1만여 표 차로 꺾고 제헌의원이 됐다.

앙성면에서 국민운동을 펼친 이병택 후보는 지역적 한계를 극복하지 못하고 주저앉았다.

□ 득표상황

후보자	정당	연령	주요 경력	득표 (%)
김기철	대동청년단	30	청년운동, 충주읍	29,457 (50.7)
이희승	무소속	35	공무원, 서울시	17,724 (30.5)
이병택	독립촉성회	61	국민운동, 앙성면	7,234 (12.4)
윤길섭	무소속	40	부면장, 금왕면	2,721 (4.7)
이춘자(여)	독립촉성회	45	부녀운동, 충주읍	1,003 (1.7)

〈제천〉 동갑내기로 제천군청에서 함께 근무한 인연으로 신사적인 선거운동을 펼친 선거전에서 제천읍 출신 김종무 후보에게 청풍면 출신 유홍열 후보가 예상을 뒤엎고 승리

천등산 박달재로 충주와 연접한 이 지역구는 청풍면장 출신인 유홍열 후보와 제천군청 내무과장 출신인 김종무 후보가 진검승부를 펼쳤다.

두 후보는 동갑내기로 제천군청에서 함께 근무한 인연으로 비방 없는 선거전을 치렀으며, 공무원 시절 인기와 명망이 높은 유홍열 후보가 김종무 후보에게 대승을 거두었다.

□ 득표상황

후보자	정당	연령	주요 경력	득표 (%)
유홍열	독립촉성회	42	면장, 청풍면	30,171 (72.3)
김종무	독립촉성회	42	공무원, 제천읍	11,574 (27.7)

〈단양〉 단양면 출신으로 국민회 소속 세 후보의 틈새를 비집고 승리한 어상천면의 조종승

강원도 영월군과 경북 상주군과 연접한 이 지역구는 단양면 출신으로 독립촉성국민회 소속인 4 후보와 어상천면 무소속 1 명의 후보들이 출전했다.

양조업으로 기반을 닦은 조장환, 공무원 출신인 이완구, 신문기자 출신인 지상현 후보들이 단양면 출신 독립촉성국민회 소속 후보들이고 사업가인 이봉준 후보는 중도에 사퇴했다.

공무원 출신으로 어상천면 출신인 조종승 후보가 단양면 유권자들이 세 갈래로 나뉜 틈새를 활용하여 9,347표를 득표하여 승리하는 기쁨을 누렸다.

단양면 출신 3 후보의 득표력은 13,684표로 당선자 득표수보다 4,337표가 많았다.

□ 득표상황

후보자	정당	연령	주요 경력	득표 (%)
조종승	무소속	46	공무원, 어상천면	9,347 (40.6)
이완구	무소속	39	공무원, 단양면	6,460 (28.0)
조장환	독립촉성회	50	양조업, 단양면	5,664 (24.6)
지상현	독립촉성회	51	신문기자, 단양면	1,560 (6.8)
이봉준	독립촉성회	45	공무원, 단양면	사퇴

충청남도

〈대전〉 충남도지사를 지낸 경력과 독립촉성국민회의 바람을 타고 진형하 후보에게 대승을 거둔 성낙서

충남도에서 유일한 시(市)인 이 지역구는 충남도지사를 지낸 성낙서 후보가 독립촉성국민회 소속임을 널리 홍보하여 판사를 거쳐 변호사로 활약한 무소속 진형하 후보를 더블 스코어로 누르고 승리했다.

목사 출신 두 후보가 도전했으며 김창근 후보는 무소속으로, 남천우 후보는 국민회 소속으로 도전했으나 의미 있는 득표력을 보여주지는 못했다.

□ 득표상황

후보자	정당	연령	주요 경력	득표 (%)
성낙서	독립촉성회	44	충남도지사	17,203 (44.4)
진형하	무소속	42	판사, 변호사	8,201 (21.2)
김창근	무소속	42	목사	6,691 (17.3)
남천우	독립촉성회	54	목사	6,628 (17.1)

〈대덕〉 대덕군 북면 출신인 송을용, 송원용 후보들의 이전투구로 어부지리를 챙긴 독립촉성국민회 송진백

대전의 서부 지역을 관할하고 있는 이 지역구는 9 명의 후보들이

출전하여 경쟁을 벌이다 신문기자 출신인 김창환 후보는 중도에 사퇴했다.

목사로서 대동청년단, 독립촉성국민회 소속임을 밝힌 강창헌, 북면의 대표주자로 발돋움한 송을용, 대전에서 독립촉성국민회 활동을 활발하게 전개한 송진백 후보들이 선두권을 달렸다.

도정업으로 기반을 잡은 독립촉성국민회 오희창, 대동청년단 대덕군단장 출신으로 대한독립노동총연맹으로 출전한 임병언, 북면에서 농장을 경영한 송을용 후보들이 중위권을 달렸다.

식료품 가공업에 종사하는 한영진, 사업가인 독립촉성국민회 홍기학 후보들은 하위권을 맴돌았다.

대전시에 주거지를 가진 후보들이 3명이나 출전했고, 북면에서 3명, 유성면에서 2명이 출전했다.

대전시 대흥동 출신으로 독립촉성국민회 송진백 후보가 북면 출신으로 무소속 송을용 후보를 593표차로 꺾고 당선됐다.

송을용 후보는 북면 출신으로 여산 송씨 문중 표를 잠식한 송원용 후보의 출전이 못내 아쉽게 다가왔고, 무소속 한영진 후보도 북면 표를 잠식했다.

□ 득표상황

후보자	정당	연령	주요 경력	득표 (%)
송진백	독립촉성회	44	농업인, 대전시	7,609 (21.4)
송을용	무소속	68	농업인, 북면	7,016 (19.7)
강창헌	대동청년단	47	목사, 유성면	6,005 (16.9)

송원용	무소속	68	농업인, 북면	4,638 (13.0)
오희성	독립촉성회	32	정미업, 유성면	3,229 (9.1)
임병언	대동청년단	43	청년운동, 대전시	3,064 (8.6)
한영진	무소속	47	식품가공업, 북면	2,328 (6.6)
홍기학	독립촉성회	40	농업인, 대전시	1,657 (4.7)
김창환	대동청년단	30	신문기자, 진령면	사퇴

〈연기〉 독립촉성국민회 조직부장과 농민부장, 일본 중앙대와 조도전대 대결에서 승리한 진헌식

일본 중앙대 출신으로 보성전문대 교수로서 독립촉성국민회 조직부장으로 활약하고 있는 진헌식 후보가 당선을 예약하자, 일본 조도전대 출신으로 상해임시정부 연통제 조직부장, 반탁위원회 재정부차장, 독립촉성국민회 농민부장을 지낸 전공우 후보가 강력하게 도전했다.

사업가인 대동청년단 양정석, 탄광으로 재력을 축적한 무소속 황윤규, 대한일보 조치원 지국장인 한민당 조동근, 연기군청 직원인 무소속 유일준, 임광토건 사장으로 재력가인 무소속 임헌록, 미국 미네소타 함부린대 출신으로 군정청 지방과장을 지낸 윤창석 후보들도 등록했다.

독립촉성국민회의 전폭적인 지원을 받은 진헌식 후보가 대동청년단 양정석, 임광토건 사장 임헌록, 군정청 지방과장 출신인 윤창석 후보들을 제압하고 제헌의원이 됐다.

□ 득표상황

후보자	정당	연령	주요 경력	득표 (%)
진헌식	독립촉성회	47	보성전문 법과 교수	7,986 (24.3)
윤창석	무소속	55	공보부 총무국장	4,796 (14.6)
임헌록	무소속	46	임광토건 사장	4,418 (13.5)
양정석	대동청년단	51	상업인, 조치원읍	4,373 (13.3)
전공우	무소속	57	상해임정 조직부장	3,633 (11.1)
홍윤규	무소속	52	광업인, 조치원읍	2,941 (9.0)
조동근	한국민주당	49	대한일보 지국장	1,953 (6.0)
유일준	무소속	40	연기군청직원, 서면	1,697 (5.2)

〈공주 갑〉 서당 선생 경력을 내세운 김명동 후보가 회사 중역인 박충식, 대동청년단 염우량 후보들을 큰 표차로 제압

공주군은 공주읍을 중심으로 남쪽인 계룡면, 반포면, 이인면 등을 갑구로, 북쪽인 정안면, 우성면, 사곡면, 의당면 등을 을구로 나뉘었다.

공주사대가 있어 교육도시로 알려진 이 지역구는 소졸로 오랫동안 서당 선생을 한 무소속 김명동 후보가 회사 중역으로 한국독립정부수립대책협의회 소속으로 출전한 박충식, 6년간 운전사로 활동한 대동청년단 염우량 후보들을 엉겁결에 제압하고 당선됐다.

농업에 종사한 무소속 권태훈, 계룡면장을 지낸 무소속 정인옥 후보들도 출전하여 선전했다.

서당 선생 경력을 내세운 김명동 후보가 면장 출신인 정인옥, 회사 중역인 박충식 후보를 꺾을 수 있는 비결은 알려져 있지않다.

□ 득표상황

후보자	정당	연령	주요 경력	득표 (%)
김명동	무소속	46	서당 선생, 공주읍	10,676 (37.6)
염우량	대동청년단	38	운전사, 공주읍	5,207 (18.3)
박충식	정부수립회	46	회사 중역, 탄천면	4,991 (17.6)
권태훈	무소속	49	농업인, 반포면	3,881 (13.7)
정인옥	무소속	49	면장, 계룡면	3,650 (12.8)

〈공주 을〉 우성면에서 이종백, 홍순량 후보들이 출전하여 손쉽게 승리를 낚아챈 정안면장 출신인 신방현

이 지역구는 정안면장 출신인 무소속 신방현 후보가 회사원으로 신풍면의 대표주자로 출전한 무소속 김평중, 우성면장 출신인 무소속 이종백 후보들을 꺾고 당선됐다.

의사로 지역 기반을 다져왔던 김용준 후보는 사퇴했지만, 공장을 운영한 이건철, 양조장을 운영한 홍순량, 상무사 소속인 이규원, 조선불교총무원 소속인 한보순 후보들도 출전했다.

정안면장인 신방현 후보는 무소속 홍순량 후보의 우성면 표 분산으로 우성면장인 이종백 후보를 쉽게 꺾을 수 있었다.

□ 득표상황

후보자	정당	연령	주요 경력	득표 (%)
신방현	무소속	57	면장, 정안면	8,415 (25.5)
김평중	무소속	33	회사원, 신풍면	7,330 (22.1)
이종백	무소속	60	면장, 우성면	6,843 (20.7)
이건철	무소속	62	공업인, 중성면	3,954 (12.0)
이규원	상무사	72	농업인, 공주읍	2,618 (7.9)
한보순	불교총무원	50	불교교무, 사곡면	2,007 (6.1)
홍순량	무소속	41	양조업, 우성면	1,865 (5.7)
김용준	무소속	48	의사, 서울시	사퇴

〈논산 갑〉 논산읍과 강경읍의 대결과 후보자 난립의 틈새를 비집고 김형원 후보에게 446표차로 승리한 유진홍

논산군은 논산읍을 중심으로 서쪽인 강경읍, 광석면, 은진면, 연무면 등을 갑구로, 동쪽인 연산면, 가야곡면, 부적면, 벌곡면 등을 을구로 분구됐다.

논산훈련소로 널리 알려진 이 지역구는 광석면민들의 전폭적인 지지와 독립촉성국민회의 열기를 업은 유진홍 후보가 공무원 출신으

로 신문사 사장을 지낸 강경읍 출신인 김형원 후보를 446표차로 꺾고 아찔한 승리를 만끽했다.

도정업자로 대한독촉농민총연맹의 김계홍 후보는 중도에 사퇴했지만, 강경읍민들의 지지를 기대하고 출전한 무소속 최상룡, 30년 동안 교직에 봉직한 논산군교육협회 한장석, 회사원인 무소속 윤연중 후보들도 완주했으며 한장석과 윤연중 후보들의 득표력은 상당함을 보여줬다.

김형원, 최상용 후보는 강경읍 출신이고 윤연중, 한장석, 김계홍 후보들은 논산읍 출신으로 강경읍과 논산읍의 대결은 광석면 출신인 유진홍 후보의 당선으로 귀착됐다.

□ 득표상황

후보자	정당	연령	주요 경력	득표 (%)
유진홍	독립촉성회	59	농업인, 광석면	10,729 (28.7)
김형원	무소속	49	신문사사장, 강경읍	10,283 (27.5)
윤연중	무소속	49	회사원, 논산읍	7,783 (20.8)
한장석	논산교육회	47	교원 30년, 논산읍	7,654 (20.5)
최상용	무소속	37	농업인, 강경읍	966 (2.5)
김계홍	농민총연맹	44	정미업, 논산읍	사퇴

〈논산 을〉 소졸이지만 농민회장으로 높은 학력을 자랑한 김준수, 한정교, 서승진, 김헌식 후보들을 꺾어버린 최운교

이 지역구는 논산읍 공무원 출신으로 논산군 농민회장을 지낸 무소속 최운교 후보가 두마면장을 지낸 국민회 김준수, 독립촉성국민회 논산지회장을 지낸 대한독립노동총연맹 김용언 후보들을 큰 표차로 따돌리고 당선됐다.

회사원인 한정교, 고려대 출신으로 공무원인 서승진, 12년 동안 의사로 활동한 김헌식 후보들도 무소속으로 출전했으나 득표력은 보잘 것 없었다.

최운교 후보는 소졸이지만 농민회장이라는 직함을 내세워 높은 학력을 자랑한 김준수, 한정교, 서승진, 김헌식 후보들을 꺾어버린 쾌거를 이뤄냈다.

□ 득표상황

후보자	정당	연령	주요 경력	득표 (%)
최운교	무소속	49	농민회장, 논산읍	11,895 (35.8)
김준수	독립촉성회	42	면장, 두마면	6,488 (19.5)
김용언	노동총연맹	41	회사원, 연산면	5,979 (18.0)
김헌식	무소속	43	의사, 논산읍	3,633 (10.9)
서승진	무소속	41	공무원, 가야곡면	3,481 (10.5)
한정교	무소속	46	회사원, 서울시	1,755 (5.3)

〈부여 갑〉 의사로서 대동청년단 활동이 돋보인 이덕희 후보를 독립촉성국민회의 열풍으로 잠재우고 승리한 남궁현

부여군은 부여읍을 중심으로 북쪽인 은산면, 장평면, 정남면, 탄천면 등을 갑구로, 남쪽인 세도면, 임천면, 충화면, 장암면 등은 을구로 분구됐다.

부여 갑구는 독립촉성국민회 소속과 대동청년단 소속 두 후보의 경쟁에 3명의 무소속 후보들이 추격전을 전개하는 형상이다.

사업으로 지역 기반을 닦은 독립촉성국민회 남궁현 후보가 의사로 인술을 베푼 이덕희 후보를 연륜으로 휘어잡고 대승을 거두었다.

국민학교 교장을 지낸 이만승, 사립중학교 교장으로 있는 김재련, 여흥 민씨 문중들의 추대를 받아 출전한 민택기 후보들이 무소속으로 출전하여 나름대로 선전했다.

□ 득표상황

후보자	정당	연령	주요 경력	득표 (%)
남궁현	독립촉성회	37	농업인, 부여면	13,718 (49.9)
이덕희	대동청년단	29	의사, 부여면	6,895 (25.1)
이만승	무소속	44	국민학교장, 구룡면	3,399 (12.4)
민택기	무소속	36	농업인, 부여면	2,335 (8.5)
김재련	무소속	41	중학교장, 홍산면	1,162 (4.2)

〈부여 을〉 독립촉성국민회 소속 후보들의 경쟁에서 남면 면민들의 전폭적인 지지로 승리한 김이수

백제의 마지막 수도였던 이 지역구는 국민회 소속의 김이수, 문장섭, 서기준 후보들이 출전하여 용쟁호투를 전개했다.

교원 출신인 이호철, 회사원인 심상원 후보들은 무소속으로 출전했다.

남면 면민들의 전폭적인 지지를 받은 김이수 후보가 대전시에 주소를 둔 이호철 후보와 부여 면민들의 지지를 받은 문장섭 후보들을 큰 표차로 따돌리고 승리했다.

□ 득표상황

후보자	정당	연령	주요 경력	득표 (%)
김이수	독립촉성회	43	농업인, 남면	11,438 (36.6)
이호철	무소속	49	교원, 대전시	7,957 (25.5)
문장섭	독립촉성회	53	농업인, 부여면	6,570 (21.0)
심상원	무소속	31	회사원, 임천면	3,282 (10.5)
서기준	독립촉성회	49	저술업, 서울시	1,980 (6.4)

〈서천〉 일본 동경대와 미국 에그븐슨대 출신으로 농림부장관 경력을 내세워 대승을 거둔 이훈구

일본 동경대와 미국 에그븐슨대를 졸업하고 군정시절 농림부 장관을 지낸 이훈구 후보가 서천면에서 병원을 개업하고 독립촉성국민회와 대동청년단 조직을 활용한 구덕환 후보를 6천여 표차로 꺾은

대승을 거두었다.

일본에서 10년간 조선공학 연구를 한 조대하, 일본 구주대 출신으로 조선광업진흥에 전념한 김규질, 기독교 장로인 이병휘 후보, 장항 소방대장을 지낸 조남순 후보들이 장항읍을 대표하여 무소속으로 출전했으나 득표력에는 한계를 보였다.

□ 득표상황

후보자	정당	연령	주요 경력	득표 (%)
이훈구	무소속	53	군정청 농림부장관	17,535 (34.2)
구덕환	대동청년단	51	의사, 서천면	10,867 (21.2)
조대하	무소속	41	조선공학 연구	9,578 (18.7)
이병휘	무소속	44	교회 장로, 장항읍	8,186 (15.9)
김규질	무소속	43	광업진흥회, 장항읍	3,141 (6.1)
조남순	무소속	50	소방대장, 장항읍	2,024 (3.9)

〈보령〉 같은 대천면 출신인 김상억 병원장, 최영재 조선민족청년단장을 꺾어버린 대동청년단 임석규

대천 해수욕장으로 유명한 이 지역구는 도립병원장 출신인 김상억 후보에게 주산면의 대표주자로 덕망이 높은 이항규 후보가 예측불허의 혼전을 전개했다.

보령 금융조합 이사로서 조선민족청년단을 이끌고 있는 최영재 후

보와 대동청년단의 보령군단장인 임석규 후보들도 청년단의 자존심을 내걸고 한판 승부를 벌였다.

청수면 대표인 구연걸, 옥천면 우체국장 출신인 심복진, 국민회 청소면 지회장인 최용한 후보들도 지역의 대표주자로서 선전했다.

대한청년단장으로 활동이 돋보인 대동청년단 임석규 후보가 대천면 출신인 김상억 병원장, 최영재 민족청년단장을 큰 표차로 꺾고 제헌의원이 됐다.

□ 득표상황

후보자	정당	연령	주요 경력	득표 (%)
임석규	대동청년단	42	청년운동, 대천면	12,226 (31.9)
김상억	무소속	57	도립병원장, 대천면	8,594 (22.4)
이항규	무소속	58	농업인, 주산면	7,197 (18.8)
최영재	민족청년단	53	금융조합, 대천면	4,591 (11.9)
최용한	독립촉성회	45	국민회장, 청소면	3,120 (8.1)
심복진	무소속	57	우체국장, 웅천면	1,788 (4.7)
구연걸	무소속	49	농업인, 청라면	831 (2.2)

〈청양〉 청년운동의 조직과 국민회 열기로 명치대 출신인 이상철 후보를 꺾어버린 이종근

칠갑산으로 널리 알려진 이 지역구는 독립촉성국민회 소속 두 후

보와 무소속으로 출전한 두 후보가 용호상박 혼전을 전개했다.

청산면을 대표한 정인황, 대한청년단장을 지낸 이종근 후보는 독립촉성국민회 소속으로, 회사장으로 홍성군 산업기수로 선정된 유종식, 명치대 출신으로 청양군청 서기를 거쳐 자유신문 부사장으로 있는 이상철 후보는 무소속으로 출전했다.

청년운동을 활발하게 전개하고 독립촉성국민회의 열기를 듬뿍 받은 이종근 후보가 명치대 출신임을 내세운 이상철 후보를 3천여 표차로 꺾고 승리의 월계관을 거머쥐었다.

□ 득표상황

후보자	정당	연령	주요 경력	득표 (%)
이종근	독립촉성회	41	대청 단장, 청양면	13,111 (40.8)
이상철	무소속	56	신문부사장, 청양면	10,085 (31.4)
정인황	독립촉성회	60	농업인, 정산면	4,820 (15.0)
유종식	무소속	37	군 산업기수, 비봉면	4,120 (12.8)

〈홍성〉 청년운동을 펼친 박준택, 홍성군수를 지낸 이종순 후보들을 독립촉성국민회 열기로 가볍게 잠재운 손재학

충청남도 도청이 이전된 이 지역은 사립학교 교원인 독립촉성국민회 손재학, 회사원인 대동청년단 박준택, 홍성군수를 지낸 무소속 이종순 후보들이 3파전을 전개했다.

일본에 유학했던 회사원 출신인 김봉규, 충남도청에 근무했던 박상열 후보들도 무소속으로 도전했다.

군청 소재지인 홍성읍 출신들의 경쟁이 펼쳐진 선거전은 오랫동안 대한독립촉성에 대한 국민운동을 펼친 손재학 후보가 대동청년단 조직을 활용한 임준택 후보를 가볍게 제압하고 제헌의원이 됐다.

□ 득표상황

후보자	정당	연령	주요 경력	득표 (%)
손재학	독립촉성회	48	교원, 홍성읍	18,250 (44.9)
박준택	대동청년단	37	회사원, 홍성읍	8,015 (19.7)
이종순	무소속	40	군수, 홍성읍	7,495 (18.4)
박상열	무소속	47	충남도 직원, 홍성읍	4,690 (11.5)
김봉규	무소속	40	회사원, 갈산면	2,206 (5.4)

〈예산〉 대동청년단과 독립촉성국민회 지지세가 다섯 갈래로 분산된 틈새를 비집고 승리를 거둔 무소속 윤병구

박정희 전 대통령의 마지막 행선지인 삽교천이 있는 이 지역구는 9명의 후보들이 난립했다가 대흥면의 대표주자인 박승규 후보가 중도 사퇴했다.

예산경찰서장과 대동청년단 예산지단장을 지낸 송일성 후보가 당선권을 넘나들었으나, 백운용 후보와 대동청년단 예산지단장간의

혈투를 회피하기 위해 중도 사퇴했다.

그리하여 선거전은 청년운동을 펼친 대동청년단 백운용, 언론인으로 알려진 독립촉성국민회 박재영, 광시면에서 인망을 쌓아올린 윤병구, 입법의원으로 활동한 독립촉성국민회 유정호 후보 등의 4파전으로 전개됐다.

독립촉성국민회 감찰위원장으로 활동했던 오창영, 대흥면의 대표 주자로 출전한 유홍 후보는 독립촉성국민회로, 공무원 출신인 박병기 후보는 무소속으로 출전하여 선전했다.

대동청년단장과 경찰서장을 지낸 송일성 후보는 사퇴했지만, 언론인 박재영, 농업인 유홍, 감찰부위원장 오창영, 입법의원인 유정호 후보로 독립촉성국민회 지지세가 갈래갈래 나뉘는 틈새를 비집고 광시면민들의 전폭적인 지지에 힘을 얻은 윤병구 후보가 승리의 월계관을 차지했다.

□ 득표상황

후보자	정당	연령	주요 경력	득표 (%)
윤병구	무소속	38	농업인, 광사면	14,270 (27.7)
유정호	독립촉성회	55	입법의원, 예산읍	11,993 (23.3)
백운용	대동청년단	50	대졸, 예산읍	11,330 (22.0)
박재영	독립촉성회	48	언론인, 서울시	8,459 (16.4)
박병기	무소속	43	공무원, 오가면	2,804 (5.5)
유 홍	무소속	53	농업인, 대흥면	1,618 (3.2)
오창영	독립촉성회	56	농업인, 예산읍	964 (1.9)
송일성	대동청년단	47	경찰서장, 예산읍	사퇴

박승규	무소속	40	농업인, 대흥면		사퇴

〈서산 갑〉 천도교인들의 전폭적인 지지로 인고면장을 지낸 안만복, 청년운동을 펼친 여러 후보들을 꺾어버린 이종린

서산군은 태안군으로 분구되기 전에도 대산면, 대호지면, 인지면, 해미면, 지곡면 등 서산지역을 갑구로, 소원면, 근흥면, 안면면, 이원면 등 태안지역을 을구로 분구됐다.

서산 갑구는 여덟 명의 후보들이 등록하여 혼전을 전개했다. 독립촉성국민회 소속 후보가 2명, 대동청년단, 조선민족청년단, 대한민국총동원본부가 각각 한 명이고 무소속 후보들이 세 명이다.

천도교 장로로 지역에서 명망을 얻은 이종린 무소속 후보와 대호지면에서 덕망을 쌓은 대한민국 총동원본부 남정 후보가 쌍벽을 이루고 있으며 두 후보 모두 한문 수학자들이다.

천주교 신자로서 용암면민들의 지원을 받은 무소속 백낙선, 청년운동을 펼친 대동청년단 채택룡, 인고면장을 지낸 무소속 안만복, 청년운동으로 명성을 얻은 조선민족청년단 김남윤 후보들이 중위권을 형성했다.

신문지국장으로 국민운동을 펼친 국민회 신항균, 약종상인 국민회 박완석 후보들은 하위권을 맴돌았다.

천도교인들의 전폭적인 지원으로 이종린 후보가 인고면장을 지낸

안만복, 대호지면 대표주자인 남정 후보들을 꺾고 제헌의원 반열에 올랐다.

□ 득표상황

후보자	정당	연령	주요 경력	득표 (%)
이종린	무소속	66	천도교 장로, 서울시	12,335 (33.2)
남 정	총동원본부	69	농업인, 대호지면	7,142 (19.2)
안만복	무소속	39	면장, 인고면	4,588 (12.4)
채택룡	대동청년단	39	대졸, 서울시	3,863 (10.4)
김남윤	민족청년단	26	농업인, 서산읍	3,815 (10.3)
백낙선	무소속	53	천주교인, 용암면	2,726 (7.3)
박완석	독립촉성회	38	약종상, 서산읍	1,631 (4.4)
신항균	독립촉성회	44	신문지국장, 서산읍	1,038 (2.8)

〈서산 을〉 대동청년단 김제능, 서산군수를 지낸 이종철 후보들을 풍부한 재력으로 꺾어버린 무소속 김동준

서산 갯마을과 태안반도를 관할하고 있는 이 지역구는 안면도의 박동래 후보가 실격 처리되어 청년운동을 펼친 대동청년단 김제능, 서산군수 출신으로 입법의원을 지낸 무소속 이종철, 대한민보 사장인 무소속 김동준 후보 간의 3파전으로 전개됐다.

해미면 우체국장을 지낸 김기인, 태안면민들의 지지를 기대한 이

상기 후보들도 무소속으로 출전했다.

대한민보 사장으로 풍부한 재력을 활용한 김동준 후보가 대동청년단의 김제능, 서산군수를 지낸 이종철 후보들을 따돌리고 의외의 승리를 거두었다.

□ 득표상황

후보자	정당	연령	주요 경력	득표 (%)
김동준	무소속	44	신문사 사장, 태안면	16,260 (42.9)
이종철	무소속	49	입법의원, 서산읍	9,767 (25.7)
김제능	대동청년단	38	농업인, 서산읍	6,620 (17.4)
이상기	무소속	45	회사원, 태안면	3,483 (9.2)
김기인	무소속	47	우체국장, 해미면	1,812 (4.8)
박동래	무소속	47	전문대 졸, 안면면	실격

〈당진〉 독립촉성국민회의 열기로 국민회 후보간의 경쟁, 당진면과 송악면의 대결에서 승리한 김용재

한보철강의 당진제철소로 알려진 이 지역구는 합덕면에서 천주교 회장으로 활동한 무소속 전재익, 회사원인 민족사회당 유창현, 송악면민들의 지지를 받은 국민회 구을회, 곡물검사원인 국민회 김용재 후보들이 4파전을 전개했고, 청년운동가인 대동청년단 신성균 후보는 추격전을 전개했다.

독립촉성국민회의 열기 속에 국민회에서 경쟁을 벌인 구을회와 김용재 후보 간의 쟁투는 송악면과 당진면의 지역대결로 번져 당진면의 김용재 후보가 2,672표차로 승리했다.

□ 득표상황

후보자	정당	연령	주요 경력	득표 (%)
김용재	독립촉성회	37	곡물검사원, 당진면	13,006 (31.5)
구을회	독립촉성회	44	농업인, 송악면	10,334 (25.1)
유창현	민족사회당	31	회사원, 수원시	9,803 (23.7)
전재익	무소속	63	천주교 회장, 합덕면	7,113 (17.2)
신성균	대동청년단	53	농업인, 당진면	1,040 (2.5)

##〈아산〉 성균관대 교수 출신임을 내세워 홍순철 입법의원, 이종영 신문사 사장을 큰 표차로 따돌린 서용길

온양온천으로 널리 알려진 이 지역구는 윤보선 전 대통령이 고향을 찾아 출전했다가 성균관대 교수인 서용길 후보에게 6,384표차로 패배했다.

민중일보 사장으로 독립촉성국민회의 열기 속에 출전한 윤보선 후보는 차점 낙선이 아니라 회사원인 무소속 이영진, 대한일보 사장인 민중당 이종영 후보에게도 뒤진 4위에 머물렀다.

온양읍이 본거지라는 이점을 활용한 이준규, 입법의원을 지낸 홍순철, 사업가인 정희복 후보들이 모두 독립촉성국민회로 출전하여 온양읍의 표를 싹쓸이한 결과이기도 했다.

성균관대 교수 명함을 활용한 서용길 후보가 신문사 사장인 이종영과 윤보선, 입법의원인 홍순철 후보들을 꺾고 당선을 일궈냈다.

□ 득표상황

후보자	정당	연령	주요 경력	득표 (%)
서용길	무소속	37	대학교수, 대전시	13,453 (27.0)
이영진	무소속	41	회사원, 온양읍	9,897 (19.8)
이종영	민중당	54	신문사 사장, 서울시	7,664 (15.4)
윤보선	한국민주당	52	신문사 사장, 서울시	7,069 (14.2)
이준규	독립촉성회	45	농업인, 온양읍	4,337 (8.7)
정희복	독립촉성회	50	상업인, 온양읍	4,170 (8.4)
홍순철	독립촉성회	55	입법의원, 온양읍	3,290 (6.6)

〈천안〉 당선자 이병국 후보의 사망으로 실시된 보궐선거에서 김용화 후보가 당선됐으나, 선거무효로 실시된 재선거에서 민국당 이상돈 후보로 교체

천안 삼거리로 알려진 이 지역구는 한민당, 독립촉성국민회, 대동청년단 후보들과 무소속 후보 7명이 등록하여 난타전을 전개했다.

독립촉성국민회의 뜨거운 열기에 힘을 얻은 이병국 후보가 저술가로 정치운동을 펼친 한민당 이상돈 후보를 9천여 표차로 따돌리고

국회에 등원했다.

회사원인 대동청년단 김종철 후보와 대서업으로 활동한 한양수, 국민학교 교원인 김민웅, 목천면장을 지낸 이범후, 천안군수를 지낸 이용규 후보들은 하위권을 맴돌았고, 사업가로 서울에서 기반을 잡은 홍승길, 북경대학 출신인 김용화, 성환면에서 농장을 경영한 김웅각 후보들은 당선권을 향한 추격전을 전개했다.

이병국 후보의 사망으로 실시된 보궐선거에서 북경대 출신인 김용화 후보가 당선됐으나 대법원의 선거무효 판결로 다시 보궐선거가 실시됐다.

1949년 7월 실시된 보궐선거에서 조도전대 출신으로 정치운동을 펼친 민주국민당 이상돈 후보가 회사장으로 국민회 소속으로 출전한 유홍 후보를 110표차로 따돌리고 뒤늦게 등원했다.

농업인인 정순모, 임업개발 사장인 이헌구, 대서업자인 한양수, 교원 출신인 김민웅 후보들도 출전했다.

□ 득표상황

후보자	정당	연령	주요 경력	득표 (%)
이병국	독립촉성회	57	국민회장, 천안읍	19,590 (33.9)
이상돈	한국민주당	37	저술업, 성환면	10,021 (17.3)
김웅각	무소속	47	농장장, 성환면	7,483 (12.9)
홍승길	무소속	56	상업인, 서울시	6,061 (10.5)
김용화	무소속	47	북경대, 천안읍	5,538 (9.6)
김민웅	무소속	39	교원, 천안읍	2,742 (4.7)
이범후	무소속	52	면장, 목천면	2,630 (4.6)

김종철	대동청년단	29	회사원, 이산면	1,753 (3.0)
이용규	무소속	59	군수, 동면	1,026 (1.8)
한양수	독립촉성회	37	대서업, 천안읍	956 (1.7)

제4장 호남·제주권 : 뿌리를 내린 한국민주당

1. 호남·제주권의 의석 점유율은 전국의 27%

2. 호남·제주권 54개 지역구 격전의 현장으로

1. 호남·제주권의 의석 점유율은 전국의 27%

(1) 호남권 51개구, 제주 3개구로 54개 지역구

전북의 인구는 2,016,428명으로 22개구, 전남의 인구는 2,944,842명으로 29개구이며, 제주도는 97,755명으로 3개구이다.

전북의 선거구당 평균 인구수는 9만 1,655명이고, 전남은 10만 1,546명이며, 제주는 3만 2,585명이다.

호남·제주권 당선자 54명의 소속단체는 대한독립촉성국민회 10명, 한국민주당 13명으로 독립촉성국민회를 능가하고 있고, 대동청년단 1명, 조선민족청년단 3명, 소수 단체도 6명이며 무소속 후보들이 21명이다.

대한독립촉성국민회의 당선자는 조재면(부안), 이요한(옥구), 유준상(완주갑), 정해준(금산), 신현돈(무주), 진직현(임실), 이남규(목포), 김문평(여수갑), 조옥현(순천을), 송봉해(해남갑) 후보들이고, 한국민주당 소속은 나용균(정읍갑), 김종문(정읍을), 백관수(고창을), 노일환(순창), 정광호(광주), 서우석(곡성), 김종선(구례), 김준연(영암), 김용현(무안갑), 장홍염(무안을), 김상호(나주을), 조영규(영광), 김상순(장성) 후보이고, 대동청년단 소속은 이성학(해남을) 후보이며, 조선민족청년단 소속은 홍희종(김제을), 이정기(남원), 정균식(영광) 후보 등이다.

소수 단체 후보로는 농민총연맹 이석주(완주을), 황두연(순천갑), 단민당 유성갑(고흥을), 대성회 조국현(화순), 국민회 홍순령(북제주갑), 대한청년단 양병직(북제주을) 후보 등을 들 수 있다.

또한 이청천(성동) 후보가 대동청년단과 국민회 등 두 단체 소속이며, 이 지역에서 이요한(옥구) 후보는 국민회와 농민총연맹, 신현돈(무주) 후보는 국민회와 대동청년단, 김문평(여수갑) 후보는 국민회와 대성회, 황두연(순천갑) 후보는 농민총연맹과 노동총연맹, 김상순(장성) 후보는 한민당과 대동청년단 등 이중 단체 소속 당선자들이 있다.

이번 선거에서 낙선자로는 대통령 직선제 개헌을 주도한 배은희(전주), 반탁운동의 기수였던 이철승(전주), 참의원 부의장에 당선된 소선규(익산갑), 민의원 부의장에 당선된 서민호(고흥을), 민주당의 야당투사였던 김선태(완도) 후보 등을 들 수 있다.

(2) 1만 표 미만을 득표하고도 6명이나 당선

이 지역에서 나용균(정읍갑), 정광호(광주), 김준연(영암), 조영규(영광) 후보 등은 무투표 당선됐고, 최고 득표율은 전북 순창의 노일환 후보가 73.2%로 차지했고, 최저 득표율은 완주을구 이석주 후보가 20.6% 득표율로 당선됐다.

윤석구(군산), 정해준(금산), 신현돈(무주), 백관수(고창을), 서우석(곡성), 김종선(구례), 김중기(장흥) 후보들은 60%가 넘는 득표율로 당선됐으나, 유준상(완주갑), 진직현(임실), 김영동(고창갑),

정균식(담양), 홍순령(북제주갑), 양병직(북제주을) 후보들은 20%대 득표율로 당선됐다.

또한 배헌(이리), 김영동(고창갑), 유준상(완주갑), 이석주(완주을), 홍순령(북제주갑), 양병직(북제주을) 후보들은 1만 표 미만의 득표로 당선됐다.

일본 조도전대 출신은 신성균(전주), 백관수(고창을), 김옥주(광양), 김문평(여수갑) 등 4명이며, 명치대 출신은 김봉두(장수) 후보이며, 일본 유학파는 8명이고 유럽 유학파는 나용균(정읍), 김준연(영암) 후보 등이다.

배헌(이리) 후보는 만주 무관학교 출신이고, 북경대 출신은 장홍염(무안을)과 조영규(영광) 후보 등이다.

반면 중졸 출신으로는 윤석구(군산), 김영동(고창갑), 조재면(부안), 백형남(익산갑), 이문원(익산을), 홍희종(김제을), 정해준(금산), 황두연(순천갑), 김중기(장흥), 김용현(무안갑), 김상호(나주을), 이성우(함평), 양병직(북제주을), 오용국(남제주) 후보 등이고, 소졸은 유준상(완주갑), 이석주(완주을), 오기열(진안), 조옥현(순천을), 이성학(해남을), 김병회(진도) 후보등이다.

차경모(강진) 후보는 한문 수학이다.

읍·면장 출신은 신성균(전주), 김종문(정읍을), 홍희종(김제을), 유준상(완주갑), 정균식(담양) 후보 등 5명이며, 의사 출신은 조영규(영광), 신현돈(무주), 송봉해(해남갑) 후보 등이고, 목사 출신도 이남규(목포)와 오석주(고흥갑) 후보 등 2명이다.

입법의원 출신은 윤석구(군산), 이남규(목포), 오용국(남제주), 백관수(고창을), 서우석(곡성) 후보 등 5명이며 광주시장 장광호, 삼양사 사장 김상순, 동아일보 사장 백관수 후보 등도 당선됐고, 진직현 후보는 변호사이다.

2. 호남·제주권 54개 지역구 격전의 현장으로

전라북도

〈전주〉 일본 조도전대 출신으로 면장을 지낸 신성균 후보가 고려대 학생회장 출신으로 27세인 이철승 후보를 꺾어

전주 비빔밥으로 유명한 이 지역구는 고려대 학생회장으로 전국 반탁학련동지회 총재로 활약한 무소속 이철승 후보와 일본 조도전대 출신으로 면장을 지낸 무소속 신성균 후보가 한판 승부를 벌였다.

목사로서 독립촉성국민회 전북지부장 출신인 배은희, 조선전업 전북지소장 출신으로 입법의원을 지낸 한민당 정진희 후보들이 단체의 명예를 걸고 뛰었으며, 저술가로 알려진 박원 후보도 무소속으로 출전했다.

조도전대 출신임을 내세운 신성균 후보가 27세의 젊음을 무기로 도전한 이철승 후보를 2,611표차로 꺾고 국회에 등원했다.

□ 득표상황

후보자	정당	연령	주요 경력	득표 (%)
신성균	무소속	43	면장, 조도전대 졸	10,737 (32.1)

이철승	무소속	27	고려대 학생회장	8,126 (24.3)
배은희	독립촉성회	62	목사	7,063 (21.2)
정진희	한국민주당	44	입법의원 의원	6,136 (18.4)
박 원	무소속	53	저술업	1,336 (4.0)

〈군산〉 입법의원 의원 간의 대결에서 무소속 후보로 한민당 후보를 큰 표차로 무너뜨린 윤석구

금강의 하구로 항구도시이며 일본의 김제평야 쌀의 수출 지역이었던 이 지역구는 입법의원 간의 대결로서 중졸로 약종상 출신인 무소속 윤석구 후보가 한민당을 배경으로 삼고 출전한 백남용 후보를 예상을 뒤엎고 큰 표차로 따돌렸다.

윤석구 후보는 초대 체신부장관에 발탁되는 행운을 잡았으나 부일협력혐의로 불명예 퇴임했다.

☐ 득표상황

후보자	정당	연령	주요 경력	득표 (%)
윤석구	무소속	57	입법의원 의원	18,728 (71.8)
백남용	한국민주당	52	입법의원 의원	7,353 (28.2)

〈이리〉 한국민주당으로 이리 부윤을 지낸 김병수, 식산은행

원인 이춘기 후보들을 꺾어버린 무소속 배헌

호남선과 전라선의 분기점인 이 지역구는 농장지배인으로 한민당 소속인 이춘기, 의사 출신으로 이리 부윤을 지낸 국민회 김병수, 만주 무관학교 출신으로 정부 고문으로 활약한 무소속 배헌 후보가 3파전을 벌였다.

이리중학 설립자인 박육철 후보도 무소속으로 출전했다.

만주에서 독립운동을 펼친 민족주의자임을 널리 홍보한 배헌 후보가 한민당과 독립촉성국민회 간의 갈등을 조장하여 이전투구를 벌인 김병수와 이춘기 후보들을 꺾고 등원에 성공했다.

□ 득표상황

후보자	정당	연령	주요 경력	득표 (%)
배헌	무소속	53	만주무관학교 졸	6,578 (42.0)
이춘기	한국민주당	44	식산은행원	4,899 (31.3)
김병수	독립촉성회	51	이리부윤, 의사	3,341 (21.3)
박육철	무소속	33	이리중학 설립자	853 (5.4)

〈완주 갑〉 독립촉성국민회가 세 갈래, 한국민주당이 양분된 선거전에서 6천여 표 득표로 국회 등원에 성공한 유준상

완주군은 전주의 서북쪽인 삼례면, 봉동면, 비봉면, 화산면 등을

갑구로, 동북쪽인 용진면, 동상면, 운주면, 경천면 등을 을구로 나
뉘었다.

전주의 북동쪽을 관할하고 있는 이 지역구는 8명의 올망졸망한 후
보들이 난전을 벌였으며 독립촉성국민회 소속 후보가 3명이고, 한
민당 소속 후보가 2명이며, 대동청년단 소속 후보도 1명이다.

서울신문 기자인 국민회 강봉의, 의사로서 인술을 베푼 무소속 최
병헌, 신문사를 경영하고 있는 대동청년단 손용배, 목축업으로 성
장한 한민당 이석신, 비봉면장 출신인 국민회 유준상 후보들이 선
두권을 달렸다.

농업에 종사하고 있는 국민회 최광진과 한민당 백기욱, 그리고 무
소속 김은준 후보들도 출전했지만 선두권 진입에는 실패했다.

국민회 지지 세력들은 세 갈래로 나뉘었지만, 한민당 지지세도 양
분된 호기를 낚아 비봉면민들의 전폭적인 지지에 힘입어 유준상
후보가 6천여 표를 득표하여 제헌의원에 당선되는 행운아가 됐다.

□ 득표상황

후보자	정당	연령	주요 경력	득표 (%)
유준상	독립촉성회	39	면장, 비봉면	6,683 (21.0)
손용배	대동청년단	36	신문업, 전주시	4,749 (15.0)
이석신	한국민주당	45	목축업, 소양면	4,523 (14.3)
강봉의	독립촉성회	50	신문기자, 삼례면	4,470 (14.1)
최병헌	무소속	38	의사, 봉동면	4,419 (13.9)
백기욱	한국민주당	56	농업인, 조촌면	3,306 (10.4)
최광진	독립촉성회	52	농업인, 조촌면	2,542 (8.0)

| 김은준 | 무소속 | 48 | 농업인, 봉동면 | 1,057 (3.3) |

〈완주 을〉 농민을 대변하겠다는 대한독촉농민총연맹 이석주 후보가 면별 대표주자들을 꺾고 어렵게 당선

전주의 동남쪽인 이 지역구는 여덟 명의 후보들이 출전했으며 독립촉성국민회 소속이 3명, 대한독촉농민총연맹, 조선불교전북교무원, 대동청년단 소속이 각각 1명이며, 무소속 후보가 2명이다.

대한독립농민총연맹으로 출전한 이석주, 독립촉성국민회 소속으로 출전한 김영진, 산업조합 이사인 무소속 이봉학 후보들이 선두권을 질주했다.

불교 교무원장 출신으로 승려인 유재환, 산업조합 서기로 대동청년단 조영진 후보들이 중위권을 형성했고, 보험대리업을 운영한 무소속 이건재, 농업에 종사한 국민회 윤효중, 천주교 신부인 국민회 서정수 후보들은 하위권을 맴돌았다.

면별 대항전이 펼쳐진 선거전에서 농민들을 대변하겠다는 이석주 후보가 용진면 대표주자인 유재환, 구이면 대표주자인 이봉학 후보들을 꺾고 의외의 승리를 만끽했다.

□ 득표상황

후보자	정당	연령	주요 경력	득표 (%)
이석주	농민총연맹	45	농업인, 전주시	7,607 (20.6)
이봉학	무소속	43	조합이사, 구이면	7,493 (20.3)

김영진	독립촉성회	59	농업인, 우전면	6,607 (17.9)
조영진	대동청년단	40	조합 서기, 전주시	5,350 (14.5)
유재환	전북교무원	51	교무원장, 용진면	5,097 (13.8)
윤효중	독립촉성회	55	농업인, 운주면	2,377 (6.4)
이건재	무소속	58	보험대리업, 전주시	1,299 (3.5)
서정수	독립촉성회	40	신부, 운주면	1,024 (2.8)

〈진안〉 소졸 출신으로 무명의 농사꾼이지만 면장 출신, 회사 중역 출신 후보들을 꺾어버린 오기열

마이산을 끼고 있는 이 지역구는 진안면의 두 후보와 마령면의 두 후보가 각축전을 전개했다.

진안면장 출신인 김승국 후보와 회사취체역을 지낸 독립촉성국민회 김준희 후보는 진안면 출신이고, 마령면장 출신인 전병기 후보와 농업인인 오기열 후보는 마령면 출신이다.

무명의 오기열 후보가 진안면 같은 마을 출신으로 이전투구를 벌인 김준희와 김승국 후보를 꺾어버린 이변을 연출하고 국회에 등원했다.

□ 득표상황

후보자	정당	연령	주요 경력	득표 (%)
오기열	무소속	60	농업인, 마령면	10,218 (33.8)

김준희	독립촉성회	47	회사취체역, 진안면	9,546 (31.5)
김승국	무소속	49	진안면장, 진안면	6,641 (21.9)
전병기	무소속	47	마령면장, 마령면	3,859 (12.8)

〈금산〉 대한독립촉성국민회 후보 간의 경쟁에서 중앙회 조직부장을 내세워 청년단 금산군단장을 꺾어버린 정해준

군사정부 시절 충남도에 편입된 이 지역구는 독립촉성국민회 소속으로 중앙회 문교부장과 조직부장을 지낸 정해준 후보와 독립촉성국민회 청년단 금산군단장으로 활동한 조문형 후보가 건곤일척 한 판 승부를 벌였다.

금산읍 출신인 두 후보의 결전은 중앙에서 활동한 정해준 후보가 지역에서 활동한 조문형 후보를 6천여 표차로 꺾고 등원했다.

□ 득표상황

후보자	정당	연령	주요 경력	득표 (%)
정해준	독립촉성회	46	독촉 문교부장	17,735 (61.0)
조문형	독립촉성회	38	독촉 청년단장	11,358 (39.0)

〈무주〉 독립촉성국민회장과 대동청년단장으로 당선된 신현돈 후보의 전북도지사 임명으로 김교중 후보가 승계

무주 구천동으로 더욱 알려진 이 지역구는 의사 출신으로 독립촉성국민회 무주군회장과 대동청년단 무주군단장을 지낸 신현돈 후보가 한민당 소속으로 이전투구를 벌인 사업가인 김용학과 무주군수를 지낸 김종남 후보들을 가볍게 제압했다.

신현돈 후보의 전북도지사 임명으로 실시된 보궐선거에서 공무원 출신으로 대동청년단 소속의 김교중 후보가 양조업을 경영한 국민회 김용완, 언론인으로 알려진 한민당 함상훈 후보들을 꺾고 뒤늦게 등원했다.

여관업을 하는 무소속 박상식 후보는 사퇴했지만, 정기홍과 김상현 후보들은 완주했다.

□ 득표상황

후보자	정당	연령	주요 경력	득표 (%)
신현돈	대동청년단	45	청년단장, 무주면	15,691 (65.6)
김용학	한국민주당	61	상업인, 안성면	5,636 (23.6)
김종남	한국민주당	62	군수, 무주면	2,582 (10.8)

〈장수〉 일본 명치대 출신으로 건설회사 사장인 김봉두 후보가 장수면 출신인 세 후보들을 가볍게 제압

논개의 고향으로 알려진 이 지역구는 장수면사무소에 근무했던 독

립촉성국민회 유순형, 소방대장을 지낸 대동청년단 송주호, 일본 명치대 출신으로 대지건설 사장을 지낸 무소속 김봉두, 장수면장을 지낸 무소속 오일승 후보들이 4파전을 전개했다.

장수면 출신인 4 후보의 대결에서 김봉두 후보가 명치대 출신이며 건설회사 사장으로 풍부한 재력과 명성으로 독립촉성국민회 지원을 받고 추격전을 전개한 유순형 후보를 가볍게 제압했다.

□ 득표상황

후보자	정당	연령	주요 경력	득표 (%)
김봉두	무소속	43	대지건설 사장	10,850 (46.0)
유순형	독립촉성회	37	면서기, 장수면	7,488 (31.7)
오일승	무소속	55	면장, 장수면	4,002 (17.0)
송주호	대동청년단	41	소방단장, 한청단장	1,256 (5.3)

〈임실〉 변호사로서의 명망과 그동안 가꾸어 온 지역 기반으로 나름대로 선전한 여섯 후보들을 물리친 진직현

주인을 구한 개를 기리기 위한 충견비가 있는 이 지역구는 7명의 후보들이 난립되어 혼전을 전개했으며, 소속단체도 독립촉성국민회, 대한독촉국민총연맹, 기독교청년회, 대동청년단 등 다양했다.

선거전은 변호사로 지역 기반을 다진 독립촉성국민회 진직현 후보와 신문기자 출신인 대동청년단 김진의 후보의 대결로 압축됐다.

산업조합 이사인 대한독촉국민총연맹 이기우, 국민학교 교원인 무소속 노병연, 신문기자로 사법서사 출신인 기독교청년회 엄병학, 유도회 전북지회장으로 활약한 독립촉성국민회 곽한영, 목사인 무소속 이경순 후보들도 출전하여 나름대로 선전했다.

변호사로 지역 기반과 명망을 얻은 진직현 후보가 청년운동을 활발하게 펼친 김진의 후보를 1,913표차로 꺾고 당선됐다.

□ 득표상황

후보자	정당	연령	주요 경력	득표 (%)
진직현	독립촉성회	48	변호사, 임실면	10,636 (29.5)
김진의	대동청년단	39	신문기자, 임실면	8,723 (24.2)
엄병학	기독청년회	32	사법서사, 임실면	4,495 (12.4)
이경순	무소속	50	목사, 임실면	4,001 (11.1)
곽한영	독립촉성회	61	유도회, 둔남면	3,969 (11.0)
노병연	무소속	44	미창지점장, 삼계면	3,264 (9.0)
이기우	국민총연맹	43	산업조합장, 임실면	1,027 (2.8)

〈남원〉 조선민족청년단과 대동청년단의 청년단체 간의 대결에서 보성전문대 출신임을 내세워 승리한 이정기

성춘향의 고향인 이 지역구는 대동청년단 남원군단장으로 활약한 조정훈, 회사장으로 민족청년단 남원군단장을 지낸 이정기 후보들이 청년단의 기세싸움을 벌였다.

구한말 조선시대 궁내부에 근무했고 독립촉성국민회 남원군 지회장으로 활동한 76세의 양경수 후보도 출전하여 청년운동가들의 결투를 지켜봤다.

보성전문 법과 출신인 조선민족청년단 이정기 후보가 중졸 출신인 대동청년단 조정훈 후보를 큰 표차로 따돌렸다.

□ 득표상황

후보자	정당	연령	주요 경력	득표 (%)
이정기	민족청년단	34	회사장, 남원읍	32,143 (59.9)
조정훈	대동청년단	35	청년운동, 남원읍	16,447 (30.7)
양경수	무소속	76	궁내부 주사, 남원읍	5,032 (9.4)

〈순창〉 한민당과 독립촉성국민회에 함께 가입하여 고려대 출신임을 내세워 대승을 거둔 노일환

노령산맥의 산록을 끼고 있는 이 지역구는 신문사원으로 한민당과 독립촉성국민회에 함께 소속된 노일환 후보가 대한독촉 농민총연맹을 업고 나온 조일수 후보를 가볍게 제압했다.

순창면과 쌍치면의 지역대결이 펼쳐졌지만, 고려대 출신과 한문 수학의 대결에서 승패가 엇갈린 것으로 짐작될 뿐이다.

□ 득표상황

후보자	정당	연령	주요 경력	득표 (%)

| 노일환 | 한국민주당 | 35 | 신문기자, 쌍치면 | 23,703 (73.2) |
| 조일수 | 농민총연맹 | 51 | 농업인, 순창면 | 8,700 (26.8) |

<정읍 갑> 영국 캠브리지대 출신과 한민당 사무국장의 경력을 내세워 무투표 당선된 나용균

정읍군은 서쪽인 고부면, 소성면, 영원면, 덕천면 등을 갑구로 하고, 동쪽인 태인면, 칠보면, 산내면, 산외면, 신태인읍 등을 을구로 분구했다.

정주읍의 남동쪽을 관할하는 이 지역구는 영국 캠브리지대 출신으로 한민당 사무국장인 나용균 후보가 무투표 당선됐다.

□ 득표상황

후보자	정당	연령	주요 경력	득표 (%)
나용균	한국민주당	50	한민당 사무국장	무투표

<정읍 을> 신태인읍장 출신으로 한민당에 우호적인 지역 정서를 업고 어렵게 승리를 거둔 김종문

이 지역구는 신태인읍 출신이 한 명인 반면, 태인면과 칠보면에서 각각 두 명의 후보들이 출전하여 다섯 명의 후보들이 혈전을 전개했다.

신태인읍장 출신으로 동아일보 지국장, 독립촉성국민회 정읍지회장을 지낸 한민당 김종문 후보와 정읍촉진대장 출신으로 한민당과 대한독촉국민총연맹에 이중 소속된 김홍기 후보가 한판 승부를 벌였다.

일본대 출신으로 전북도 노동과장을 지낸 대한독촉농민총연맹의 김택술 후보는 선전했으나, 학원 이사장 출신인 독립촉성국민회 송직상, 농장을 경영한 한민당 김부곤 후보들의 득표력은 보잘 것 없었다.

한민당이 강세를 보인 지역 정서를 업은 김종민 후보가 신태인읍민들의 전폭적인 지지를 업고 칠보면민 표를 분산한 김홍기와 김택술 후보들을 어렵게 따돌렸다.

□ 득표상황

후보자	정당	연령	주요 경력	득표 (%)
김종문	한국민주당	42	신태인읍장	16,815 (40.4)
김홍기	국민총연맹	40	촉진대장, 칠보면	13,139 (31.6)
김택술	농민총연맹	31	전북도 과장, 칠보면	8,418 (20.2)
김부곤	한국민주당	48	농업인, 태인면	1,824 (4.4)
송직상	독립촉성회	61	학원이사장, 태인면	1,418 (3.4)

〈고창 갑〉 무장면민들의 전폭적인 지지로 고창면 출신의 네 후보를 무너뜨린 김영동

고창군은 동쪽인 고창읍을 포함하여 고수면, 성송면, 대산면 등을 갑구로, 서쪽인 해리면, 심원면, 흥덕면, 성내면 등을 을구로 분구됐다.

풍천장어로 유명한 이 지역구는 농업인인 한민당 임방욱, 조선전업 사원인 무소속 김영동, 대졸 출신인 농민총연맹의 이봉춘, 고창군수를 지낸 국민회 오의균, 회사원인 무소속 김기채 후보들이 출전했다.

중졸 출신이지만 무장면민들의 전폭적인 지지를 받은 무소속 김영동 후보가 고창면 출신인 임방욱, 오의균, 김기채, 이봉춘 후보들을 제압하고 당선됐다.

김영동 후보는 8,317표를 득표했지만, 고창면 출신인 이들 4 후보의 득표력은 무려 21,741표를 과시했다.

□ 득표상황

후보자	정당	연령	주요 경력	득표 (%)
김영동	무소속	42	회사원, 무장면	8,317 (27.7)
임방욱	한국민주당	43	농업인, 고창면	6,963 (23.2)
김기채	무소속	41	회사원, 고창면	6,499 (21.6)
오의균	독립촉성회	66	군수, 고창면	6,188 (20.6)
이봉춘	농민총연맹	59	대졸, 고창면	2,091 (6.9)

〈고창 을〉 동아일보 사장이며 입법의원 경력으로 압승을 거두고 제헌의회에 등원한 백관수

일본 조도전대 출신으로 동아일보 사장을 거쳐 입법의원으로 활동한 백관수 후보가 고창의 인물임을 내세워 흥덕면장을 지낸 무소속 박홍근, 독립촉성국민회 고창군회장으로 활동한 신용재 후보들을 가볍게 제압하고 제헌의원이 됐다.

□ 득표상황

후보자	정당	연령	주요 경력	득표 (%)
백관수	한국민주당	60	신문사 사장, 성내면	19,787 (67.5)
신용재	독립촉성회	44	국민회장, 흥덕면	5,062 (17.3)
박홍근	무소속	47	면장, 흥덕면	4,448 (15.2)

〈부안〉 부안군수를 지낸 경력을 내세워 한국민주당이 세 갈래로 나뉜 호기를 맞아 승리를 거머쥔 부안군수 출신 조재면

변산반도를 안고 있는 이 지역구는 한민당 후보 3명과 독립촉성국민회 후보 3명이 각축전을 전개한 가운데 무소속 후보 1명이 파수꾼 역할을 했다.

조선일보 고문으로 활약하고 있는 신일용, 대졸 출신 농업인인 김형일, 중국 북경대 출신으로 청년운동을 펼친 백남기 후보들은 한민당 후보들이고, 부안군수를 지낸 조재면, 교원 출신인 조기정, 농업인인 신영발 후보들은 독립촉성국민회 후보들이다.

조기정 후보는 대한독촉농민총연맹으로 출전했고, 신영발 후보는 중도에 사퇴했다. 목사인 김수현 후보가 무소속으로 출전하여 심판이자 파수꾼 역할을 했다.

부안군수 시절 닦아둔 조직과 인연을 활용하고 독립촉성국민회 지지에 힘을 얻은 조재면 후보가 한민당의 바람을 업고 추격전을 전개한 김형일 후보를 8천여 표차로 제압했다.

□ 득표상황

후보자	정당	연령	주요 경력	득표 (%)
조재면	독립촉성회	49	부안군수, 백산면	19,098 (40.5)
김형일	한국민주당	43	농업인, 보안면	12,298 (26.1)
신일용	한국민주당	58	신문사원, 부안읍	7,550 (16.0)
김수현	무소속	49	목사, 부안읍	4,460 (9.4)
백남기	한국민주당	48	청년운동, 상서면	2,743 (5.8)
조기정	농민총연맹	49	교원, 부안읍	1,048 (2.2)
신영발	독립촉성회	61	농업인	사퇴

〈김제 갑〉 한국민주당의 지제세가 두 갈래로 나뉜 호기를 맞아 한양 조씨, 월촌면민들의 지지로 승리한 조한백

김제군은 김제읍을 중심으로 동쪽인 금구면, 봉남면, 황산면, 용지면 등을 갑구로, 서쪽인 만경면, 백구면, 청하면, 성덕면, 진봉면 등을 을구로 분구됐다.

호남평야의 본거지인 이 지역구는 신문사 지국장인 무소속 조한백, 김제군청 직원 출신으로 사법서사인 한민당 이기호, 예수교 장로로 용지면장을 지낸 무소속 한상룡, 동아일보 중역인 한민당 장현식, 의사로서 인술을 베푼 대동청년단 왕정환 후보들이 출전했다.

김제읍, 월촌면, 용지면, 금구면이 지역대결을 펼친 선거전에서 한민당 지지세가 이기호와 장현식 후보로 양분되는 호기를 활용하여 한양 조씨들의 전폭적인 지원을 받아 조한백 후보가 아슬아슬한 승리를 엮어냈다.

□ 득표상황

후보자	정당	연령	주요 경력	득표 (%)
조한백	무소속	41	신문지사장, 월촌면	13,618 (32.6)
이기호	한국민주당	60	사법서사, 김제읍	10,553 (25.3)
장현식	한국민주당	63	신문사 중역, 금구면	8,380 (20.1)
한상룡	무소속	59	면장, 용지면	6,038 (14.4)
왕정환	대동청년단	48	의사, 김제읍	3,172 (7.6)

〈김제 을〉 독립촉성국민회 지지세가 세 갈래 나뉜 틈새를 조선민족청년단 지지세의 단일화를 성공하여 승리한 홍희종

일곱 명의 후보들이 난립한 이 지역구는 백학면장을 지낸 이원익 후보와 금융조합 서기를 지낸 이철익 후보들이 중도 사퇴하며 5명의 주자들만이 완주했다.

김제수리조합 평의원인 국민회 홍성호, 토건회사 사장으로 청년운동을 펼친 대동청년단 최주일, 한약 약종상인 독립촉성국민회 최윤호, 김제읍 부읍장을 지낸 조선민족청년단 홍희종, 목사로 기독교도연맹 소속으로 출전한 이근호 후보들이 각축전을 전개했다.

백학면장을 지낸 이원익 후보의 사퇴로 조선민족청년단 단일화에 성공한 홍희종 후보가 독립촉성국민회가 홍성호, 최윤호, 최주일 후보로 분산된 틈새를 비집고 들어가 승리를 엮어냈다.

국민회 세 후보의 득표수는 홍희종 후보보다 5천여 표 많았다.

□ 득표상황

후보자	정당	연령	주요 경력	득표 (%)
홍희종	민족청년단	55	부읍장, 김제읍	13,239 (38.0)
최윤호	독립촉성회	48	한약종상, 김제읍	7,563 (21.7)
이근호	기독교연맹	59	목사, 월촌면	6,044 (17.3)
최주일	대동청년단	43	토건회사장, 김제읍	4,822 (13.9)
홍성호	독립촉성회	48	수리조합원, 만경면	3,172 (9.1)
이원익	민족청년단	41	면장, 백구면	사퇴
이철익	무소속	33	금융조합원, 김제읍	사퇴

〈옥구〉 대서사(代書士) 출신으로 면장 출신인 강유진과 임희철 후보들을 꺾고 등원에 성공한 이요한

군산시를 둘러싸고 있는 이 지역구는 옥구군 농민회장 출신인 김제욱, 회사원인 고길모 후보들의 사퇴로 4명의 후보들이 각축전을 벌였다.

대서사(代書士) 출신으로 독립촉성국민회 지부장을 지낸 대한독촉 농민총연맹 이요한, 창현면장 출신인 한민당 임희철, 대야면장 출신인 독립촉성국민회 강유진, 금융조합 서기 출신인 한민당 조남윤 후보들이 완주했다.

한민당과 국민회의 4 후보가 팽팽한 혈전을 전개한 선거전은 대서사로 지역 기반을 잡고 국민회의 열기를 등에 업은 이요한 후보가 농민을 대변하겠다는 공약을 내걸어 대야면장 출신인 강유진, 회현면장 출신인 임희철 후보들을 꺾고 국회에 등원했다.

□ 득표상황

후보자	정당	연령	주요 경력	득표 (%)
이요한	농민총연맹	51	대서사, 대야면	20,453 (48.6)
강유진	독립촉성회	59	면장, 대야면	9,801 (23.3)
임희철	한국민주당	51	면장, 회현면	7,143 (17.0)
조남윤	한국민주당	41	금융조합원, 옥구면	4,706 (11.2)
김제욱	무소속	51	옥구군 농민회장	사퇴
고길모	무소속	33	회사원, 옥산면	사퇴

〈익산 갑〉 황등면민들의 지지를 기반으로 토착민들을 규합하여 외지에서 활동한 후보들을 제압한 백형남

이리시를 둘러싸고 있는 익산군은 이리시의 남동쪽인 춘포면, 오산면, 왕궁면, 황등면 등은 갑구로, 북서쪽인 함열면, 여산면, 망성면 등을 을구로 나뉘었다.

익산 갑구는 서울에서 정치적 기반을 구축한 한민당 소선규, 청년운동을 펼친 대동청년단 백형남, 신문지국장으로 국민회와 한민당에 함께 가입한 김병기, 농업인인 한민당 송병종 후보들이 각축전을 전개했다.

황등면민들의 지원, 지역 토박이로서의 이점을 살린 대동청년단 백형남 후보가 서울에 기반을 둔 한민당 소선규, 이리에 기반을 둔 한민당 김병기, 전주에 기반을 둔 한민당 송병종 후보들을 가볍게 꺾고 국회에 등원했다.

한민당 지지세가 소선규와 송병종 후보들에게 분산되어 한민당의 의석이 1개 줄어들었다.

☐ 득표상황

후보자	정당	연령	주요 경력	득표 (%)
백형남	대동청년단	34	청년운동, 황등면	12,569 (41.1)
소선규	한국민주당	46	공무원, 서울시	9,868 (32.2)
김병기	독립촉성회	39	신문업, 이리시	5,490 (17.9)
송병종	한국민주당	40	농업인, 전주시	2,681 (8.8)

〈익산 을〉 익산군 팔봉면민들의 전폭적인 지지로 이리시와

여산면 후보들을 격파한 무소속 이문원

이리시를 둘러싸고 있는 이 지역구는 농업인인 한민당 김대희, 청년운동을 펼친 대동청년단 차재길, 금융조합 서기였던 무소속 신갑철, 중졸로 농업인인 무소속 이병석, 교원 출신인 무소속 이문원 후보들이 각축전을 전개했다.

회사원인 무소속 이문원 후보가 이리시 출신인 김대희와 차재길, 여산면 출신인 신갑철과 이병석 후보들에게 팔봉면민들의 전폭적인 지지로 대승을 거두었다.

☐ 득표상황

후보자	정당	연령	주요 경력	득표 (%)
이문원	무소속	42	교원, 팔봉면	11,539 (36.1)
김대희	한국민주당	48	농업인, 이리시	8,164 (25.6)
차재길	대동청년단	31	청년운동, 이리시	6,267 (19.6)
신갑철	무소속	36	금융조합원, 여산면	3,431 (10.7)
이병석	무소속	53	농업인, 여산면	2,534 (7.9)

전라남도

〈광주〉 광주 출신이 아닌 경기도 양주 출신이지만 광주시장

의 경력과 한민당의 열기를 담아 무투표 당선된 정광호

서울은 10개구, 부산은 4개구, 대구는 3개구, 인천은 2개구이지만 개성, 춘천, 대전, 청주, 전주와 함께 단일구인 이 지역구는 광주 시장을 지낸 정광호 후보가 한민당 소속을 내세워 무투표 당선됐다.

광주 출신이 아님에도 광주시장을 지낸 명성과 한민당의 공인(公認) 주자라는 인식으로 무투표 당선의 영광을 차지할 수 있었다.

□ 득표상황

후보자	정당	연령	주요 경력	득표 (%)
정광호	한국민주당	52	광주시장	무투표

〈목포〉 입법의원으로서 기독교인과 독촉국민회의 전폭적인 지원으로 목포상공회의소 회두 강선명 후보를 꺾고 제헌의원에 당선된 이남규

유달산과 노적봉으로 알려진 이 지역구는 목사로서 입법의원을 지낸 독촉국민회 이남규 후보와 목포 상공회의소 회두인 무소속 강선명, 목포 북국민학교 교장으로 덕망이 높은 무소속 김동신 후보들이 3파전을 전개했다.

목포 토지회사 회두인 무소속 정영소, 대한노총위원장으로 대한독

촉노동총연맹으로 출전한 김유기, 직물업자로서 목포구연합회장으로 활동한 무소속 천동환 후보들도 후발주자 3파전을 전개했다.

입법의원 의원으로서 활동과 기독교인들의 전폭적인 지원을 받아 독촉국민회 이남규 후보가 대승을 거두고 제헌의원이 됐다.

이남규 의원이 전남도지사에 임명되어 실시된 보궐선거에서 제헌의원 선거에서 차점 낙선한 강선명 후보가 대법원장 출신인 김용무 후보를 73표차로 꺾고 의원직을 이어갔다.

□ 득표상황

후보자	정당	연령	주요 경력	득표 (%)
이남규	독립촉성회	40	목사, 입법의원	10,361 (30.5)
강선명	무소속	44	상공회의소 회두	8,248 (24.3)
김동신	무소속	44	국민학교장	6,069 (17.9)
정영소	무소속	46	목포토지 회사장	4,789 (14.1)
김유기	노동총연맹	46	대한노총위원장	2,503 (7.4)
천동환	무소속	40	목포구연합회장	2,004 (5.9)

〈광산〉 대학교수로서 입법의원 출신이지만 중학교장으로 지역 토박이에게 무너져버린 한국민주당 홍성하

호남선과 경전선의 분기점인 송정리읍과 광주의 서북지역을 관할하고 있는 이 지역구는 대학교수로서 입법의원인 한민당 홍성하

후보와 중학교장 출신으로 지역 기반을 다진 무소속 박종남, 서창면장 출신인 무소속 김병한 후보들이 3파전을 전개했다.

서울에서 명성을 얻은 홍성하 후보와 지역에 뿌리를 깊게 내린 박종남 후보의 대결은 토박이의 승리로 마감됐다.

낙선한 홍성하 후보는 이승만 의원의 대통령 취임으로 실시된 서울 동대문 갑구 보궐선거에서 국민회 전호엽, 독립운동가 장연송 후보들을 꺾고 국회에 등원했다.

□ 득표상황

후보자	정당	연령	주요 경력	득표 (%)
박종남	무소속	33	중학교장, 광주시	20,817 (52.2)
홍성하	한국민주당	51	대학교수, 송정읍	14,901 (37.4)
김병한	무소속	39	면장, 서창면	4,171 (10.4)

〈담양〉 담양면장을 지낸 기반을 활용하여 동경제대, 조도전대, 세브란스 의전 출신들을 제압한 정균식

담양 죽세품(竹細品)으로 한 시절을 풍미했던 이 지역구는 일본 조도전대 출신으로 신문기자인 무소속 박영종, 동경제대 출신으로 군인 생활을 한 무소속 김문용, 세브란스 의전 출신으로 의사인 독촉국민회 김동호, 담양면장 출신인 조선민족청년단 정균식 후보들이 4파전을 전개했다.

담양면장 출신으로 지역민들과 깊은 인연을 맺은 정균식 후보가 명문대 출신이거나 의사 출신인 세 후보들을 어렵게 따돌리고 국회 등원에 성공했다.

□ 득표상황

후보자	정당	연령	주요 경력	득표 (%)
정균식	민족청년단	45	면장, 담양면	11,839 (29.9)
박영종	무소속	32	신문기자, 광주시	10,272 (25.9)
김문용	무소속	33	군인, 광주시	10,009 (25.3)
김동호	독립촉성회	45	의사, 담양면	7,465 (18.9)

##〈곡성〉 한민당 당원간의 각축전에서 입법의원 의원의 관록과 명성으로 등원에 성공한 서우석

전라북도 남원과 연접하고 섬진강을 끼고 있는 이 지역구는 입법의원을 지낸 서우석 후보와 은행원 출신인 양병운 후보가 진검승부를 펼쳤다.

같은 한민당 출신이라는 어려움 속에서 입법의원의 관록을 내세운 서우석 후보가 지역에서 뿌리를 내린 양병운 후보를 6천여 표차로 어렵지 않게 격파하고 등원에 성공했다.

□ 득표상황

후보자	정당	연령	주요 경력	득표 (%)

| 서우석 | 한국민주당 | 60 | 입법의원, 광주시 | 18,679 (61.1) |
| 양병운 | 한국민주당 | 38 | 은행원, 곡성면 | 11,893 (38.9) |

〈구례〉 양조업으로 기반을 다지고 한민당 지지를 받은 김종선 후보가 중학교장 출신인 대동청년단 이판열 후보를 꺾어

지리산 산자락을 관할하고 있는 이 지역구는 양조업자인 한민당 김종선 후보와 도정업자인 대동청년단 이판열 후보 간에 진검승부가 펼쳐졌다.

양조장으로 기반을 구축한 김종선 후보가 한민당 바람을 등에 업고 풍부한 재력을 활용하여 중학교 교장 출신으로 지역 기반을 다진 이판열 후보를 큰 표차로 제압했다.

  □ 득표상황

후보자	정당	연령	주요 경력	득표 (%)
김종선	한국민주당	50	양조업, 서울시	14,799 (72.7)
이판열	대동청년단	42	정미업, 구례면	5,564 (27.3)

〈광양〉 일본 조도전대 출신으로 진상면민과 중학교 제자들의 지원으로 국회 등원에 성공한 김옥주

경상남도 하동과 연접하고 섬진강 하구를 관할하고 있는 이 지역구는 사법서사인 엄정섭, 일본 조도전대 출신으로 중학교 교사를 지낸 김옥주, 광주서중 출신인 국민회 김준기, 광양군청 직원이었던 김재후 후보들이 4파전을 전개했다.

광양읍, 옥룡면, 진상면의 지역대결에서 조도전대 출신임을 내세우며 진상면민들의 전폭적인 지지를 받은 김옥주 후보가 대승을 거두고 제헌의원이 됐다.

□ 득표상황

후보자	정당	연령	주요 경력	득표 (%)
김옥주	무소속	33	중학교사, 진상면	13,978 (53.6)
김재후	무소속	39	군청직원, 광양읍	4,992 (19.1)
김준기	독립촉성회	41	농업인, 옥룡면	4,197 (16.1)
엄정섭	무소속	49	사법서사, 광양읍	2,934 (11.2)

〈여수 갑〉 일본 조도전대 출신으로 여수군수를 지낸 경력을 내세워 대승을 거두고 국회에 등원한 김문평

여수군은 여수읍을 중심으로 남쪽인 돌산면, 삼산면, 화정면 등을 갑구로 하고, 북쪽인 율촌면, 덕양면, 쌍봉면 등을 을구로 분구됐다.

여수항과 거문도를 비롯한 여러 도서를 관할하고 있는 이 지역구

는 교원 출신인 무소속 연창희, 여수 군수를 지내고 신문사 지국장으로 활동하고 있는 독촉국민회 김문평, 경찰 출신으로 면장을 지낸 여도현 후보가 3파전을 전개했다.

일본 조도전대 출신으로 여수군수를 지낸 경력과 기반은 물론 대성회라는 사조직까지 활용한 김문평 후보가 대승을 거두고 제헌의원이 됐다.

□ 득표상황

후보자	정당	연령	주요 경력	득표 (%)
김문평	대성회	43	신문지국장, 군수	13,932 (48.5)
연창희	무소속	39	교원, 공업	9,534 (33.2)
여도현	무소속	39	면장, 경찰	5,253 (18.3)

〈여수 을〉 어업조합장과 면장 경력을 내세워 대동청년단, 한민당, 독촉국민회 후보들을 격파한 황병규

여수군의 북쪽을 관할하고 있는 이 지역구는 의사 출신인 대동청년단 김철주, 어업조합장과 면장을 지낸 무소속 황병규, 제재업자로서 한민당, 대성회, 국민회에 모두 가입한 차활언 후보들이 3파전을 전개했다.

어업조합장 출신으로 어민들의 전폭적인 지지를 받은 황병규 후보가 대동청년단 활동이 돋보인 김철주, 한민당과 독촉국민회의 지

원을 기대한 차활언 후보들을 큰 표차로 따돌리고 제헌의원이 됐다.

□ 득표상황

후보자	정당	연령	주요 경력	득표 (%)
황병규	무소속	41	어업조합장, 면장	11,818 (48.3)
김철주	대동청년단	47	교양원장, 율촌면	7,831 (32.0)
차활언	한국민주당	42	제재업, 여수시	4,833 (19.7)

〈순천 갑〉 순천노동조합장으로 농민총연맹과 노동총연맹의 지원을 받아 순천군수 출신인 김양수 후보를 따돌린 황두연

순천군은 순천읍을 포함한 남쪽인 해룡면, 별양면, 도사면 등을 갑구로, 북쪽인 황전면, 쌍암면, 주암면, 송광면 등을 을구로 분구됐다.

순천에서 인물자랑 하지 말라는 세평이 회자되고 있는 이 지역구는 순천노동조합장으로 대한독촉농민총연맹과 대한독촉노동총연맹 소속인 황두연 후보가 순천군수를 지낸 한민당 김양수 후보를 3천여 표차로 꺾고 당선됐다.

대한부인회 순천지부장인 박옥신 후보도 출전하여 두 후보의 경쟁을 지켜봤다.

□ 득표상황

후보자	정당	연령	주요 경력	득표 (%)
황두연	농민총연맹	44	순천노동조합장	14,677 (52.9)
김양수	한국민주당	53	순천군수	11,568 (41.5)
박옥신(여)	대한부인회	51	여성운동	1,568 (5.6)

〈순천 을〉 국민회의 바람, 주암면민들의 지원, 옥천 조씨 문중표를 결집시켜 제헌의원에 당선된 조옥현

순천군의 북쪽 지역을 관할하고 있는 이 지역구는 옥천 조씨 문중들의 전폭적인 지원을 받은 조옥현 후보가 유권자가 많은 주암면 출신임을 내세우고 독립촉성국민회의 바람을 등에 업고, 의사 출신인 한민당 김계수 후보를 꺾고 제헌의원에 당선됐다.

별양면민들의 지원을 받고 출전한 심의각 후보와 순천시에서 농사를 짓고 있는 서정기 후보들도 출전했다.

□ 득표상황

후보자	정당	연령	주요 경력	득표 (%)
조옥현	독립촉성회	46	농업인, 주암면	14,911 (48.2)
김계수	한국민주당	52	의사, 순천시	6,068 (19.6)
서정기	무소속	52	농업인, 순천시	5,356 (17.3)
심의각	무소속	61	농업인, 별양면	4,569 (14.8)

〈고흥 갑〉 고흥면과 금산면의 대결에서 기독교인들의 전폭적인 지원을 받아 승리한 금산면 출신인 오석주

고흥군은 고흥읍의 남동쪽인 봉래면, 포두면, 도화면, 풍양면, 금산면 등을 갑구로, 북서쪽인 동강면, 과역면, 대서면, 남양면, 점암면 등을 을구로 분구됐다.

고흥반도의 남쪽을 관할하고 있는 고흥 갑구는 신문기자, 교원, 청년단장 등 다채로운 경력을 가진 박팔봉 후보와 목사로서 독립촉성국민회 고흥군 지회장인 오석주 후보가 맞붙었다.

독립촉성국민회 회원 간의 선거전은 고흥군회장의 직함을 가지고 기독교인들의 전폭적인 지지를 받은 오석주 후보가 고흥면민들의 지지 속에 분전한 박팔봉 후보를 1,209표차로 따돌린 진땀승을 거두었다.

□ 득표상황

후보자	정당	연령	주요 경력	득표 (%)
오석주	독립촉성회	61	목사, 금산면	15,829 (52.0)
박팔봉	독립촉성회	49	신문기자, 고흥면	14,620 (48.0)

〈고흥 을〉 미국 컬럼비아대와 일본대의 대결에서 문화 유씨와 달성 서씨 문중세에 따라 당락이 엇갈려

미국 컬럼비아대 출신인 한민당 서민호 후보와 일본대 출신인 단민당 유성갑 후보가 진검승부를 펼쳤다.

동강면과 점암면, 회사장과 교육가의 대결에서 일본대, 점암면 출신으로 교육가인 유성갑 후보가 문화 유씨 문중표의 집중지원을 받아 달성 서씨 문중표에 기댄 서민호 후보에게 승리했다.

□ 득표상황

후보자	정당	연령	주요 경력	득표 (%)
유성갑	단민당	39	교육가, 점암면	14,919 (53.6)
서민호	한국민주당	45	회사장, 동강면	12,899 (46.4)

〈보성〉 일본 경도제대 출신으로 광주 이씨 문중의 집중적인 지원으로 제헌의원에 당선된 이정래

보성읍과 벌교읍이 쌍벽을 이루고 있는 이 지역구는 독립촉성국민회, 한민당 소속의 네 후보들이 용쟁호투를 벌였다.

일본대 출신으로 청년단장으로 활동하며 한민당과 독립촉성국민회 소속임을 밝힌 김성복 후보와 일본 경도제국대 출신으로 출판사 사장인 한민당 이정래 후보가 한치 앞을 내다볼 수 없는 혈전을 전개했다.

목사로서 입법의원을 지낸 독립촉성국민회 황보익 후보와 보성면

장 출신인 한민당 임병철 후보들도 선전했으나 양강구도에 가려 빛을 발휘하지 못했다.

일본대와 경도대 출신의 대결은 광주 이씨 문중들의 절대적인 지지를 받은 이정래 후보가 경찰 출신으로 대동청년단 보성군단장으로 활동한 김성복 후보를 1,487표차로 따돌렸다.

□ 득표상황

후보자	정당	연령	주요 경력	득표 (%)
이정래	한국민주당	50	출판업, 경도제대 졸	17,581 (36.0)
김성복	한국민주당	47	경찰관, 청년단장	16,094 (33.0)
임병철	한국민주당	50	면장, 보성면	8,996 (18.4)
황보익	독립촉성회	54	입법의원, 목사	6,141 (12.6)

〈화순〉 신문기자 출신으로서의 명성을 딛고 독립촉성국민회 박민기 후보를 무너뜨린 대성회 조국현

무등산 줄기의 화순탄광으로 유명한 이 지역구는 매일신문 기자로 명성을 얻은 대성회 조국현, 대한농민회 중앙위원으로 활동한 독립촉성국민회 박민기, 전남도 과장과 군수를 지낸 한민당과 독립촉성국민회에 중복 가입한 양회영 후보들이 3파전을 전개했다.

도곡면 유권자가 조국현과 양회영 후보로 양분되었음에도 조국현 후보가 신문기자로서의 명성을 딛고 화순면에 기반을 닦은 박민기 후보를 3천여 표차로 제압하고 당선됐다.

□ 득표상황

후보자	정당	연령	주요 경력	득표 (%)
조국현	대성회	53	신문기자, 도곡면	18,368 (42.8)
박민기	독립촉성회	37	농민회, 화순면	15,278 (35.6)
양회영	한국민주당	39	군수, 도곡면	9,241 (21.6)

〈장흥〉 중졸로서 교원 출신인 무소속 김중기 후보가 장흥군수 출신인 한국민주당 고영완 후보를 기적적으로 제압

장흥반도를 강진군과 양분(兩分)한 이 지역구는 중졸로서 교원 출신인 무소속 김중기 후보가 범 김씨 문중들의 지원을 업고 강진군수를 지낸 한민당 고영완 후보와 진검승부에서 예상을 뒤엎고 무소속 김중기 후보가 10,314표차로 한민당 고영완 후보를 꺾어버린 기적을 만들어냈다.

□ 득표상황

후보자	정당	연령	주요 경력	득표 (%)
김중기	무소속	47	교원, 중졸, 장흥면	22,979 (64.5)
고영완	한국민주당	35	장흥군수, 장흥면	12,665 (35.5)

〈강진〉 농민회 서기 출신인 차경모 후보가 일본 명치대 출

신으로 병영면장을 지낸 김용선 후보를 2,675표차로 따돌려

장흥반도를 장흥군과 양분한 이 지역구는 문필가로서 군정청 출판국장을 지낸 한민당과 대동청년단의 김윤식, 농민회 서기 경력을 가진 무소속 차경모, 농민 활동을 펼쳐온 무소속 김정식, 일본 명치대 출신으로 병영면장을 지낸 김용선 후보들이 4파전을 전개했다.

한문 수학으로 농민회 서기 경력을 가진 무명의 차경모 후보가 군정청 출판국장인 김윤식, 일본 명치대 출신으로 병영면장을 지낸 김용선 후보들을 꺾고 당선된 것은 불가사의할 뿐이다.

□ 득표상황

후보자	정당	연령	주요 경력	득표 (%)
차경모	무소속	57	농민회 서기, 강진읍	15,104 (35.6)
김용선	독립촉성회	59	면장, 병영면	12,429 (29.3)
김정식	무소속	47	농업인, 강진읍	7,450 (17.6)
김윤식	한국민주당	47	군정청 출판국장	7,405 (17.5)

〈해남 갑〉 병원장의 덕망으로 파평 윤씨와 한국민주당의 집중지원을 받은 윤영선 후보를 격파한 독립촉성국민회 송봉해

해남군은 해남면의 남쪽인 북평면, 삼산면, 현산면, 화산면 등을 갑구로, 해남면의 북쪽인 화원면, 문내면, 신이면, 마산면 등을 을구로 분구됐다.

땅끝마을이 있는 이 지역구는 병원장으로 인술을 베풀어 덕망을 쌓은 독립촉성국민회 송봉해 후보와 신문기자 출신인 한민당 윤영선 후보가 맞대결을 펼쳤다.

해남면에서 인술을 베푼 덕망을 딛고 출전한 송봉해 후보가 파평 윤씨의 전폭적인 지원과 한민당의 거당적인 지원을 받은 윤영선 후보를 292표차로 꺾고 국회에 등원했다.

□ 득표상황

후보자	정당	연령	주요 경력	득표 (%)
송봉해	독립촉성회	61	의사, 해남면	17,192 (50.4)
윤영선	한국민주당	42	신문기자, 해남면	16,900 (49.6)

〈해남 을〉 소졸로서 청년운동을 펼친 기반을 딛고 대졸 출신인 박기배, 민영도 두 후보들을 격파한 대동청년단 이성학

이 지역구는 독립촉성국민회, 대동청년단, 한민당 소속의 세 후보가 사생결단 한판 승부를 벌였다.

해남면, 계곡면, 화원면의 지역대결을 펼친 선거전은 소졸 출신인 대동청년단 이성학 후보가 대졸 출신인 한민당 박기배 후보를 1,229표차로 꺾고 당선됐다.

여흥 민씨 문중의 집중지원을 받은 국민회 민영동 후보의 득표력

은 한계를 보였다.

□ 득표상황

후보자	정당	연령	주요 경력	득표 (%)
이성학	대동청년단	43	농업인, 해남면	11,725 (41.9)
박기배	한국민주당	36	농업인, 화원면	10,496 (37.5)
민영동	독립촉성회	38	농업인, 계곡면	5,764 (20.6)

〈영암〉 동아일보 기자로 명성을 얻은 김준연 후보가 한민당 소속으로 등록하여 무투표 당선을 이뤄내

월출산으로 유명한 이 지역구는 독일 베를린대 출신으로 동아일보 기자인 한민당 김준연 후보가 무투표 당선의 영광을 누렸다.

영암의 인물이라는 김준연 후보 등록에 대부분의 유권자들의 묵인으로 등록할 용기를 가진 후보가 없었다.

□ 득표상황

후보자	정당	연령	주요 경력	득표 (%)
김준연	한국민주당	53	신문기자	무투표

〈무안 갑〉 몽탄면민들의 전폭적인 지지와 한민당의 집중적

인 지원으로 국회 등원에 성공한 김용현

목포시의 서북쪽을 관할하고 있는 무안군은 운남면, 현경면, 몽탄면, 일로면과 도서인 압해면을 병합한 갑구와 도서지역인 해제면, 하의면, 지도면, 도초면, 팔금면 등의 을구로 나뉘었다.

무안 갑구는 일노면, 이노면, 삼향면, 몽탄면, 금성면의 대표주자들이 선정되어 대결을 펼쳤다.

의사 출신인 일노면 출신인 오세남, 사업가인 삼향면 출신인 나종문 후보들이 사퇴한 선거전에서 한민당 소속으로 한민당 지원을 받은 몽탄면 출신인 김용현 후보가 대승을 거두고 국회에 등원했다.

회사원으로 금성면 출신인 정규성 후보는 차점 낙선했고, 유일한 대졸 출신으로 이노면민들의 지원을 받은 신백균 후보의 득표력은 한계를 보였다.

□ 득표상황

후보자	정당	연령	주요 경력	득표 (%)
김용현	한국민주당	35	농업인, 몽탄면	17,873 (52.9)
정규성	무소속	40	회사원, 금성면	8,907 (26.4)
신백균	한국민주당	42	상업인, 이노면	7,022 (20.7)
나종문	무소속	54	상업인, 삼향면	사퇴
오세남	무소속	48	병우장, 일로면	사퇴

⟨무안 을⟩ 세 후보 모두 한민당 소속으로 북경대 출신임을 내세워 무안군수 출신인 김용택 후보를 따돌린 장홍염

무안군의 도서지방을 관할하는 이 지역구는 북경대 출신으로 회사원인 장홍염 후보가 장산면민들의 적극적인 지지로 흑산면 출신들인 언론인 김은균 후보와 무안군수를 지낸 김용택 후보들을 가볍게 제압했다.

세 후보 모두 한민당 소속으로 김은균 후보는 농업, 장홍염 후보는 염전업, 김용택 후보는 상업이었다.

□ 득표상황

후보자	정당	연령	주요 경력	득표 (%)
장홍염	한국민주당	39	염전업, 장산면	24,325 (56.4)
김용택	한국민주당	55	무안군수, 흑산면	11,160 (25.9)
김은균	한국민주당	49	언론인, 흑산면	7,679 (17.7)

⟨나주 갑⟩ 신문기자 출신으로 의사 출신인 박헌진 후보와 한민당 출신인 임봉진 후보를 따돌린 무소속 이항발

나주군은 나주읍을 중심으로 남쪽인 영산포읍, 왕곡면, 반남면, 금천면 등을 갑구로, 북쪽인 월야면, 해보면, 나산면, 노안면 등을 을구로 나뉘었다.

나주평야와 나주배로 유명한 이 지역구는 영산포읍 출신인 세 후보가 격돌하여 신문기자 출신인 무소속 이항발 후보가 회사원으로 한민당 소속인 임봉진 후보와 의사 출신인 박헌진 후보들을 가볍게 제압했다.

□ 득표상황

후보자	정당	연령	주요 경력	득표 (%)
이항발	무소속	58	언론인, 영산포읍	21,322 (67.3)
임봉진	한국민주당	42	회사원, 영산포읍	6,661 (21.0)
박헌진	무소속	41	의사, 영산포읍	3,693 (11.7)

〈나주 을〉 노안면민들의 전폭적인 지원과 한민당원들의 적극적인 지원으로 제헌의원에 당선된 김상호

나주군 북쪽을 관할하는 이 지역구는 한민당 출신 두 명, 독립촉성국민회와 조선민족청년단, 무소속 후보 등 다섯 명의 후보들이 각축전을 전개했다.

목사로서 국민회 소속인 정순모 후보가 사퇴하여 산포면장 출신인 무소속 강신태, 나주군청 직원이었던 조선민족청년단 서상덕, 원예업으로 성장한 한민당 김상호, 제재업으로 성장한 한민당 박금석 후보의 대결장으로 변모했다.

노안면민들의 전폭적인 지원과 한민당원들의 지지를 받은 김상호 후보가 남평면의 대표주자로 떠오른 서상덕 후보를 1,226표차로 꺾고 제헌의원이 됐다.

□ 득표상황

후보자	정당	연령	주요 경력	득표 (%)
김상호	한국민주당	47	원예업, 노안면	11,343 (32.6)
서상덕	민족청년단	40	군청 서기, 남평면	10,117 (29.1)
박금석	한국민주당	46	제재업, 나주읍	8,005 (23.0)
강신태	무소속	46	면장, 산포면	5,301 (15.3)
정순모	독립촉성회	66	목사, 나주읍	사퇴

〈함평〉 중졸 출신으로 신문지국장인 이성우 후보가 일본대, 조도전대, 신학대 출신 후보들을 꺾고 당선

함평천지로 알려진 나주와 목포의 중간지역인 이 지역구는 목사로서 중학교장을 지낸 기독교도연맹의 노경수, 일본대 출신으로 잡지사 사장인 무소속 양학기, 신문지국장으로 활동한 무소속 이성우, 일본 조도전대 출신으로 중학교 교사인 한민당 서상국 후보들이 당선자의 전망이 오리무중인 선거전에서 4파전을 전개했다.

중동중 출신으로 신문지국장인 이성우 후보가 조도전대 출신인 한민당 서상국, 일본대 출신인 무소속 양학기, 신학대 출신으로 기독교도 연맹의 노경수 후보들을 꺾고 국회에 등원했다.

□ 득표상황

후보자	정당	연령	주요 경력	득표 (%)

이성우	무소속	52	신문지국장, 함평면	10,870 (31.9)
노경수	기독교연맹	33	중학교장, 학교면	8,254 (24.3)
양학기	무소속	34	잡지사 사장, 함평면	7,555 (22.2)
서상국	한국민주당	52	중학교사, 함평면	7,355 (21.6)

〈영광〉 중국 북경대 출신으로 의사인 조영규 후보가 한국민주당으로 등록하여 무투표 당선의 영광을

영광 굴비로 널리 알려진 이 지역구는 중국 북경대 출신으로 의사시험에 합격하여 의사로 활동한 조영규 후보가 한민당 소속으로 무투표 당선됐다.

☐ 득표상황

후보자	정당	연령	주요 경력	득표 (%)
조영규	한국민주당	36	의사, 영광면	무투표

〈장성〉 한민당 백인규, 김병수 후보들의 사퇴에 힘입어 한민당 단일화에 성공한 김상순 후보가 대승을

노령산맥을 두고 전북 정읍과 연접한 이 지역구는 독립촉성국민회

장성지회장 출신으로 한민당으로 출전한 백인규 후보와 국민운동을 펼쳐온 한민당 김병수 후보가 함께 사퇴하여 장성농장 직원이었던 김상순 후보가 한민당 단일 후보로 남게 됐다.

한민당 단일화에 성공한 김상순 후보는 대동청년단 장성지단장임을 내세우며 경찰 출신인 무소속 정규문 후보에게 대승을 거두었다.

□ 득표상황

후보자	정당	연령	주요 경력	득표 (%)
김상순	한국민주당	48	회사원, 북이면	26,680 (78.5)
정규문	무소속	42	경찰관, 장성읍	7,313 (21.5)
백인규	한국민주당	46	국민회장, 삼계면	사퇴
김병수	한국민주당	37	국민운동, 진원면	사퇴

〈완도〉 완도 경찰서장을 지낸 김장열 후보가 변호사로 능변가인 김선태 후보를 3천여 표차로 눌러

해태(김)로 유명한 이 지역구는 다섯 명의 후보들이 등록했으나 일본 명치대 출신으로 연평어업조합 이사인 김상규 후보가 사퇴하여 네 명의 후보들이 각축전을 전개하게 됐다.

완도 경찰서장을 지낸 김장열 후보가 변호사 출신인 조선변호사회 김선태 후보를 2,845표차로 꺾고 제헌의원에 당선됐다.

수산업자인 국민회 김상석, 노화어업조합 이사인 조선민족청년단 황학봉 후보들도 출전하여 선전했다.

□ 득표상황

후보자	정당	연령	주요 경력	득표 (%)
김장열	무소속	51	경찰서장, 광주시	15,128 (39.8)
김선태	조선변호사	38	변호사, 서울시	12,283 (32.3)
김상석	독립촉성회	55	수산업, 완도읍	6,969 (18.3)
황학봉	민족청년단	45	수산업, 완도읍	3,622 (9.5)
김상규	무소속	52	명치대 졸, 노화면	사퇴

〈진도〉 신문기자 출신인 김병회 후보가 면장 출신인 곽우춘, 농민중앙회 부장인 박두재, 의사인 허훈 후보에게 압승을

이순신 장군의 명량대첩 울돌목으로 유명한 이 지역구는 무소속 김병회, 독립촉성국민회 곽우춘, 한민당 박두재, 무소속 허훈 후보들이 4파전을 전개했다.

고등문관시험에 합격한 신문기자 출신인 김병회 후보가 사법서사 출신으로 고군면장을 지낸 곽우춘, 농민회 중앙회 비료부장을 지낸 박두재, 의사로 활동한 허훈 후보들을 큰 표차로 제압했다.

□ 득표상황

후보자	정당	연령	주요 경력	득표 (%)

김병회	무소속	32	신문기자, 의신면	13,032 (55.4)
곽우춘	독립촉성회	51	면장, 고군면	5,551 (23.6)
허 훈	무소속	48	의사, 진도면	3,807 (16.2)
박두재	한국민주당	40	중앙농민회 부장	1,117 (4.8)

제주도

<북제주 갑> 제주여중 교장 출신으로 제자들의 도움을 받아 함상훈, 김인선 후보들을 어렵게 따돌린 홍순령

북제주군은 제주읍을 중심으로 동쪽인 구좌면, 조천면 등을 갑구로, 서쪽인 현경면, 한림면, 애월면 등을 을구로 나뉘었다.

제주도 북동쪽을 관할하는 이 지역구는 제주 4.3 폭동사건으로 선거가 무효되어 1949년 실시된 총선에는 7명의 후보들이 난립되어 혼전을 전개했다.

제주여중 교장을 지낸 국민회 홍순령, 저술가로서 문필가협회 부회장을 지낸 함상훈, 청년운동을 전개한 대한청년단 김인선 후보들이 당선권을 넘나들며 3파전을 전개했다.

사회운동을 펼친 국민회 김시학, 제헌의원 선거에서 최고 득표를 자랑했던 양귀진, 사업가인 국민회 문대유, 공무원 출신인 무소속 고학수 후보들도 출전했지만 득표력은 당선권에서 멀리 있었다.

제자들의 적극적인 선거운동으로 고무된 홍순령 후보가 서울에서 명망이 높으나 지역에 뿌리가 얕은 함상훈 후보와 20대의 패기를 앞세워 질주한 김인선 후보들을 어렵게 따돌렸다.

□ 득표상황

후보자	정당	연령	주요 경력	득표 (%)
홍순령	독립촉성회	71	여중 교장, 제주읍	9,664 (27.7)
함상훈	독립촉성회	55	문필협회장, 서울시	8,790 (25.2)
김인선	대한청년단	27	청년운동, 제주읍	7,840 (22.5)
김시학	독립촉성회	69	사회운동, 제주읍	3,752 (10.8)
양귀진	무소속	50	회사장, 구좌면	2,208 (6.3)
문대유	독립촉성회	50	실업가, 제주읍	2,048 (5.9)
고학수	무소속	47	공무원, 제주읍	579 (1.6)

〈북제주 을〉 중졸로 한림면 출신인 청년단 양병직 후보가 입법의원 출신인 국민회 양제박 후보를 꺾고 당선

제주의 북서쪽을 관할하는 이 지역구는 북제주 갑구와 같이 1949년에 실시된 총선에는 8명의 후보들이 출전하여 혼전을 전개했다.

후보들의 소속은 청년운동가인 양병직과 이영복 후보들은 청년단, 정치운동을 펼친 김도현, 김경수, 박창의, 양제박 후보들은 국민회, 학교 이사였던 이응숙과 금융조합 이사였던 홍문중 후보들은

무소속이었다.

중졸로 한림면 출신인 양병직 후보가 제헌의원 선거에서의 당선 무효의 아픔을 딛고 입법의원 출신으로 인천시에 주소를 둔 양제박 후보를 1,012표차로 꺾고 당선됐다.

국민회 김도현 후보와 무소속 양제박 후보들도 당선권을 넘나들었다.

□ 득표상황

후보자	정당	연령	주요 경력	득표 (%)
양병직	청년단	41	농업인, 한림면	5,776 (24.2)
양제박	독립촉성회	64	상공업, 인천시	4,764 (20.0)
김도현	독립촉성회	70	농업인, 애월면	4,027 (16.9)
홍문중	무소속	32	금융조합 이사	3,942 (16.5)
박창희	독립촉성회	53	농업인, 한림면	1,989 (8.3)
이응숙	무소속	42	학교 이사, 서울시	1,461 (6.1)
김경수	독립촉성회	69	농업인, 한림면	1,232 (5.2)
이영복	청년단	29	청년운동, 한림면	656 (2.8)

〈남제주〉 통역관인 양기하, 청년운동가인 강성건 후보들과의 3파전에서 승리한 입법의원 출신인 오용국

한라산 남쪽 지역을 관할하는 이 지역구는 통역관인 무소속 양기

하, 입법의원인 무소속 오용국, 청년운동을 펼친 대한청년단 강성건 후보들이 3파전을 전개했다.

입법의원인 오용국 후보가 당선되었지만, 관계서류가 폐기처분되어 득표상황은 알 수가 없다.

□ 득표상황

후보자	정당	연령	주요 경력	득표 (%)
오용국	무소속	44	입법의원, 서귀면	
양기하	무소속	34	교원, 남원면	
강성건	대한청년단	34	청년운동	

※관계서류 폐기처분으로 불상

〈인용·참고자료〉

○ 역대 국회의원 선거 총람 (중앙선거관리위원회, 2016년 11월)

○ 해방 후 정치사 100장면 (가람기획, 1994년 7월)

○ 한국정당 통합운동사 (을유문화사, 2000년 9월)

○ 한국 근현대사 (두리미디어, 2006년 3월)

○ 다시 찾는 우리 역사 (경세원, 1997년 3월)

○ 20세기 우리 역사 (창작과 비평사, 1999년 11월)

○ 청년을 위한 한국 현대사 (소나무, 1992년 4월)

○ 6.25 전쟁 1129일 (우정문고, 2014년 11월)

○ 동양방송 광복 20년 (숭일문화사, 1981년 7월)

○ 동아일보 (1945. 12. 1 ~ 1948. 8. 15)

○ 조선일보 (1945. 11. 24 ~ 1948. 8. 15)